# 변화하는 세상,
# 미리 가본 미래

김한곤 · 정병석

권영철 · 윤대식

손광익 · 신재균

이석규 · 김종근

조무환 · 이준하

강용호

박영사

# ──책을 펴내며

이 책의 집필은 영남대학교에서 비슷한 시기에 정년퇴직한 8명의 교수가 함께 모여 미래 연구를 주목적으로 하는 협동조합을 만들면서 시작되었다. 각자 다른 전공영역을 가진 8명의 교수가 함께 모여 수십 년 동안 쌓은 지식과 전문성을 '미래'라는 하나의 키워드로 공동의 관심사를 풀어낼 방법을 찾다가 미래 전망서를 쓰기로 하였다. 그리고 책의 내용과 구성을 고민하다가 8명이 모두 소화하기 어려운 부분에 대해서는 영남대학교 명예교수들 가운데 3명을 추가로 초대하여 책을 함께 쓰기로 했다.

오늘날은 세계 곳곳에서 하루가 다르게 새로운 과학혁명과 기술혁신이 일어나고 있다. 그리고 과학혁명과 기술혁신은 빠르게 상용화로 연결되면서 긍정적 효과 못지않게 사회적 부작용도 우려되고 있다. 예컨대 인공지능(AI)과 로봇 기술의 발달은 고용 없는 성장을 초래할 수도 있고, 노동의 소멸과 인간 존엄성의 문제로까지 확대될 수도 있다. 다른 한편으로 인간의 탐욕과 자원의 남용으로 인한 기후 위기도 계속되고 있다.

인류는 불확실성의 시대에 살고 있고, 세계도 기회와 위기를 함께 맞이하고 있다. 이 책은 오늘날 세상에서 일어나고 있는 현상을 다양하게 조망하고, 다가오는 미래를 전망하기 위해 집필되었다. 아울러 이 책은 우리 인류의 미래를 준비하기 위한 방향을 모색하고, 미래의 세상을 어떻게 만들 것인지 논의한다.

이 책은 과학기술의 혁신이 세상을 어떻게 변화시킬 것이지, 그리고 인류가 직면한 새로운 위기를 어떻게 극복할 것인지 논의한다. 이 책은 총 3개의 부로 구성되어 있다.

제1부에서는 인간과 미래 사회를 다룬다. 여기서는 오늘날 우리나라에서 국가적 위기로까지 치닫고 있는 저출산으로 인해 초래되는 인구절벽과 다가올 세상을 살펴보고, 시간과 관련된 철학적 담론을 살펴보기 위해 『주역』

의 시간관과 미래 예측을 다룬다.

제2부에서는 사회환경 시스템의 미래를 다룬다. 여기서는 기업경영의 미래와 도시의 미래를 다루고, 이상기후가 초래할 우리나라 자연환경의 미래와 인간의 삶을 살펴본다. 그리고 정보통신기술의 발달이 초래하고 있는 연결사회의 미래를 살펴본다.

제3부에서는 과학혁명과 기술혁신이 이끌 미래를 살펴본다. 여기서는 로봇 기술의 진화와 로봇이 바꿀 미래를 살펴보고, 컴퓨팅의 발전과 미래, 바이오화학 산업의 미래, 그리고 인공지능(AI)과 의료기술의 미래를 전망해본다. 아울러 마지막으로 모든 인간의 최대 관심사인 장내 미생물과 미래의 건강에 대해 살펴본다.

그리고 이 책의 마지막(나가는 글)에서는 인류의 미래를 여는 데 두뇌와 같은 역할을 하는 기초적이고 범용적인 기술로, 과학혁명과 기술혁신을 이끄는 인공지능(AI)이 바꿀 미래 세상을 살펴보고, 우리가 준비해야 할 것에 대해서도 짚어본다.

이 책이 출간되기까지 총 11명 저자들의 협력이 중요한 역할을 하였다. 11명의 저자 각자가 집필한 원고를 서로 돌려가면서 읽어보고 피드백을 거친 후 수정 및 보완하는 과정을 몇 차례 거쳤다. 이 책의 집필부터 출간까지는 오랜 기간이 걸렸으나 각자의 역할을 충실하게 수행하고, 분담하면서 무리 없이 일을 추진할 수 있었다.

이 책은 저자들의 다양한 노력과 협업으로 빛을 보게 되었지만, 다소의 한계가 있을 수 있다. 책 내용의 구성에서 빠진 부분도 있을 수 있고, 내용의 난이도 역시 장마다 다소 차이가 있을 수 있다. 그리고 급변하는 국내외 환경 속에서 새로운 기술은 계속 출현할 것이고, 새로운 트렌드(trend)도 어김없이 나타날 것이다. 그만큼 인류가 당면할 미래는 불확실하다고 볼 수 있다.

이 책이 세상에 빛을 보기까지 음으로 또는 양으로 많은 분의 도움이 있었다. 우리들의 학문적 울타리가 되어준 은사, 선배 교수님, 동료 교수님들과 많은 성원을 보내준 후학들에게 감사드린다. 끝으로, 출판시장의 어려운 여건에도 불구하고 이 책의 출간을 위해 여러모로 애써주신 박영사의 안종만 회장님과 안상준 대표님, 장규식 차장님, 이혜미 과장님, 그 외 여러분께 고마운 마음을 표한다.

2025년 1월
저자들 씀

# 차
# 례

---
제2부
---

# 사회환경 시스템의 미래

제3부

# 과학혁명과 기술혁신의 미래

## 8 컴퓨팅의 발전과 미래 / 김종근

# 제1부

## 인간과 미래사회

# 제1장

## 인구절벽과 다가올 세상

김한곤

## 미래에 대한 관심

우리는 끊임없이 변화하는 세상에 몸담고 살고 있다. 그러한 변화는 예측이 가능하기도 하지만 때로는 전혀 예기치 않게 발생하기도 한다. 2019년 말경 출현한 COVID-19(코로나바이러스 19) 팬데믹의 영향으로 고단했던 삼 년 남짓한 세월이 끝나고 일상을 되찾은 이후, 우리들의 일상은 부단히 이어지고 있다. 2000년 밀레니엄 시대를 맞으면서 아이들의 출산이 유행처럼 번지면서 50여만 명의 신생아가 태어난 때가 엊그제 같은데 어느새 20여 년의 세월이 흘러간 것이다. 2020년은 사망자 수는 30만 5,000명이고 신생아 수는 27만 2,000명으로 사망자 수가 신생아 수를 초과한 해로, 천재지변이 있었던 해를 제외하면 근현대사상 사망자 수가 신생아 수를 능가하는 최초의 해로 기록되었다. 이러한 인구의 자연 감소 현상은 2023년까지 지속되어 약 23만 명의 신생아가 태어난 반면, 사망자는 35만 2,700명으로 약 12만 3,000명의 인구감소를 경험하였다. 이와 같은 인구감소 현상은 몇십 년 전만 하더라도 상상도 할 수 없었던 일들이었으나 이제는 현실로 다가온 것이다.

현재를 살아가는 우리는 때로는 가까운 장래에 대하여 혹은 먼 미래에 관하여 어떤 일이 일어날까 늘 궁금해하면서 살고 있다. 그러다 보니 인류의 역사가 시작된 이래 미래에 일어날 일에 대한 호기심을 충족시키기 위한 사람들의 노력은 매우 다양한 형태를 보여 왔다. 종족의 우두머리(리더)에게 의존하기도 하고, 종교지도자를 통하거나 때로는 점술가 혹은 예언가 등을 활용한 다양한 수단과 방법을 이용해 왔다. 장래에 일어날 일들은 무수히 많은 요인들에 의하여 영향을 받기 때문에 미래를 예측하는 것은 결코 쉽지 않은 일이다. 그럼에도 불구하고, 이와 같이 미래에 일어날 일에 대한 관심과 노력이 끊임없이 반복되어 온 것을 보면 그만큼 앞날에 대한 관심과 호기심이 크다는 것의 반증이라 하겠다.

역사적으로 되돌아보면 프랑스의 생리학자 샤를 리세(Charles Richet)는 1892년 「100년 후」라는 논문을 통하여 유럽과 미국의 인구증가 현상을 통계적 방법을 적용하여 상당히 정확하게 예측한 바 있다. 또한 조지 웰스(Geroge Wells)는 1895년 『타임머신』과 1901년에 발간한 『예견(The First Men in the Moon)』 등의 저서를 통하여 자동차가 마차를 대체하게 되고 전화와 통신망으로 연결되는 세상을 정확하게 예상한 바 있다.

이런 맥락에서 본다면, 미래에 관한 보다 체계적이고 과학적인 예측 방법 중의 하나는, 인구구조의 변동과 그 원인 그리고 결과를 이용하여 장래에 일어날 일을 분석하는 인구학적 접근이 가장 합리적인 방법이라 할 수 있다. 그러므로 베이비부머 세대의 일원이자 사회학자이면서 인구학자인

필자는 우리가 경험한 과거와 현재 상황을 기초로 앞으로 20년 내지 40년 동안 한국사회가 경험하게 될 일들에 대한 지적 산책을 이 책을 통하여 시도하고자 한다.

## 베이비부머의 은퇴 그리고 장래전망

어느 사회를 막론하고 전쟁 기간 동안에는 다양한 이유로 인하여 출산율이 떨어지는 것은 일반적인 현상이다. 1953년 6월 25일에 시작된 6·25전쟁은 3년 이상의 세월이 지난 후 휴전에 이르게 되었다. 휴전 협정이 이루어지면서 전쟁에 참전했던 젊은이들이 집으로 돌아오고 사회가 조금씩 안정되면서 전쟁동안 미루거나 결혼상대가 부족하여 하지 못했던 결혼이 한꺼번에 이루어짐으로써 2~3년 후부터 출생아 수가 괄목하게 증가하였다. 그 결과 동네마다 아이들이 넘쳐나기 시작하였으며 바야흐로 베이비부머 세대의 출현이 시작된 것이다.

초등학교 1학년에 입학한 1962년에 필자가 속한 학급의 총인원은 81명이었다. 그야말로 콩나물 시루 교실이었음은 두말할 나위가 없으며, 이러한 현상은 베이비부머들이 초등학교에 입학하기 시작한 전국의 거의 모든 초등학교에서 나타난 공통된 현상이었다. 대도시의 상당수 초등학교는 2부제 수업 심지어는 3부제 수업까지 실시하던 시절이 있었다. 1차 베이비부머 세대는 6·25전쟁 이후 상대적으로 많은 신생아가 90만 명에서 100만 명 이상 태어난 1955년부터 1963년 사이의 세대를 일컫는 용어이며, 2023년 기준 약 720여만 명이 생존해 있다. 2차 베이비부머 세대는 1968년부터 1974년까지 태어난 세대로서 약 635만 명에 이르며, 1955년부터

1974년까지 20년 동안 매년 90만 명 이상 태어났다. 이들 세대들은 초등학교 시절의 콩나물 시루 교실과 중학교와 고등학교의 입시경쟁 그리고 대학입시 및 사회 진출 시 직업시장에서의 경쟁 등, 그 어느 세대보다 치열한 경쟁을 경험한 사람들이다. 베이비부머 세대들은 2020년부터 노인인구에 편입되기 시작하였으며, 지난 수십 년에 걸친 지극히 낮은 출산율의 여파로 경제활동인구는 지속적으로 감소하는 가운데 노인부양이 커다란 이슈로 이미 제기된 상태이며, 이러한 문제는 해가 갈수록 더욱 심화되게 될 것이다. 뿐만 아니라, 이들은 죽어서는 화장장에서까지 치열한 순서 경쟁을 치러야 할 운명에 놓여 있다. 이러한 것이 우리 사회의 현실이다. 그럼 지금부터 1960년대 이후 최근까지 한국사회가 경험한 인구구조와 인구변화를 통하여 장래에 우리가 겪게 될 미래세상에 대하여 알아보기로 하자.

## 출산율의 감소와 생태계

지난 1950년대 중반부터 1960년대, 1970년대, 그리고 1980년대에 이르기까지 아이들의 노는 모습과 웃음소리로 넘쳐나던 골목의 모습은 몇십 년 사이 아득한 추억 속으로 사라진 지 오래이다. 그렇다면 1960년대 후반부터 1970년 초까지 연간 약 100만 명씩 태어났던 신생아가 최근 몇 년 사이 30만 명 미만으로 태어난 이유는 무엇일까? 2022년에는 26만 명도 채 태어나지 않았으며 2023년에는 불과 23만 명이 태어났으며, 앞으로 더 줄어 들 것으로 예상되는 것은 왜일까? 농경중심사회였던 한국사회는 1960년대와 1970년대까지만 하더라도 다자녀관이 주류를 이루고 있었으며, 그 결과 부부가 평생 동안에 평균 4명 내지 6명의 자녀를 출산하였다. 그 이후 산업화와 도시화 현상과 더불어 인구의 대도시 집중 현상이 일어나고 산업구조가 1차 산업에서 2차 및 3차 산업으로 옮겨가면서 인간 생태계의 변화와 더불어 부부들의 자녀관이 소자녀관으로 바뀌게 되었다. 물론 그러한 자녀관의 변화에는 한국정부가 1960년대 초에 도입한 가족계획사업과 정부 주도의 출산억제 인구정책이 한몫을 하였다.

생태계는 인구, 환경, 조직, 기술 등 네 개의 요소들로 구성되어 있으며, 이 중에서 인구는 인간이 살아가는 생태계의 가장 핵심적인 요소이자 출발점이라 할 수 있다. 지구상에서 가장 빈곤한 국가의 하나에 속하던 1960년대 초 한국의 1인당 국민소득은 미화로 80달러 내외에 불과하였다. 그 당시 약 2,500만 명의 인구에 2.8%의 연평균 인구증가율을 기록하고 있었으며, 합계출산율(여성 1인당 평생의 가임 기간 동안 출산하는 평균 자녀 수)은 6명이나 되었다. 인구의 약 82%가 농어촌 지역에 거주하며 경제활동인구의 68%가 1차 산업에 종사하는 전형적인 1차 산업 중심 국가로서 개발이 되지 않은 국가에 속했다.

빈곤에서 벗어나고자 1962년부터 도입되어 시행되었던 일련의 경제개발계획과 출산율을 떨어뜨리기 위한 가족계획사업 등의 성공에 힘입어 합계출산율은 1983년 2.1명 수준으로 급격하게 감소하였다. 또한 대도시 주변의 2차 산업의 성장으로 많은 사람들은 농촌을 떠나 도시로 몰려들었다. 그러한 이농향도 현상은 '이뿐이와 금순이도 단봇짐을 쌌다네'와 같은 그 당시 유행하던 유행가 가사에도 잘 반영되어 있다. 대도시로의 인구유입은 많은 문제들을 야기하게 되었는데 특히 주택문제가 심각하였다. 폭발적인 주택수요와 주택문제를 해소하기 위하여 단독주택 중심의 주거문화는 아파트와 같은 공동주택으로 변화하였다. 이러한 공동주택의 확산은 가수 윤수일의 '아파트'와 같은 대중가요에도 등장하였다.

**제1부 ·** 인간과 미래사회

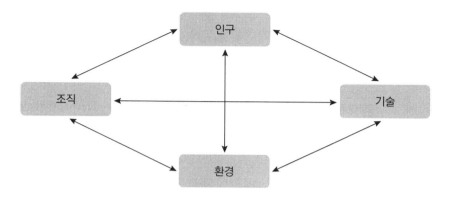

● 그림 1-1  생태계 모형(권태환, 김두섭, 인구의 이해, 2002; Thompson, 1967)

## 아이를 낳지 않는 세상: 아이들의 웃음소리가 들리지 않는다

출산율과 신생아 수를 통계적으로 집계한 이후 가장 많은 신생아가 탄생한 해는 1970년대 초엽으로 약 100만 명 내외의 신생아가 출생하였다. 흔히 일컫는 개띠와 돼지띠로, 오늘날 50대 초중반의 연령층이 여기에 해당한다. 1980년대 중반에 인구대체수준의 출산율(2.1)에 도달한 이래 한국 사회의 출산율은 꾸준하게 감소하여 2001년경 합계출산율 1.3의 초저출산 사회에 진입하였으며, 2023년 0.72 수준으로 출산율이 떨어질 때까지 1.3 이상으로 올라간 적이 없다. 그 결과 약 50년의 세월이 흐른 오늘날에 이르러서는 신생아 수가 무려 1/4 토막이 난 것이다. 1970년대 초 출생한 신생아 수가 100만 명을 상회하였지만, 그 후 1970년대 말 90만 명, 1980년초 80만 명, 1980년대 말 70만 명, 그리고 1990년대 초 60만 명과 1990년대 말 50만 명으로 감소하였다. 더군다나 2002년에 들어서는 50만 명

아래로 떨어졌으며 2018년 32만 7,000명, 2019년 30만 3,100명, 그리고 2022년 24만 9,000명, 2023년 23만 명의 신생아가 각각 태어났다.

그 결과 동네 놀이터나 골목길에서 아이들이 뛰노는 소리가 더 이상 들리지 않는 세상이 되어 버렸다. 골목길에서 해가 질 때까지 떠들고 놀던 아이들의 모습은 이제 역사 속으로 사라진 지 오래이며, 아파트촌의 개발과 함께 조성된 아이들의 놀이터는 이제 한적하기만 하다. 1960년대와 1970년대를 돌이켜 보면 비록 집집마다 살림살이는 팍팍했지만 높은 출산율로 인하여 골목은 아이들로 넘치고 길거리는 젊은 사람들로 인하여 활기가 넘쳤다. 그러나 50~60년이 지난 오늘날 우리 사회는 아이들 웃음소리 대신에 노인들로 가득 차 있으며, 이러한 현상은 더욱 심화될 것으로 예상된다.

신생아 수가 이렇게 줄어든 것에는 여러가지 요인들이 복합적으로 작용하고 있지만, 결혼과 출산에 대한 가치관의 변화가 큰 몫을 차지하고 있다. 1980년대 초만 하더라도 결혼 적령기를 지난 연령층의 98% 이상이 기혼자로서 결혼은 매우 보편적인 사회 현상이었으며 일정 연령에 도달하면 결혼하는 것이 너무나 당연한 사회적 통념으로 작동하고 있었다. 그러나 40여 년이 지난 오늘날 결혼에 대한 사람들의 인식은 너무나 변해 있다. 2023년 한국리서치 조사 결과에 따르면 결혼에 대하여 긍정적으로 생각하는 미혼 남성의 비율은 약 59%이며 여성의 비율은 약 33% 수준으로 절반에 미치지 못한다. 한편, 출산에 대한 긍정적인 태도는 남자와 여자가 각각 46%와 29%로 전체 약 38%에 불과하다(2021년도 가족과 출산조사 (구) 전국 출산력 및 가족보건복지실태조사). 이러한 가치관의 변화는 해를 거듭할수록 심해지고 있는 실정이다. 그러니 해마다 신생아 수가 줄어드는 것은 어쩌면 너무나 당연한 현상이라 하겠다.

# 결혼은 필수가 아닌 선택

한국보건사회연구원이 3년마다 실시하는 결혼 및 출산 동향에 대한 조사 결과에 따르면 결혼을 기피하는 비혼 비율이 매번 증가하고 있다. 흔히 말하는 결혼 적령기를 넘어 혼자 사는 미혼 남녀의 비율이 해마다 늘어나고 있는 것이다. 결혼의향에 대하여 미혼 남녀 20~44세를 대상으로 실시한 한국보건사회연구원의 조사 결과에 따르면 2015년에는 74.5%가 긍정적으로 응답한 반면, 2018년에는 45.3%만이 긍정적으로 응답하였다. 불과 3년 사이에 결혼에 대한 긍정적인 의향이 무려 29.2%p나 감소한 것이다.

통계청이 2023년에 발표한 '한국의 사회동향' 조사보고서에 따르면 2012년 남성과 여성의 결혼에 긍정적인 의향은 20대의 경우 각각 50%와 41.9%이었으나 2022년에는 30.5%와 20.8%로 지난 10년 사이에 약 21.1%p 감소하였다. 한편, 같은 기간 30대 여성은 2012년 42.4%에서 2022년 31.8%, 그리고 남성 30대의 경우 2012년 62.3%에서 2022년 48.7%로 각각 감소하였다. 20~30대 미혼 남성의 1/3과 여성의 1/2은 결혼에 부정적인 것으로 나타났다. 1980년대 초까지만 하더라도 결혼적령기를 지난 한국인의 거의 대부분이 기혼이었던 점을 고려한다면 지난 약 40여 년 사이에 결혼에 대한 한국인들의 의향이 얼마나 부정적으로 변한 것인지 알 수 있다. 뿐만 아니라, 평균 초혼연령 역시 꾸준하게 상승하여 2023년 현재 남성은 33.9세, 여성은 31.5세를 나타내고 있다. 그렇다면 한국 미혼 남녀들의 결혼에 대한 생각이 왜 이렇게 부정적으로 변하고 있는 것일까? 여기에는 다양한 원인들이 작용하고 있는데 무엇보다 먼저 결혼을 의무가 아닌 선택으로 여기는 가치관의 변화를 들 수 있다. 즉, 개인주의의 성향이 상당한 영향을 미치고 있다. 1980년대 중반 이후부터 한 명 아니면 두 명 정도의 형제자매와 부모들로 구성된 핵가족 형태의 환경에서 기성세대에 비해 상대적으로 풍요로운 청소년기를 보내면서 귀하게 자라난 젊은 세대들은 부모 세대와는 확연하게 다른 인생관과 결혼관이 형성되었다고 볼 수 있다. 부모와 미혼의 자녀들로 구성된 핵가족 형태의 번성과 함께 오랫동안 관습으로 여겨오던 공동체 의식이 약화되었다.

또한 1990년대 후반에 몰아친 IMF 위기와 2008년경 국민 모두를 힘들게 한 국제금융 위기와 같은 부모 세대들의 경제적 어려움을 직접 목격하면서 자라난 세대들은 결혼과 가정을 꾸리는 것에 대하여 부정적 생각을 가지게 되었을 것이다. 그 결과 결혼 적령기에 다다르면 당연하게 여겼던 결혼과 더불어 가정을 꾸려가는 것에 대한 인식과 태도가 선택적이고 부정적인 것으로 인식되었을 가능성이 높다. 뿐만 아니라 정부의 통계를 액면 그대로 수용한다고 하더라도 청년실업률은 10%를 상회하고 있으며 실제 피부로 느껴지는 청년실업률은 정부가 발표하는 통계치를 훨씬 뛰어 넘어 약 20% 내외라는 주장도 있다. 또한 청년들의 일자리 중에는 비정규직이거나 전업이 아닌 아르바이트 형태의 일이 많은 부분을 차지하고 있어서 고용의 불안정성이 크게 높은 것 또한 부인할 수 없는 사실이다. 젊은 남녀가 만나서 결혼을 하기 위해서는 준비해야 하는 일들이 한 둘이 아닌데 그 중 하나는 신혼부부가 새가정을 꾸리는 데 필수적인 주거공간을 확보하는 일이다. 그러나 대도시를 중심으로 주택가격 및 전세가의 상승은 결혼에 커다란 장애요인이 되고 있는 점 역시 이러한 현상에 한몫을 하고 있다고 하겠다. 그런데 문제는 앞에서 언급한 여러 가지 이유로 인하여 이러한 미혼율이 감소하기는커녕 앞으로 더욱 높아질 가능성이 있다는 점이다.

# 싱글들의 전성시대: 1인 가구가 대세

오늘날 한국사회는 그야말로 싱글들의 전성시대라 일컬어질 만하다. 왜 그럴까? 그 이유를 한번 살펴보기로 하자. 1980년대 초까지만 하더라도 집집마다 5~6명이 한 집에서 거주하며 일상생활을 하는 것이 일반적이었으며 1인 가구가 차지하는 비율은 전체 가구의 5%에 채 미치지 못하였다. 그러나 그 이후 1인 가구 비율은 1990년 9.0%, 2000년 15.5%로 매우 빠르게 증가하였다. 뿐만 아니라 그 후 20년 사이에 약 두 배 증가하여 2020년에는 30.3%(약 616만 5,000가구)에 이르렀으며 2050년경에는 약 38%(840만 가구) 수준에 도달할 것으로 예상되고 있다.

왜 1인 가구의 증가 속도가 이렇게 빠르게 진행되고 있는 것일까? 여기에는 해마다 지속적으로 증가하는 미혼자 비율이 큰 몫을 하고 있다. 예를 들면 30대의 남녀 미혼율 추세를 보면 1990년 남녀 각각 9.5%와 4.1%에서 2000년 13.1%와 5.0%, 2010년 37.9%와 20.4%, 그리고 2020년 56.8%와 33.6%로 상승하였으며, 2022년 기준 35세와 40세 남성의 미혼율은 73%와 40%이었으며 여성의 경우 각각 58.0%와 23.3%이었다. 이러한 미혼율의 증가는 결혼하기에 부적합한 사회환경과 밀접한 연관이 있어 보인다. 양질의 직업 부재와 불안정한 직장 그리고 불규칙적인 소득, 지나치게 높은 주택비용 등이 오늘날 미혼율을 높이는 주된 이유로 꼽히고 있다. 이와 같은 환경적 요인들은 젊은 층으로 하여금 결혼에 대하여 부정적 인식을 가지게 하며, 결과적으로 비혼주의 혹은 독신자로 이끌고 있는 것으로 판단된다. 1인 가구의 증가 추세는 미혼남녀 비율의 증가, 홀로된 노인의 증가, 이혼율의 증가 등 다양한 요인들에 기인된다고 하겠다. 미혼여성의 변화 추이를 보면 2000년 30~34세 여성의 10.7%만이 미혼이었으나 2020년에는 47.3%가 미혼인 것으로 나타났다. 35~39세 사이 여성의 미혼율은 2000년에는 불과 4.3%이었으나 2020년에는 23.2%로 증가하였다.

　부부가 함께 거주하다가 배우자 가운데 한 사람이 먼저 사망에 이르게 되면 남은 사람은 자연스레 1인 가구를 유지하게 된다. 통계청의 2023년 기준에 따르면 평균기대수명은 남성은 80.6세인 데 반해 여성은 86.6세로서 약 5.7세에 이르는 남녀의 평균기대수명의 차이가 존재한다. 이와 같은 홀로된 노인 특히 단독여성노인의 증가 현상 역시 1인 가구의 증가에 커다란 영향을 미치고 있다고 볼 수 있다. 즉 남녀의 평균기대수명이 약 5.7세 정도의 차이가 있으므로 노인 1인 가구는 앞으로도 지속적으로 증가할 것이며, 특히 여성노인 1인 가구의 증가 속도가 빠르게 진행될 것이다. 뿐만 아니라, 1990년대 이후 증가한 이혼율과 황혼이혼 역시 1인가구의 증가에 일정 부분 영향을 미치고 있다.

　이러한 현상이 계속되어 1인 가구가 30%를 넘어 40%에 육박하게 된다면 그러한 세상은 어떠한 모습일까? 거주환경에서부터 소비 형태까지 다양한 분야에 걸쳐 많은 변화를 가져올 것은 자명하다. 현재의 3명 내지 4명이 거주하는 주거환경은 1인 혹은 2인이 거주하는 거주형태로 급속하게 진행될 것이며, 소형 주택은 턱없이 부족하고 중대형 주택은 남아도는 세상이 도래할 것이다. 따라서 주택 크기에 따른 수요와 공급이 불일치하는 현상이 예상된다. 1인 가구 위주의 대세는 소비 및 문화생활에도 이미 커다란 영향을 미치고 있으며 그 여파는 더욱 심화될 것이다. 1990년대부터 2010년대까지 호황을 누린 대형마트는 이미 매출이 감소하고 있으며 일부 영업장은 폐쇄하고 있다. 그러므로 인터넷몰을 통한 택배 문화의 급속한 성장과 함께, 앞으로 이들 대형마트가 설 자리는 더욱 줄어들 것이며 IT와 접목한 편의점이 더욱 늘어날 것이다. 아울러 의류, 잡화를 비롯한 대부분의 오프라인 매장은 쇠퇴기를 면하지 못할 것인 반면 온라인 상거래가 오프라인 거래를 대체하게 될 것이다. 1인 가구의 등장은 문화생활에도 많은 영향을 미치게 될 것은 자명한 일이다.

# 싱글들을 위한 세상

2023년 기준 약 35.5%에 이르는 1인 가구는 향후 더욱 가파르게 증가할 것임에 틀림없다. 1인 가구는 미혼의 남녀와 65세 이상 노인 그리고 이혼 혹은 사별에 따라 홀로된 사람들이 주를 이루게 된다. 이와 같은 1인 가구의 증가는 외식문화뿐만 아니라 식생활 형태에 영향을 미쳐서 커다란 변화를 이미 경험하고 있으며, 그 변화의 속도는 더욱 가속화될 것이다. 오늘날 눈부시게 성장하고 있는 음식 배달문화와 대규모 가족형태 식당의 쇠퇴가 이를 잘 반영하고 있다. 반면, 편의점의 숫자는 해마다 증가하고 있으며 편의점에서 판매하는 제품들의 크기나 용량을 살펴보면 지난 몇 년 사이에 1인 가구 중심으로 변화해 가고 있는 것을 확인해 볼 수 있다.

1인 가구의 증가, 특히 20대 및 30대 단독가구의 증가는 문화 관련 산업에 지대한 변화를 초래하고 있으며 그 변화는 더욱 커질 것으로 보인다. 즉, 지난날 무리를 지어서 영화를 관람하고 여러 명이 몰려다니면서 문화생활을 즐기던 세대와는 달리 나홀로 음악을 즐기고 넷플릭스와 같이 스트리밍을 이용한 인터넷으로 영화를 바로 내려 받아 시청하는 시대로 급격하게 옮겨 가고 있다. 그 결과 홀로 즐기는 엔터테인먼트의 활황이 가속화될 것으로 보인다.

언제부턴가 가족 단위의 여행보다는 나홀로 하는 여행이나 싱글들이 모여 가는 여행이 증가하기 시작하더니 어느새 그 비율이 상당 부분을 차지하게 되었다. 특히 젊은 세대들의 비혼이 늘어나면서 가족 단위의 여행보다는 싱글들끼리 함께 여행을 하거나 아니면 홀로 여행을 떠나는 여행문화의 변화가 이미 일어나고 있으며, 이러한 현상은 앞으로 더욱 가속화될 것이다.

1인 가구의 증가와 더불어 생활용품의 전반에 걸쳐 배달문화가 급속하게 증가하고 있다. 과거에는 1인을 위한 음식 배달서비스가 없었으나 요즈음은 매우 보편적인 현상이 되었으며 앞으로는 더욱 늘어날 것이다. 음식물 배달업체 '배달의 민족'이나 쿠팡의 로켓배송 등은 이러한 사회 현실을 그대로 반영하고 있다. 미국에서 엄청난 성공을 거둔 아마존이 한국의 기업과 손을 잡고 최근 한국의 직송시장에 진입하였다. 온라인 마케팅과 직송서비스 분야의 치열한 경쟁은 관련 분야의 영역을 확대해 갈 것이다. 이와 같은 직송과 배달문화의 성행은 우리들의 삶의 방식 자체를 송두리째 바꿔 놓게 될 것이다.

나날이 눈부시게 발전하는 IT 기술과 대형자본의 결합으로 경쟁력이 뒤떨어지는 우리 생활 주변의 골목식당이나 규모가 비교적 적은 판매장들은 업종별로 특화하여 경쟁력을 갖춘 곳을 제외하고는 많은 곳이 서서히 그 자취를 감추게 될 것으로 보인다. 이러한 현상의 결과는 지구상에서 자영업자 숫자에서 2위를 차지하고 있는 우리나라 자영업 종사자의 숫자가 현저하게 줄어드는 현상을 가져다 줄 것이다.

1인 가구가 가파르게 증가하면 혼자서 시간을 보내는 시간이 늘어나는 것은 당연한 일이다. 그러므로 이러한 사람들은 시간을 보낼 수 있는 마땅한 여가나 소일거리를 찾게 되므로 이러한 수요에 대한 공급이 자연스레 생기게 된다. 싱글들의 증가는 나날이 변화하는 온라인 게임시장에도 큰 영향을 미치게 된다. 테크놀로지의 발달과 초고속 인터넷 연결망의 구축은 싱글들의 수요와 맞물려서 게임시장을 더욱 빠른 속도로 확장해 갈 것이며 국경을 초월하여 진행될 것이다. 젊은 층을 중심으로 활발하게 증가하고 있는 다양한 종류의 게임과 야외활동 형태의 다양한 동아리 활동이 괄목하게 성장할 것으로 예상된다. 예를 들면 4차 산업혁명은 특히 1인가구 생활자들의 일상생활에 지대한 영향을 미치고 있다. 메타버스의 출현과 새로운 테크롤로지와 접목한 인터넷 게임의 다양화 등은 1인 가구의 일상생활 형태에 지대한 영향을 미치게 될 것이다. 이러한 1인 가구의 소비 및 생활 양상의 변화는 문화와 소비시장 등 전 영역에 걸쳐 나타날 것임에 틀림이 없다. 스트리밍을 통한 다운로드 없이 바로 영화시청을 가능하게 하는 넷플릭스의 성공과 이러한 시장에 후발 주자로 뛰어들고 있는 디즈니의 사업 영역 확장 등이 이러한 시대의 흐름을 그대로 반영하고 있다고 하겠다. 뿐만 아니라 e-스포츠의 유행 역시 이러한 현상과 무관하지 않다고 하겠다.

## 전통가족의 붕괴

필자가 어린 시절을 보낸 시골마을에는 옆집과 뒷집 등 이웃집 친구들의 형제자매가 대여섯 명으로 이러한 모습은 아주 일반적이었으며 필자 역시 일곱 남매의 여섯째이다. 1960년대 일반 가정의 보편적 모습이라 할 수 있다. 그러다 보니 시골동네 동구 밖은 언제나 아이들의 뛰어노는 소리로 해가 질 때까지 떠들썩하였던 기억이 선명하게 남아 있다. 그러나 1970년대에 들어오면서 형제자매 숫자가 3~4명으로 줄어들더니 1980년대에는 2명의 자녀가 보편화되었다. 그러다 2000년대에 들어오면서 2명에서 1명으로 줄어들기 시작하더니 오늘날에 이르러서는 1명의 자녀가 대세를 이루고 있다.

세대별 가구추이를 보면 1970년에 부부 세대의 비율은 불과 5.6%이었으며 부모와 자녀가 함께 거주하는 세대의 비율은 무려 70%를 차지하였다. 부모와 부부 그리고 자녀가 함께 사는 3대 세대는 23%이었으며 단독 세대는 통계자료에 잡히지 않을 정도로 미미하였다. 그러나 2000년에는 부부 세대 14.1%, 부모와 자녀 세대 60.7%, 부모와 부부 및 자녀 세대 8.4%, 그리고 단독 세대 15.5%를 나타내고 있다. 이와 같은 세대별 가족 형태는 지속적으로 변화하여 2020년에는 18.4%, 45.2%, 4.3% 그리고 1인 단독가구는 30.3%까지 증가하였으며, 2050년에는 25.1%, 31.0%, 2.1% 그리고 단독가구는 40.0%로 증가할 것으로 예상되고 있다.

이와 같은 단독가구 비율의 상승은 젊은 층의 가파른 비혼율 및 이혼율의 증가와 부부노인 가구 가운데 사별로 인한 노인 단독가구의 증가 등에 주로 기인한다. 그렇다면 앞으로는 어떻게 변화하게 될까? 아마도 비혼율은 더욱 가파르게 증가하여 독신자 비율은 상승할 것이며 이혼율의 증가로 인하여 돌싱의 증가로 더욱 늘어날 것으로 보인다.

2023년 기준 전체 가구의 약 35.5%를 차지하는 단독가구 가운데 배우자의 사별로 인하여 홀로 살고 있는 농어촌의 노인들이 사망에 이르게 되면 상당수의 농어촌 자연부락은 소멸의 길을 걷게 될 것이다. 2023년 현재 이미 사라진 자연취락 마을 수가 상당수 존재하고 있으며 그 속도는 훨씬 빠른 속도로 진행될 것임에 틀림이 없다. 그 결과 대도시에 멀리 떨어진 오지의 마을부터 농경지가 버려지고 농가들은 황폐화되어 가게 된다. 불과 몇십 년 전만 하여도 상상도 할 수 없었던 일들이 현실로 다가오고 있는 것이다. 이러한 현상을 고려하여 정부는 2022년 「인구감소대응지원법」을 제정하여 시행하고 있으며 전국의 226개 기초자치단체 중에서 89곳을 인구감소대응지역으로 선정하여 해마다 1조 원씩 향후 10년간 10조 원의 예산을 확보하여 인구감소지역의 연착륙을 유도하고 있다.

## 유치원의 반란과 초등학교의 미니화

1970년대 초까지 100만 명 넘게 태어난 신생아는 그 후 지속적으로 감소하여 2002년에는 절반에 해당하는 50만 명 이하로 감소하여 49만

2,000명의 신생아가 탄생하였다. 줄어들기 시작한 신생아는 2017년에 40만 명 이하(35만 7,771명)로 감소하더니 2019년에는 30만 3,100명이 출생하여 2023년에는 23만 명으로 줄어들었다. 이러한 신생아의 감소는 유치원 등록원아의 수와 직결된다. 우리나라의 유치원 취원 연령층은 3~5세로서, 2015년 139만 명, 2020년 120만 명, 2030년 99만 명, 2040년 97만 명, 2050년 81만 명으로 지속적으로 감소하게 될 것이다. 그 결과, 필요한 유치원 수는 2020년 8,600개, 2030년 6,200개, 2040년 6,100개, 2050년 5,200개로 급속하게 감소하게 될 것이다.

이와 같은 유치원 취원 어린이의 가파른 감소는 유치원 폐원에 따른 사설유치원 운영자들의 경제적 어려움을 유발하게 된다. 또한 유치원 교사 수요의 감소로 인한 유아교육학과와 같은 유치원 교사 양성 프로그램의 축소, 유치원 관련 산업 분야의 위축을 초래하여 사회 전반에 미치는 파장은 상당할 것으로 예상된다. 즉 유치원생 수 및 유치원 수의 감소에 따라 유치원 교사 수요가 현저하게 감소할 수밖에 없다.

인간은 변화하는 환경에 적응하는 탁월한 능력을 가진 것은 분명한 사실이나 이미 예견된 일들에 대한 대비를 하지 못할 경우에는 그에 따른 혹독한 대가를 치르게 된다. 그러므로 인구구조의 변화에서 기인되는 유치원 원생들의 감소와 관련되어 파생될 다양한 문제들에 대한 대책을 강구하고 연착륙을 위한 노력이 필요하다고 하겠다.

합계출산율 0.8 내외의 낮은 출산율은 결과적으로 학령인구의 급속한 감소를 초래하고 있으며, 감소의 속도는 앞으로 더욱 가속화될 것이다. 2020년 기준 약 270만 명의 초등학생 수는 2030년 240만 명으로 감소하며 2040년에는 조금 줄긴하지만 비슷한 수준을 유지하다가 2050년에는 173만 명 수준으로 떨어질 것으로 예상된다. 한편 초등학교 취학 학생수의 감소는 초등학교의 감소로 이어지게 된다. 즉 2020년 약 5,400개의 초등학교는 2030년 4,000개로 줄었다가 2050년에는 3,500개 정도로 감소하게 될 것이다. 초등학교 학급당 학생 수는 2020년 21.5명에서 2030년 12.9명, 2040년 11.3명 그리고 2050년에는 10명 이하로 떨어지게 될 것이다. 교사 1인당 학생 수는 2020년 15.6명에서 2030년에는 15명 이하로 감소하게 되며 2050년에는 10명 밑으로 떨어지게 될 것이다. 또한 신규 교사수는 2020년 4,010명에서 2030년 3,500명으로 떨어지게 되며 2040년과 2050년에는 더욱 감소하게 될 것으로 예상된다.

농어촌 지역의 초등학교 가운데 상당수는 이미 통폐합이 되었으며 학교의 명맥은 이어가고 있지만 머지않아 소멸될 처지에 있는 학교가 상당수에 해당한다. 도시와 농어촌을 막론하고 취학연령인구 감소에 따른 초등학교의 통폐합으로 인한 교사 수요의 감소는 너무나 자명한 일이 된 지 오래이다. 그러므로 초등학교 교사를 양성하는 교육기관인 교육대학의 정원 감축과 통폐합 역시 피할 수 없는 일이 될 것임에 틀림이 없다. 그 결과 앞으로 초등학교 교사 자리는 하늘의 별 따기가 될 것이다.

## 사라지는 중고등학교와 무너져 내리는 대학교

중학교 재학생 수는 2023년 현재 약 133만 명에서 2030년 114만 명, 2040년에는 86만 7,000명, 2050년에는 비슷한 수준을 유지하다가 2060년에는 79만 명 수준으로 감소할 것으로 보인다. 학급별 학생 수는 2020년 25명에서 2030년 22.4명, 2040년 14.8명, 2050년 14.5명에 이르게 될 것이다.

2023년 기준 고등학교는 전국적으로 2,200여 개교에 약 128만 명이 재학하고 있다. 그러나 2030년에는 1,900여 개교에 132만 명이 재학할 것으로 예상되며, 2040년에는 1,300여 개교에 약 91만 명으로 급속히 감소하게 될 것이다. 2050년까지는 비슷한 수준을 유지하다가 2060년에는 감소할 것으로 예상된다. 학급당 학생수는 2020년 23명에서 2030년 20명, 2040년 11.3명 그리고 2050년에는 13.3명으로 감소하게 될 것이다.

중고등학교의 교사 1인당 학생 수는 2023년 11.6명에서 2030년 역시 비슷한 수준을 유지할 것으로 예상되며, 2040년과 2050년에는 다소 감소할 것이다. 한편 중학교 교사 수요는 2023년 약 4,000명에서 2030년 3,000명으로 급감하게 될 것이며, 2040년과 2050년 역시 현저하게 감소하게 될 것이다. 이와 같은 중고등학교 학생 수의 현저한 감소와 교사 수요의 감소는 중등학교 교사를 양성하는 관련 대학기관과 전공 학과에 지대한 영향을 이미 미치고 있으며 그 여파는 앞으로 더욱 심화될 것이다.

2023년 기준 전국에는 201개의 4년제 대학(145만 4,000명)과 2~3년제 전문대학 134개(35만 1,700명)가 있다. 고3 재학생 수는 대학입학정원 수급에 가장 직접적인 영향을 미친다. 2020년 53만 9,000명이었던 고등학교 3학년생은 2021년에는 46만 5,000명으로 줄어들었다. 그 결과 입학정원을 채우지 못하는 대학은 2012년부터 본격적으로 시작되어 2023년에는 대학에 입학할 지원자 수가 불과 35만 명 내외에 이르게 되었다. 이러한 추세는 가속화되어 출산율 감소에 따른 고3 숫자는 급속하게 줄어드는 반면, 대학입학 정원의 감소 속도는 더디게 진행되는 차이로 인하여 2030년경에는 약 10만 명의 차이가 나게 되며 2040년에는 20만 명 가까운 차이가 나게 된다. 그와 같은 차이는 더욱 늘어날 될 것으로 보인다. 상당수의 대학들이 정원을 채우지 못하는 현상은 몇 년 전부터 발생하고 있으며 2023년부터 더욱 뚜렷해졌다. 그 결과 그러한 범주에 들어가는 대학들은 존폐의 기로에서 생존을 위한 피말리는 몸부림을 쳐야 할 것임에 틀림이 없다. 이러한 대학과 그 구성원들의 미래는 과연 어떻게 될 것인가?

1993년 김영삼 정부 출범 이후 대학졸업정원제의 도입으로 대학이 한 꺼번에 전국 방방곳곳에 설립되어 그 결과 전국의 기초자치단체의 대부분에서 최소 1개 이상의 대학이 설립되었다. 그러나 지난 몇십 년에 걸친 출산율의 저하에 따라 대학진학 인구가 해마다 감소하면서 2024년 기준 이미 전국의 상당수 대학들이 정원을 충족시키지 못하고 있으며, 특히 이러한 현상은 지방 소재 대학일수록 심각하다. 이러한 대학들의 신입생 충원 미달은 이미 상당수 대학의 재정에 커다란 압박 요인으로 작용하고 있으며 대학재정은 더욱 어려워질 것이다. 이와 같은 현상은 결국 대학의 통폐합으로 이어지면서 대학에 종사하는 교직원들이 일자리를 잃는 결과를 초래하게 되며, 대학의 통폐합으로 인하여 대학이 소재하는 지역의 경제가 황폐화되는 길을 걷게 되며 이미 그러한 현상은 진행 중에 있다.

## 줄어드는 경제활동인구, 어떻게 될 것인가?

경제활동참가율은 1960년대 초 약 55%에서 1980년 59%, 2000년 61.2% 그리고 2020년 63.3% 수준으로 완만하긴 하지만 꾸준하게 증가하였다. 그러나 경제활동 인구는 2018년부터 감소하기 시작하였으며 25~49세의 주경제활동인구는 2008년 이후부터 이미 감소하였다. 즉 1960년 약 810만 명의 경제활동인구는 1980년 1,440만 명, 2000년 2,200만 명 그리고 2020년에는 2,800만 명으로 증가하였지만, 2000년 이후의 낮은 출산율과 베이비부머들의 은퇴 등으로 경제활동인구는 꾸준하게 감소하게 될 것이다. 1955년부터 1963년 사이에 태어난 베이비부머는 약 800만 명 정도이며 1968년부터 1974년 사이에 태어난 제2차 베이비부머는 약 635

만 명에 이른다. 그러므로 이들 세대들의 정년도래는 경제활동인구 감소에 지대한 영향을 미치게 된다.

경제활동인구의 감소에 대응하는 전략으로는 무엇이 있을까? 첫째, 정년 연령을 연장하는 방법이 있다. 둘째, 다른 나라에 비해 상대적으로 교육 수준이 높은 우리나라 여성들의 경제활동참여율을 높이는 방법이 있다. 참고로 한국의 여성경제활동참여율은 2023년 기준 약 57% 수준에 머물고 있으므로 이러한 비율은 OECD 국가들의 여성경제활동참여율에 비해 약 10% 내외 낮은 수준에 머물러 있는 실정이다. 셋째, 부족한 노동력을 메꾸기 위하여 해외로부터 노동력의 유입을 적극적으로 유치하는 방법이 있을 수 있다. 마지막으로는 AI 시대의 도래와 로봇 활용의 일상화에 따른 노동시장의 변화를 생각해 볼 수 있다.

## 노인들로 넘쳐나는 세상

언제부터인가 출퇴근 시간을 제외한 시간대 지하철 이용객의 상당수가 은퇴한 사람들로 채워지고 있으며 크고 작은 공원과 도시 인근의 산들은 은퇴한 사람들로 만원을 이루고 있다. 뿐만 아니라 전세버스를 이용한 장거리 산행에도 은퇴한 사람들로 넘쳐나고 있으며 행정기관이 운영하는 문화교실의 인기 프로그램은 새벽부터 줄을 서야 겨우 수강할 수 있을 정도로 경쟁이 치열한 것이 현실이다. 우리 사회의 모습이 언제부터 왜 이렇게 변화하게 되었을까?

자영업 종사자와 특별한 직군을 제외하면 우리나라에서는 만 60세를 넘으면 대부분 1차적인 정년을 맞이하는 것이 현실이다. 정년 후 새로운 직업을 찾아서 제2의 인생을 시작하는 사람들도 있지만, 대부분의 은퇴자들은 은퇴 후의 노후생활에 준비가 되지 않은 채 경제적 어려움에 고스란히 노출되어 있다. 즉 은퇴 후 24시간을 어떻게 보내야 할지 막막한 경우가 대다수라고 볼 수 있다. 은퇴 후의 일상에 대한 준비가 제대로 되지 않은 사람들이 가장 쉽게 접근할 수 있는 것이 동네 가까운 산에 오르거나 공원을 찾아 소일하는 일이다. 좀 연령이 높은 층은 거주지 가까운 곳에 소재하는 노인정에 들러 소일하면서 대부분의 시간을 보내고 있다. 그러다 보니 가까운 산이나 공원은 은퇴한 사람들로 넘쳐 난다. 베이비부머 세대들의 은퇴가 가속화되면 이러한 현상은 더욱 심화될 것임에 틀림이 없다.

한편 한국의 65세 이상 인구의 경제활동 참여율은 2023년 기준으로 36.2%로, 38개 OECD 국가들의 노인인구 경제활동참여율 15.0%를 훨씬 뛰어넘는다. 그럼에도 불구하고 상대적 빈곤율은 39.8%로 OECD 국가 중에서 가장 높은 것으로 보고되고 있다. 노인들의 경제활동참여율이 OECD 국가들 가운데 가장 높음에도 불구하고 상대적 빈곤율이 가장 높은(통계청 2023년 고령자 관련 통계) 현상은 우리사회의 노인들의 상당수는 경제적으로 노후준비가 되어있지 않다는 것의 반증이기도 하다. 해가 갈수록 가파르게 증가하는 노인인구에 비해 태어나는 신생아는 해마다 줄어들고 있으니 노인에 대한 사회적 부양에 대한 우려가 자꾸만 커져가는 것은 어쩌면 당연하다고 하겠다.

## 아이를 낳지 않고 고령인구만 늘어가는 세상의 미래

인구를 14세 이하의 아동인구와 65세 이상의 노인인구로 구분하여 그 변화를 비교해 보면 우리사회가 앞으로 어떤 모습으로 진행할 것인가를 어느 정도 가늠해 볼 수 있다. 전체 인구에서 아동인구가 차지하는 비율은 2020년 12.2%(약 630만 명)에서 2050년 8.9%(약 425만 명)로 감소하는 반면, 노인인구의 비율은 2022년 18.4%(약 961만 명)에서 2050년 39.8%(약 1,900만 명)로 괄목하게 증가하게 될 것이다. 한편 같은 기간 동안의 경제활동인구(15~64세) 비율은 72.1%에서 51.3%로 현저하게 감소하게 된다.

이러한 인구구조의 변화는 무엇을 의미하는 것일까? 결론부터 말하자면 중장기적으로 볼 때 인구가 줄어드는 후속 세대가 살아갈 사회의 미래는 매우 어둡다는 것이다. 인구학적 측면에서 한국 사회보다 약 21년 앞서 저출산과 인구 고령화를 겪으면서 잃어버린 30년의 세월을 경험하였으며 아직도 그러한 충격에서 벗어나지 못하는 일본의 모습을 바라볼 때 현재의 일본의 모습은 20년 후 한국의 자화상이 될 개연성이 상당히 높다. 일본보다 낮은 출산율과 빠른 인구 고령화의 속도를 고려하면, 어쩌면 한국 사회의 미래 모습은 일본보다 훨씬 더 심각한 모습일 수도 있다. 아동인구와 젊은층 인구는 해마다 감소하는 반면 가파르게 증가하는 노인인구가 지역 사회와 국가 전체에 커다란 부담으로 다가오는 세상을 의미한다. 대도시의 핵심 상권을 제외하면 인구가 줄어들면서 대도시가 팽창하는 시기에 건설된 대도시 인근 교외의 대단지 공동주택은 거주하는 사람들이 떠나가면서 텅텅 비게 되고 유령화 도시로 변화할 가능성이 매우 높다. 뿐만 아니라 어느 정도의 부(富)는 축적하고 있지만 소비에 신중한 노인들의 소비 형태의 특성으로 미루어 보아 지역사회의 경제는 쇠퇴하게 될 것이다. 한국보다 20여 년 앞서서 경험하고 있는 일본의 사례를 반면교사로 삼아 충격을 완화하기 위한 노력이 절실히 요구된다.

# 초저출산, 초고령사회와 국민연금

　2023년 현재 한국인구는 약 5,180만 명이며 65세 이상 인구는 약 950만 명으로 전체 인구에서 차지하는 비율은 18.4%이다. 이와 같은 노인인구는 2030년 약 1,300만 명에 육박하여 25%를 차지하게 될 것이며 2040년에는 1,720만 명에 이르게 되며, 2050년에는 1,900만 명에 39.8%에 도달할 것으로 추계된다. 한편 노인부양비(65세 이상인구/15~64세 생산연령인구 × 100)와 노령화지수(65세 이상 인구/0~14세 인구 × 100)의 변화 추이를 보면 2020년 노인부양비 21.7 및 노령화지수 129를 보이고 있으며, 2030년에는 38.2와 260, 2040년에는 60.1과 347, 그리고 2050년에는 77.6과 447로 증가할 것으로 보인다.

　현행대로 40%의 소득대체율과 보험료율 9%를 유지한다면 국민연금의 고갈시기는 2054년이 될 것으로 예상되고 있다. 국민연금가입자와 국민연금수급자의 변화 추이를 보면 2020년 이후부터 연금가입자는 줄어들기 시작하고 연금수급자수는 늘어나기 시작한다. 그 결과 2020년 25%이었던 연금가입자에 비해 연금수급자의 비율은 2030년 33%, 2040년 40%, 그리고 2050년에는 60% 수준에 도달하게 될 것이다. 연금가입자보다 연금수급자가 더 많은 인구구조는 연금기금의 고갈을 초래하며 세대 간의 갈등을 유발하게 될 것이다. 그러므로 집단간의 갈등과 긴장이 일어난다고 하더라도 더 많이 내고 덜 받는 국민연금 개혁을 하루 속히 시행해야 하는 이유가 여기에 있다.

# 인구절벽과 사학연금

　초저출산과 인구고령화 현상으로 25~49에 속하는 주생산활동인구는 2008년부터 이미 감소하기 시작하였으며 15~64세 경제활동인구는 2018년부터 감소하기 시작하였다. 현재와 같은 생산양식의 큰 변화가 없다고 가정한다면 2050년 이후에는 노인인구 부양은 국가적으로 거의 불가능한 상태에 이를 가능성마저 배제할 수 없다. 경제활동인구의 부족은 국가의 세금수입 부족, 국민연금 고갈, 국민건강공단기금 적자, 공무원연금과 군인연금 그리고 사학연금의 고갈로 귀결될 것이다. 그러므로 이에 대한 고민과 대책이 절실한 것이다.

　인구의 고령화는 미시적인 차원에서도 다양한 문제를 야기하게 된다. 노인들이 겪고 있는 가장 큰 고통은 건강과 경제적 어려움, 역할상실과 고독 등이다. 노인인구의 약 84%는 1개 이상의 만성질환을 가지고 있으며 평균기대수명(83세)과 평균건강수명(69세) 사이에는 약 14년의 차이가 있다. 즉 노인들은 평균 14년 정도 질병과 싸우다 죽음에 이르게 되는 것이다. 한편 한국 노인들은 OECD국가 가운데 1~2위에 이를 정도로 높은 약 36%가 경제활동에 참여하고 있음에도 상대적 빈곤율은 약 39%로 OECD국가 가운데 가장 높다. 한편 약 70%의 한국노인은 노후준비가 제대로 되어 있지 않다는 연구보고로 미루어 보아 은퇴자들의 경제상태의 중요성에 대한 강조는 그 어느 때보다 중요하다고 하겠다. 이러한 맥락에서 여기에서는 사학연금의 현황과 장래 예상되는 이슈들을 간략하게 다루어 보고자 한다.

　앞에서 언급한 출산율의 감소 특히 2000년 이후 20년 이상 지속되고 있는 초저출산 현상의 결과, 턱없이 적게 태어난 신생아의 영향으로 앞으로 유치원, 초등, 중등 그리고 대학교의 재학생은 해마다 줄어들게 된다. 이러한 재학생들의 부족 현상은 이미 발생하고 있는 초중등학교의 통폐합을 더욱 가속화시킬 것이며 머지않은 장래에 많은 대학들은 신입생 유치의 어려움으로 결국은 문을 닫게 될 것이다.

이와 관련하여 사학연금의 장래에 대하여 살펴보면 다음과 같다. 2023년 11월 16일에 실시한 2023년 대학수학능력시험 응시생은 재수생 약 14만 2천 명을 포함하여 50만 8천 명으로 보고된 바 있다. 한편 2023년 현재 4년제 대학(201개)과 2~3년제 대학(134)의 입학정원은 약 49만 8천 명이다. 해가 거듭할수록 고등학교 졸업생수는 현저하게 감소하게 되므로 고등학교 졸업생의 약 72%가 대학에 진학하는 현재 추세를 고려한다면 향후 상당수 대학은 신입생 충원에 커다란 어려움에 처할 수밖에 없을 것이다. 이러한 현상은 결과적으로 대학재정의 악화와 교직원 축소 그리고 폐교 순으로 진행되며 동시다발적으로 발생하게 될 것이다. 그 결과 사학연금 가입자의 현저한 감소로 인하여 사학연금의 적자를 초래하여 사학연금은 고갈에 이르게 된다.

조영태 외 연구팀(2021년)의 추계에 따르면 2021년 약 22조 2,700억 원의 사학연금은 2029년 약 25조 1,200억 원으로 최고조에 도달한 후 2030년부터 사학연금의 지출이 수입을 능가할 것으로 예상하고 있다. 따라서 현재의 보험료율 18%를 2배에 해당하는 36%로 상향 조정하지 않는다면 2044년에서 2048년 사이에 사학연금은 고갈할 것으로 전망되고 있다.

## 초저출산, 초고령사회의 대응책

지난 약 50년에 걸쳐 한국 사회는 급격한 출산율 감소와 평균기대수명의 연장 등으로 젊은 인구는 감소하고 노인인구는 늘어나면서 커다란 인구

구조의 변화를 경험하였다. 이러한 인구구조의 변화는 사회 전반에 걸쳐 다양한 형태로 영향을 미치고 있음은 부인할 수 없는 사실이다. 특히 초저출산 현상에 따른 젊은 후속 세대의 인구유입이 매우 제한적인 현실을 고려할 때 경제활동인구의 지속적인 감소와 급속하게 늘어나는 노인인구는 결과적으로 후속세대에게 커다란 부양부담을 초래하게 된다. 또한 학령인구의 급속한 감소로 인한 초중등학교의 통폐합과 대학의 위기는 연금에 의존하여 노후를 보내는 관련 분야 은퇴자들에게는 위기로 다가올 가능성이 매우 높다고 하겠다. 이러한 맥락에서 은퇴자들의 리스크를 간략히 열거하면 다음과 같다. 은퇴자들의 경제리스크는 앞에서 언급한 인구학적 구조변동과 같은 거시적 요인 외에 다양한 요인들이 있는데, 자녀리스크, 건강리스크, 투자리스크 및 배우자리스크 등을 들 수 있다. 그러므로 이러한 리스크에 노출되지 않도록 미연에 방지하고 대비하는 노력이 매우 중요하다고 하겠다.

한국사회는 역사적으로 그 유례를 찾아 볼 수 없을 정도의 역동적인 인구현상을 경험하였다. 불과 23년만에 합계출산율 6.0에서 2.1의 인구대체수준의 출산율에 도달한 바 있으며, 압축적인 고도 경제성장에 따른 생활수준의 향상과 평균기대수명의 상승으로 1960년 53세이었던 평균기대수명은 2023년 현재 83.6세까지 상승하였다. 그 결과 향후 30~40년 동안 한국사회의 인구고령화 속도는 그 유례를 찾을 수 없을 정도로 가파르게 진행될 것으로 결정되어 있다. 그리하여 2055년이 지나면 현재 지구상에서 가장 높은 인구 고령화가 되어 있는 일본을 추월하여 세계에서 가장 노인인구 비율이 높은 국가가 될 것이다. 이와 같은 초저출산과 가파른 인구 고령화 현상에 대한 고민과 해결방법을 모색하는 일은 아무리 해도 지나침이 없다고 하겠다.

인류와 타 포유동물과의 가장 큰 차이점은 무엇일까? 장래에 일어날 일들에 대하여 미리 예견하고 대비해 가는 능력이라 하겠다. 인구현상의 가장 큰 특징은 이미 일어난 일은 돌이킬 수 없으며 시행착오를 용납하지 않는다는 점이다. 그럼에도 불구하고 이미 일어난 인구현상일지라도 정확히 이해하고 미리 대비를 한다면, 피해를 완화하거나 경착륙으로부터의 피해를 최소화할 수 있을 것이다. 진화론자 찰스 다윈의 '마지막까지 생존하는 생물은 똑똑한 것도 아니고 힘센 것도 아닌 적응을 잘하는 생물'이라는 주장을 다시 한번 되새겨 보아야 하겠다.

교육부, 교육기본통계, 2022.

김태환, 김두섭, 인구학의 이해, 서울대학교출판부, 2002.

김한곤, "성장동력 잃어가는 인구열차, 그 종착역은 어디인가", (사)국가미래연
구원, 2014.8.5.

김한곤, "다가오는 회색쇼크", The 15th World Knowledge Forum, 매경그룹,
신라호텔, 2014.10.14.

김한곤, 인구정책토론회, 대구광역시, 2019.5.4.

이삼식, 이철희, "유치원의 수요와 공급 추이", 저출산고령포럼, 2019.

조영태, 정해진 미래, 북스톤, 2016.

조영태, 정명구, 신화연, "벚꽃 엔딩과 사학연금", 인구보너스시대의 노후소득
보장과 연금산업 발전 방향 학술대회, 한국연금학회, 한국인구학회, 서울
대 인구정책연구센터, 2012.6.3.

통계청(KOSIS), 고령자 통계, 2020.

통계청(KOSIS), 장래인구특별추계, 2017.

한국고용정보원, 2019.

한국리서치, 2023년 결혼인식조사, 2023.

Darwin, Charles, *Theory of Revolution*, Natural selection to the Linnean
Society of London, 1858.

Richet, Charles, *One Hundred Years Later*, Editions Felix Alcan, 1892.

Spencer, Herbert, *The Principle of Sociology*, D. Appleton and Company, 1896.

Thompson, James D., *Organizations in Action*, McGraw-Hill, 1967.

Wells, Herbert George, *The Time Machine*, William Heinemann, 1895.

Wells, Herbert George, *The First Men in the Moon*, Geroge Newnes Ltd, 1901.

# 제2장

# 『주역』의 연속적 시간관과 미래 예측

정병석

## 불안사회와 『주역(周易)』의 소환

최근 『논어(論語)』를 비롯한 동양고전들이 인문학 강좌의 주된 콘텐츠 역할을 하는 경우들을 어렵지 않게 발견할 수 있다. 차가운 기술적 이론들과 지나치게 공리적 효과만을 강조하는 냉혹한 현실 상황과는 대비되는 '따뜻한 사람다움'이나 '올바른 인간의 길'을 묻고 성찰한다는 차원에서 동양고전에 대한 수요와 사랑은 어쩌면 현실에 대한 자연스러운 반향일지도 모른다. 이런 분위기 속에서 우리의 관심을 끄는 또 하나의 중요한 경향은 『주역(周易)』에 대한 관심과 열기이다.

우리들은 왜 현대인들의 『주역』에 대한 관심과 열기에 대해 주목하여야하는가? 이 물음에 대한 대답은 현대사회가 처해 있는 상황과 『주역』이라는 책에 대한 일반인들의 시각이라는 두 가지 관점에 대한 설명이 무엇보다 필요할 것으로 보인다. 사람들은 현대사회가 처한 특성을 '불안'이라는 개념으로 규정하여 말하기도 한다. 심지어 현대사회를 '불안사회'로 이야기하는 경우도 있다. 현대인들이 불안한 이유는 다른 것이 아니라 어느 것 하나도 확실하고 안정된 것이 없기 때문이다. 이른바 디지털과 AI 등으로 표현되는 현대사회는 사람들을 급진적인 변화의 흐름 속으로 밀어 넣고 있다.

이런 현대사회가 가진 특징은 급진적 변화, 확실성의 부재, 예측 불가능성 등으로 구성된 불확실성이란 말로 정의할 수 있다. 현대사회가 가진 이런 불확실성이 사람들에게 고질적인 불안을 가지도록 만든다. 이런 불안한 심리 상태는 '현재의 자신'을 매우 협소한 이념과 지나치게 왜곡된 정체성의 범위 속에 제한시켜 버리는 급진적이고 광신적인 형태로 나타난다. 달리 표현하자면 자기 보고 싶은 것만 보고, 자기 듣고 싶은 것만 듣고, 자신이 좋아하는 것만을 추구하는 지극히 단절적이고 광신주의적인 개인의 지향만을 추구하는 인간상을 양산하고 있다. 겉으로 보기에 이런 인간 유형들은 대단히 주체적이며 분명한 자기 가치관을 가진 존재로 보이지만 실은 주체의 방황과 자기 가치감을 상실한 지극히 나약한 존재임을 반영할 뿐이다. 이는 바로 자기 자신을 온전하게 신뢰하지 못하는 불안한 심리상태가 만들어 낸 자화상이다.

현대인들은 어떤 이유로 또 무엇 때문에 이런 불안감을 가지게 되는가? 이런 불안한 심리상태는 과거나 지금보다 앞으로 다가올 미래가 더욱 불확실하며 위험하고 통제 불가능할 것으로 생각하는 것에서부터 연유한다. 여기에서 사람들은 다가올 미래에 대해 걱정하고 그것을 미리 앞서서 예측하려고 애쓴다. 물론 여러 가지 데이터와 자료를 구비하고 있는 경제나 과학기술의 미래 경향들을 예측하는 것은 어느 정도 가능하다. 문제는 지극히 개별적인 한 개인의 미래는 예측하기가 그렇게 쉽지 않다는 것이다. 어쩌면 전자가 인과율(因果律)에 바탕한 과학적 영역에 속하는 것이라면, 개인의 영역은 인과율이 적용되기 어려운 자유의 영역이기 때문에 미래에 대한 예측은 결코 쉽지 않고 정확성을 기하기도 어렵다. 개인의 삶이 향하는 방향과 결과에는 너무나 많은 '우연성'이 작동하기 때문이다. 사람들은 종종 이런 우연성을 명(命) 혹은 운명(運命)이라는 말로 표현한다.

잠을 줄여가면서 아무리 열심히 노력하고 성실하게 일하여도 생활은 나아지지 않고 끝없이 궁핍하고 힘든 삶을 사는 사람들에게 있어서 "노력한 만큼 얻는다."라는 인과율에 기반한 도덕적 필연성은 어쩌면 공허한 도덕률의 주입에 불과할 뿐이다. 그것보다는 "어떤 재질로 만든 수저를 물고 태어났는가?"라는 불평등한 현실 조건과 우연하게 만나는 행·불행이 더욱 유효하고 실질적인 위력을 발휘하고 있다고 생각하기 때문이다. 이처럼 삶에서 조우(遭遇)하는 여러 가지 우연성이 도덕적 필연성 혹은 과학적 인과율보다 훨씬 더 우위를 점하는 현실을 목도한 사람들은 자신의 팔자(八字)와 운수(運數)에 대해 관심을 기울이게 된다. 특히 사람들은 닥쳐올 미래를 더욱 불확실하고 통제할 수 없는 어떤 것으로 보고 불안한 마음과 시선 속에서 그것을 미리 예측하려는 시도를 하려 한다. 여기에서 자신의 태어난 팔자를 알아보고 미래를 예측하려는 점(占) 혹은 점술(占術)에 대한 관심이 자연스럽게 생기게 되는 것이다. 이런 상황 속에서 사람들은 『주역』이 미래를 예측하는 기능을 가지고 있는 것으로 생각하여 여기에 특별한 관심을 기울이기 시작한다.

현대인들이 『주역』을 다시 소환하는 이유는 어떤 다른 것이 아니라 이 책을 미래를 예측할 수 있는 신비한 점술서로 간주하기 때문이다. 심지어 사람들은 모든 점술과 관련된 것들을 역학(易學)이라는 말로 통칭해 버린다. 많은 사람들에게 알려져 있는 점법인 사주명리학과 『주역』은 전혀 다른 계통과 기원을 가지고 있다. 사주명리학을 업으로 삼는 사람들이 『주역』에 대해 전혀 이해하지 못하는 경우를 쉽게 발견할 수 있다. 그들도 사주명리학과 『주역』이 다른 것인 줄 알면서도 눈감아버리는 이유는 『주역』이 가진 '오경의 머리(五經之首)'라는 높은 권위에 의지하려 하기 때문이다. 『주역』을 점치는 책으로 말하는 것은 결코 틀린 말은 아니지만 보다 정확하게 규정하면 반은 맞고 반은 틀린 말이다. 왜냐하면 『주역』의 출발은 점치는 것에서 기원한 것이 분명하지만, 후대로 갈수록 새로운 해석이 부가되면서 점치는 기능이나 성격보다는 인간과 세계를 해석하는 중요한 철학서로 환골탈태하기 때문이다. 다시 말하면 『주역』이라는 책은 점치는 기능도 가지고 있고 철학적 성격도 동시에 가지고 있는 매우 특이한 책이다. 다만 시간이 갈수록 점치는 기능보다는 철학적 성격이 더욱 강조된다는 점이다.

그렇다면 점이라는 측면에서 『주역』은 미래를 예측할 수 있는가? 이것이 이 글이 다루려고 하는 핵심 주제이다. 뒤에서 상세하게 분석하겠지만 이 주제를 이야기하기 위해서는 『주역』이 말하는 시간관이나 역사관 등에 대해 먼저 살펴보아야 할 것이다. 과거나 현재 그리고 미래에 대한 시간이나 역사에 대한 관점, 예를 들면 연속적 시간관과 시간의 순환왕복 등의 문제들에 대한 탐색이 필요하다. 아울러 이 글의 성격상 여기에서는 옛 문장 속에 보이는 『주역』의 미래 예측에 대한 몇 가지 예를 들어서 설명하려 한다. 마지막으로 『주역』의 미래 예측에서 가장 중요한 요소가 무엇인지에 대해 이야기해 보려고 한다.

## 『주역』의 변화와 연속적 시간관

『주역』이 세계를 바라보는 기본적인 시각은 변화라는 관점에서 출발하고 있다. 모든 변화는 시간을 선결 조건으로 삼는다. 시간을 통해서만 변화를 알 수 있고 시간의 지속을 통해서만 사물 존재의 변화를 말할 수 있기 때문이다. 시간이 없다면 사물의 지속이나 변화란 것도 알 수 없다. 시간의 지속에서 사물의 변화를 발견할 수 있다. 시간의 지속을 우리는 이미 지나간 과거와 지금의 현재 그리고 아직 오지 않은 미래로 구분하여 나눈다. 이미 지나간 과거와 현재를 우리는 기억하고 알 수 있지만 아직 오지 않는 미래는 "한 치 앞도 모른다."라는 말처럼 어떤 변화가 발생하는지에 대해 우리는 쉽게 알지 못한다. 여기에서 우리는 『주역』이 말하는 미래 예측에 자연스레 우리의 관심을 집중하게 된다.

『주역』의 '易'이라는 문자의 어원 자체 속에 이미 변화라는 의미를 담고 있다. '易' 자의 문자적 분석에 대한 여러 의견 중 대표적인 몇 가지만 들어 보자. 『설문해자(說文解字)』라는 책에서는 '易'이란 글자를 하루에도 열두 번씩 그 색깔을 변화시키는 도마뱀[蜥蜴, 카멜레온 같은 종류의 도마뱀으로 주어진 환경에 따라 색깔을 바꿈]에서 나온 것으로 말하고 있다. 다음 〈그림 2-1〉의 글자는 도마뱀을 연상하게 만든다.

● 그림 2-1 '易'의 어원인 도마뱀의 상형

위백양(魏伯陽, 151~221)의 『주역참동계(周易參同契)』는 '日'과 '月'의 두 글자가 합해진 것을 '易'의 어원으로 보고 있다. 이는 일월(日月)을 음양(陰陽)의 근본적 동력으로 보아 해와 달의 순환과 교체를 상징하고 있다는 입장에서 '易'이란 말을 해석하고 있다.

마지막으로 '易'의 문자적 원형을 해가 지평선 너머로 지고 있는 일몰(日沒)의 모습을 상징하는 것으로 보는 입장이다.

　위에서 말한 도마뱀이 보호색을 내어 수시로 변화하는 것이나 해와 달의 교체와 음양의 운동, 일몰 등이 상징하는 의미들을 종합하여 보면 공통되는 현상이 바로 '변화'이다. 즉 '역'이라는 문자를 모든 만물의 살아서 움직이는 변화의 의미로 보아 우주 속의 모든 만물과 사태는 변화의 과정 속에 있음을 말하고 있다. 이런 이유에서 『주역』을 '변화를 말하는 책(Book of Changes)'이라고 하는 것이다. 『주역』은 변화라는 개념을 통하여 자연과 인간사의 운동과 교체 등의 변화 과정에 대해 이야기하고 있다.

　『주역』은 변화를 시간을 통해서 설명한다. 『주역』에서 말하는 시간의 특성은 크게 세 가지로 나누어 볼 수 있다. 『주역』은 시간이 가지는 특성을 '무궁한 변통', '끝과 시작의 무한한 연속'과 '순환왕복'으로 말하고 있다.

### 1) 무궁한 변통

"역(易)은 궁하면(극한 상황에 이르면) 변하고, 변하면 통하는 길이 생기고,
통하면 오래 지속될 수 있다(易窮則變, 變則通, 通則久)."

－『주역』의 「계사전」

　위의 말은 시간이 끊어지지 않고 무한히 연속되어 이어지고 있다는 것에 대해 말하고 있다. 이 궁(窮) → 변(變) → 통(通) → 구(久)의 단계는 바로 사물이나 사태의 변화와 발전 과정을 시간적 순서로 표현하고 있다. "궁하면 변한다."의 궁(窮)의 뜻은 '극한 상황에 이르는 것'을 의미하는데 이는 동

시에 시간의 흘러감 혹은 사라짐을 말하는 것이기도 하다. "궁하면 변한다."의 변(變)은 극한 상황을 넘어서 '새로운 시작'을 말한다. 즉 시간의 한 찰나 혹은 단계가 지나가면 나중의 다른 한 찰나 혹은 단계가 곧 뒤이어 온다는 것이다. 예컨대 여름도 더위가 극성을 부리지만 어느 때가 되면 더위가 물러나고 결국은 서늘한 가을이 오는 것과 같다. 이 뒤에 오는 시간은 지나간 시간과는 다른 새로운 변화를 보여준다. 하나의 찰나가 사라져 가고, 새로운 찰나가 계속 생기는 이것이 바로 하나의 새로운 시간을 형성한다. 이런 시간의 연속적 흐름을 『주역』은 "낳고 또 낳아 쉼이 없는" 생생불식(生生不息)이라는 말로 표현한다.

"변하면 통하는(變則通)" 구절의 통(通)은 끊임없는 변화 속에서 시간이 계속 이어져 가는 연속성을 표현한다. "시간이 이어져 가면 오래 지속할 수 있다(通則久)"의 구(久)는 계속적으로 쌓여가는 시간의 누적을 말한다. 역사의 형성이라는 것은 바로 시간의 누적을 두고 말하는 것이다. 현상계의 시간이나 만물은 극단의 단계에 이르면 변하지 않을 수 없고, 그것을 극복하여 통하고 다시 궁하지 않을 수 없어서 다시 변한다. 한마디로 무궁히 변통하고 있다. 즉, 궁 → 변 → 통 → 궁 → 변 → 통의 반복이다. 이런 시간은 변화하는 과정 중에서 결코 단절되거나 멈추지 않고, 더 이상 중복되지 않고, 부단히 앞을 향하여 나아간다. 변통무궁은 시간의 부단한 변화와 무한한 지속성을 말하고 있다.

## 2) 끝과 시작의 무한한 연속

『주역』에서 말하는 시간의 모습은 시작도 끝도 없는 변화 과정을 무한히 전개하여, 시작[始] 속에 끝[終]을 포함하고 있고, 끝 속에 시작을 내포하여, 앞과 뒤가 서로 연결되어 끊임없이 전개되고 있다. 앞에서 말한 끊임없는 흘러감과 사라짐, 새로운 찰나의 출현, 연속, 누적 등의 성질들은 부단히 전개되는 연속적 시간관을 형성한다. 『주역』의 시간에서 말하는 '끝과 시작[終始]'은 결코 떨어져 단절되어 있거나 분리되어 있는 두 개의 전혀 다른 이질적 상태가 아니라, 서로 동적으로 접속되고, 서로 연속되어 생멸(生滅)하는 상태 속에 있다. 「계사전」에서는 다음과 같이 말하고 있다.

> "『주역』이라는 책은 시작을 살피고 끝을 탐색하는 것을 핵심으로 삼는다(易之爲書也, 原始要終以爲質也)."

이 말은 『주역』은 사물이나 사태의 시작과 끝을 살피고 탐색하는 책이라는 것을 이야기하고 있다.

> "천지의 도는 항구하여서 다함이 없다. … 끝이 되면 다시 새로운 시작이 있게 된다(天地之道, 恒久而不已也, … 終則有始也)."
>
> – 항괘(恒卦), 「단전(象傳)」

낮이 끝나는 것, 그것은 바로 밤의 시작이고, 밤의 끝남은 곧 낮의 시작이다. 시작과 끝, 가고 오는 것이 서로 연결이 되어서 끊임없는 시간의 흐름이 생긴다. 즉 만사 만물의 운동 법칙은 하나의 운동 주기가 끝이 나면 또 다른 하나의 새로운 운동 주기가 시작되기 때문에 정지라는 것은 존재하지 않는다. 계속적인 운동 변화와 발전이 있다는 점에서 『주역』은 시간과 변화를 말하는 경우, '시종(始終)'이라는 말보다는 '종시(終始)'라는 말을 즐겨 사용한다. '시종'이 하나의 운동 과정이 일회(一回)로 종결되는 것을 의미한다면, '종시'는 운동의 진행 과정이 이루어졌다가 다시 새로운 시작이 전개된다는 점에서 구별된다.

### 3) 순환왕복

『주역』은 시간의 순환왕복을 매우 강조한다. 「계사전」은 말하고 있다.

"해가 가면 달이 오고, 달이 가면 해가 온다. 해와 달이 서로 교체하여서 밝음이 생긴다. 추위가 가면 더위가 오고, 더위가 가면 추위가 온다. 추위와 더위가 서로 교체하여서 세월의 순서가 생긴다(日往則月來, 月往則日來, 日月相推而明生焉. 寒往則暑來, 暑往則寒來, 寒暑相推而歲成焉)."

여기에서 말하는 해와 달, 추위와 더위의 교체와 왕래는 바로 시간이 순환하고 왕복하고 있음을 잘 보여주고 있다. 비록 『주역』에서는 계량적인 시간, 즉 연월일시나 분초 등에 대한 구체적인 분석 내용은 없지만, 음양의 기가 '줄어들거나 늘어나는' 소식(消息)을 통하여 사계절, 12월이나 24절기(節氣) 등의 시간 단위를 괘효(卦爻)의 변화를 통해 말하고 있다. 양기와 음기의 적당한 배합과 질서가 없으면, 수재(水災)나 가뭄이 발생하여 오곡이 성장할 수 없게 되어 인간의 생명에 직접적인 영향을 주게 된다. 이런 시도는 순환왕복하는 시간의 질서에 인간의 질서를 대응시키는 해석을 가능하게 한다. 참고로 12달의 괘를 소개하면 〈표 2-1〉과 같다.

**┃표 2-1 12달의 괘**

| ䷗ | ䷒ | ䷊ | ䷡ | ䷪ | ䷀ | ䷫ | ䷠ | ䷋ | ䷓ | ䷖ | ䷁ |
|---|---|---|---|---|---|---|---|---|---|---|---|
| 復 | 臨 | 泰 | 大狀 | 夬 | 乾 | 姤 | 遯 | 否 | 觀 | 剝 | 坤 |
| 11월 | 12월 | 1월 | 2월 | 3월 | 4월 | 5월 | 6월 | 7월 | 8월 | 9월 | 10월 |

12달의 순서는 기본적으로 양이 하나 자라나면[息] 음이 하나 줄어들고[消], 음이 하나 자라나면 양이 하나 줄어드는 규칙을 12개의 괘를 통하여

말하는 것이기 때문에 12 소식괘(消息卦)로 부르기도 한다. 우리가 일상에서 안부나 변화 상황을 물을 때 말하는 '소식'이 바로 이 말에서 나왔다. 당연히 여름에는 따뜻한 양이 많고 겨울에는 서늘한 음이 많다. 12월이 끝나고 나면 1월이 다시 돌아오고, 봄에서 여름으로, 또 여름 다음에 가을과 겨울이 오고 다시 봄이 시작되는 것으로 이것은 순환왕복이라는 시간의 특성을 잘 보여주고 있다.

위에서 말한 무궁한 변통, 끝과 시작의 무한한 연속과 순환왕복의 개념을 통하여 『주역』의 시간관은 바로 '단절이 없는 무한한 연속과 왕복'이라는 특성을 가지고 있음을 알 수 있었다. 『주역』에서 과거, 현재와 미래의 시간은 단절되고 이질적인 것이 아니라 서로 연속되어 있고, 또 한번 가면 사라져버리는 시간이 아니라 순환왕복하고 있다는 것이다. 이른바 왕복과 순환을 말하는 가역적(可逆的)인 시간이다. 여기서 말하는 가역성은 어떤 물체나 그 상태가 모양은 변하지만, 근본적인 성격은 변하지 않는다는 것을 전제한다. 즉 시간의 가역성이라는 말은 시간이 과거와 현재, 현재와 미래 사이에서 왕복운동을 하면서 한 주기가 끝난 후에도 나타난 형태는 변할지라도 동일한 운동과 원래의 성격을 유지하여 되돌아갈 수 있는 것을 말한다.

이런 의미에서 『주역』을 포함한 유가의 시간관이나 역사관은 연속적이고 가역적인 왕복성을 가지고 있기 때문에 과거는 현재와 완전히 구별되는 이질적인 것으로 단절되어 있는 것이 아니라 오히려 현재를 가능하게 만드는 하나의 산출 근거로 연결 혹은 연속되어 있다. 또 미래 역시 현재와 완전히 구별되는 급격한 단절이 있는 어떤 이질적인 것이 아니라 현재를 통해서 충분히 예측 가능한 연속적 시간의 연장(延長)으로 간주된다. 이런 시간관과 역사관의 각도에서 보면 『주역』이 미래를 예측할 수 있는 가능성과 시도는 나름대로의 충분한 이론 근거를 가지고 있는 것으로 볼 수 있다.

# 『주역』을 통해 본 미래 예측

'변화의 책'으로 불리는 『주역』의 이치나 사유구조는 기본적으로 변화하고 있는 천지의 시간적 변화를 모델 혹은 표준으로 삼아 만들어진 것이기 때문에 『주역』에서 말하는 시간이나 변화의 운행 기제와 천지의 그것은 서로 다르지 않다. 이런 천지의 운행 기제는 바로 "극한 상황에 이르면 변화하고, 변화하면 통하는 길이 생기고, 통하면 오래 지속될 수 있다."라는 시간의 변화를 통하여 요약된다. 『주역』에서 말하는 시간에 대한 관점과 역사적 사유를 좀 더 좁혀서 말하면 과거, 현재, 미래의 연속과 왕복으로 정리할 수 있다. 이런 시간적 특성은 서양의 근대에서 말하는 한 방향으로 흘러가서 더 이상 돌아오지 않는 시간관과는 현저하게 구별된다.

『주역』의 시간관이 가지고 있는 과거, 현재, 미래의 연속성과 왕복이라는 특성은 동아시아의 역사와 철학사 전반에 걸쳐서 현저하게 나타난다. 역사적 연속성이란 의미는 하나의 단계에서 다른 단계로 들어서는 과정 속에서 이전의 기본적 의식구조를 버리지 않은 상태로 계속 발전된 것이다. 이것은 시간을 단절이 없는 하나의 연속된 과정으로 보기 때문에 그 근본적인 성격은 변하지 않는다는 것을 의미한다. 이처럼 시간이 연속성과 가역적인 왕복의 성질을 가지게 되는 원인은 시간의 발전이 일정한 방향을 따라서 발전하고, 역사와 문화는 일정한 방향에서 뺄 것은 빼고 보탤 것은 보태는 손익(損益)의 작용 속에 있는 것으로 보기 때문이다. 이런 상황을 가장 잘 보여주는 말이 바로 『논어』에서 말하는 옛것을 익힘으로써 그것으로 미루어 새로운 것을 안다는 뜻의 "온고지신(溫故知新)"이다. 이런 관점은 결코 단절된 역사의식에서는 드러나지 않는다.

심지어 유가들은 역사상의 황금시대 혹은 이상세계를 과거에서 찾기도 한다. 그들은 과거, 즉 하, 은, 주로 대표되는 고대의 문화는 지금의 사람들에게 가장 이상적인 모범을 제공해 주고 새로운 의미를 산출할 수 있는 근거라는 것이다. 유가와 공자는 아득한 고대의 빼어난 성군(聖君)인 요순(堯舜)과 주공(周公) 같은 훌륭한 정치가들이 다스리던 시대를 황금시대로 보고 그것을 현재와 미래에 다시 재현(再現)하려는 노력을 하고 있다. 여기에서 역사는 갈수록 퇴화한다는 역사퇴화론(歷史退化論)이라는 비판이 나올 수도 있다. 실제로 소옹(邵雍, 1011~1077)은 인간의 주관적 활동이 강하면 강할수록 자연 상태에서 멀어지게 되어 점점 예전보다 못하게 된다고 말한다. 소옹은 선천(先天)과 후천(後天)의 관점을 통하여 인류 사회를 해석하고 있는데, 자연에 순응하고 인위적인 것을 부가하지 않는 것이 바로 선천이고 인위적인 활동, 예컨대 도덕적 교화나 공적을 다투거나 이익을 추구하는 것들은 모두 후천에 속하는 것으로 본다. 이에 근거하여 그는 요(堯) 임금 이전을 선천의 시기라 하고, 요 임금 이후를 후천이라고 하였다. 이런 관점에서 왜 유가들이 이상적인 유토피아를 미래가 아닌 이전의 고대에 두고 있는가 하는 점을 어느 정도 이해할 수 있을 것으로 보인다.

이런 이유에서 역사상의 황금시대 혹은 이상세계로 상징되는 옛것(故)이나 과거의 전통을 학습하고 실천하는 것이 가장 중요한 공부이고 수양이 되는 것이다. 그들이 과거의 경전을 열심히 공부하는 이유는 바로 여기에 있다. 이런 옛것이나 과거의 전통을 학습하고 배우는 것은 단순히 과거의 전통을 지식으로 배우고 인식하는 것에 그치는 것이 아니다. 그보다는 현재에 필요한 새로운 것과 더 나아가 미래를 준비하기 위한 방법 중의 하나가 바로 옛것에 대한 공부, 즉 온고(溫故)라는 행위이다. 이것이 바로 옛것을 익힘으로써 그것을 바탕으로 하여 새로운 것을 아는 온고지신이다.

과거에 대한 공자의 언급은 많이 보이지만 미래에 관해 언급한 곳은 상대적으로 드물다. 공자는 한 시대가 지나가고 나중의 한 시대가 뒤이어 오는 것이 비록 차이가 있을지 모르지만, 그것은 분명히 연속성을 가지고 있다고 말한다. 이런 시간의 연속성이라는 관점에서 공자는 앞선 시대뿐만 아니라 비록 백 세대 이후라 할지라도 충분히 예측하여 알 수 있다고 말한다.

> "자장(子張)이 공자에게 열 세대 이후라도 알 수 있습니까?라고 물으니 공자가 답하였다.
> 은나라는 하나라의 예절과 법도를 따랐으니, 거기서 더하거나 뺀 것을 보면 알 수 있고, 주나라는 은나라의 예절과 법도를 따랐으니 거기에서 보태거나 뺀 것을 보면 알 수 있다. 그 누군가 주나라를 계승하는 자가 있다면 백 왕조 뒤의 일이라 할지라도 알 수 있을 것이다(子張問十世可知也. 子曰, "殷因於夏禮, 所損益, 可知也, 周因於殷禮, 所損益, 可知也. 其或繼周者, 雖百世, 可知也.")."
>
> – 『論語』,「爲政」

시간의 연속성이라는 관점에서 미래, 즉 백 세대 이후라 할지라도 충분히 알 수 있다고 말한다. 즉 시간의 연속성이라는 관점에서 보면, 현재 역시 과거를 바탕으로 하여 이루어진 것이고 백 세대 뒤의 미래 역시 현재를 바탕으로 산출된 것이기 때문에 충분히 예측 가능하다는 말이다. 이런 유가의 시간과 역사에 대한 시각은 『주역』이 말하는 미래 예측이라는 관점에 그대로 예외 없이 그대로 적용된다. 이와 관련된 『주역』의 관점들에 대해 분석해보자. 「설괘전(說卦傳)」은 다음과 같이 말한다.

> "지나간 것을 세는 것은 순조로이 따르는[順] 것이고, 올 것을 아는 것은 거스르는[逆] 것이니, 이 때문에 역(易)은 거슬러서 세는 것이다(數往者順, 知來者逆, 是故易逆數也)."

여기서 말하는 수는 명사적인 의미의 숫자보다는 '세다'는 동사적 의미로 사용되고 있다. 지나간 일을 세는 것은 이미 알고 있는 과거의 것이기 때문에 이를 헤아리는 것은 쉽고 순조롭다. 즉 지나간 과거의 것이 변하여 현재로 발전해 온 추세는 순서에 따르는 것으로 헤아리기에 순조롭다는 의미의 순(順)이다. 즉 과거의 지나간 일을 헤아려 분석하는 것은 자연스럽고 쉽기 때문에 '순조로이 따르는' 것이라고 말한다. 이와 반대로 아직 오지 않는 미래의 일을 헤아리는 것은 순서에 따르는 순리가 아니라 발전의 추세를 거스르는 것[逆]이기 때문에 역리(逆理)이다. "올 것을 아는 것은 거스르는 것이니(知來者逆)"라는 말은 앞으로 올 것, 즉 아직 오지 않는 미래를 알려는 것으로 이는 순서에 따르는 것이 아니라 순서를 무시하고 거꾸로 거슬러 올라가는 역방향이라는 말이다. 여기에서 『주역』이 가진 중요한 특성 중의 하나가 바로 '거슬러서 세는 것[逆數]', 즉 오지 않는 미래를 헤아리는 것에 있다. 이런 입장에서 주역의 '역(易)'이라는 말은 변화를 말하는 변역(變易)의 '역'일 뿐 아니라 또한 아직 오지 않는 미래의 일을 헤아리는 역수(逆數)의 '역(逆)'이기도 하다.

오는(來) 것을 안다는 것(知)은 미래를 예측한다는 말이다. 『주역』은 미래를 예측하는 것을 역(逆)이라고 하는데 그것은 바로 '거슬러서 세는' '역수'의 과정이다. 바꾸어 말하면 역수는 바로 '미래를 예측하는' 것을 의미한다. '미래를 예측하는'과 같은 역수의 파악 과정을 『주역』은 점(占)이라고 말한다.

"수를 헤아려 올 것을 아는 것을 점이라 한다(極數知來之謂占)."

수를 헤아리는 방식을 통하여 미래를 아는 것을 점이라고 하는 말에서 '수를 헤아리는 것'이 바로 '거슬러서 세는' 역수(逆數)이다. 실제로 미래를 예측하려는 『주역』의 점법 역시 수를 헤아리는 방식을 통하여 진행된다. 즉

50개의 시초(蓍草, 가지가 긴 다년생 식물)의 가지를 가지고 정해진 연산 방식을 통하여 괘효를 만드는 방식이 바로 시초점(蓍草占)이다. 시초점은 시초의 줄기를 이용해 점을 치는 것을 말한다. 시초는 한 뿌리에서 매우 많은 줄기가 나오는 특이한 풀인데, 후대에는 편의에 따라 시초를 대신해 대나무를 깎아서 사용하기도 한다. 〈그림 2-3〉은 '시초의 줄기'이고 〈그림 2-4〉는 '시초점'에 대한 것이다.

● 그림 2-3  시초의 줄기

● 그림 2-4  서점(筮占), 즉 시초점

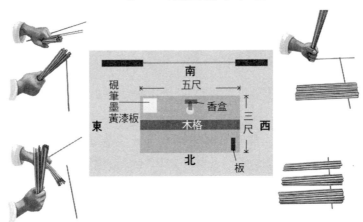

**제1부 · 인간과 미래사회**

이 점법은 우주의 변화를 상징적으로 모방 혹은 복제(複製)하는 방식으로 괘(卦)를 만든다. 중국 고대의 점법은 기본적으로 우주에 대한 복제행위 속에서 진행된다. 시초점의 원류에 해당하는 거북을 이용하는 귀복점(龜卜占) 역시 우주의 변화를 상징적으로 복제하는 방식에서 출발한다. 귀복점에서 우주의 모형인 거북에 구멍을 뚫고 홈을 내어 불에 굽는 인위적 과정은 모두 우주에 대한 복제 과정이라고 할 수 있다. 점의 재료로 사용하는 거북을 당시 사람들은 하나의 우주 모형으로 사용한 것으로 보인다. 거북의 모습은 중국 고대에서 우주의 공간적 모습으로 생각하고 있던 '하늘은 둥글면서 네모난 땅을 감싸고 있는' 이른바 '천원지방(天圓地方)'을 연상시킨다. 더욱 중요한 것은 거북이 장수(長壽)하는 동물이라는 것이다. 당시 사람들의 짧은 수명에 비해 거북은 그들이 태어나기 이전의 과거에도 존재하였고, 현재에도 존재하고 그리고 미래에도 여전히 존재할 것이라는 장수가 가진 의미는 사람들의 숭배를 받을 수 있는 영성(靈性)을 가진 존재로 간주된다. 이는 우주의 영원함이란 문제와 관련이 있다. 이처럼 거북을 하나의 점치는 재료로 이용하고 있는 관점 속에는 이미 독특한 우주관이 내재되어 있고 이를 이용한 점법은 우주에 대한 복제행위라고 할 수 있다.

시초점은 현재의 상태인 본괘(本卦)와 미래의 변화하는 상태인 지괘(之卦)를 통하여 미래를 예측하는 방식이다. 이것은 주관적이고 신비적인 직관력을 통하여 초월적인 신의 뜻을 전달하거나 미래를 예언하는 점, 예컨대 샤먼(shaman)의 방식과는 분명히 구별된다. 시초점에서 운용되는 점법 속에는 우주의 변화 즉 천지의 만물 생성, 사계절의 순환 속에서 인간 자신이 그 변화 속에 참여하여 어떻게 주체적으로 결단하고 행동하여야 하는가에 대한 과정을 상징적으로 표현하고 있다. 상황이나 때에 맞는 행동을 하여야 길(吉)할 수 있고 그렇지 못할 경우는 흉(凶)하다. 더욱 중요한 것은 길한 상황을 어떻게 계속 유지하고, 흉한 상황을 길로 바꿀 수 있는가는 전적으로 자신에게 달려 있다는 사실이다.

『주역』이나 그것의 점법인 시초점을 통한 미래 예측의 방법 역시 연속적 시간관의 관점에 근거하고 있다. 미래 역시 지나간 과거와 현재의 누적이기 때문에 지나간 것을 밝혀서 오는 것을 살피는 방식이다. 달리 말하면 예측하려고 하는 문제를 그것의 원인인 지나간 과거로부터 찾기 시작하려는 시도이다. 「계사전」은 다음과 같이 말한다.

"역은 지나간 것을 밝혀서 오는 것을 살피는 것이다(夫易, 彰往而察來)."

시초점의 주요 운용 과정은 수를 세는 방식으로 나타난다. 바로 앞에서 언급한 '거슬러서 세는' 역수이다. 특히 강조되는 것은 미래를 알기 위해서는 이미 지나간 것들을 분명하게 밝혀야 한다는 것이다. 여기에서 말하는 '지나간 것(往)'은 이미 지나간 과거 혹은 현재까지의 변화 상황이나 사태를 말한다. '오는 것(來)'은 아직 일어나지 않은 미래의 상황이나 변화를 말한다. 아직 오지 않는 미래를 미리 알기 위해서는 이미 일어난 일의 상태를 명확히 파악하고 이것에 근거하여 앞으로 사태가 어떻게 변화하여 갈 것인가를 예측하고 추측하는 것을 말한다.

이처럼 『주역』의 점법 역시 연속적 시간관이라는 관점 속에서 진행되고 있다. 이미 일어난 일의 상태를 살펴보고 그것이 어떠한 원인이나 상황에 의해 변화하는지를 파악할 경우, 그것이 미래에 어떻게 변화하여 갈 것인지를 미리 예측하고 파악할 수 있는 가능성을 발견할 수 있다는 말이다. 여기에서 요구되는 것은 결코 점치는 사람의 초인적(超人的) 직관력이나 신통(神通)함이 아니라, 그보다는 이미 발생한 사건이나 상황들을 종합하여 분석할 수 있는 이성적인 판단력과 논리적 추리력이다. 이런 판단력과 추리의 과정을 통하여 다가올 상황들에 대해 예측을 시도한다는 말이다. 미래라는 것은 결코 과거와 현재와는 무관하게 갑자기 발생하는 현상이 아니라 과거 및 현재와 연속되어 있다는 것이다. 이런 입장에서 『주역』은 기미(幾微)를 파악하는 중요성에 대해 매우 강조한다.

> "사슴을 쫓는데 길 안내자가 없이 마구 숲속으로 들어갈 뿐이니 군자가 기미를 알아 그만두는 것이 좋으니 계속 숲으로 들어가면 크게 후회하고 한탄할 일이 생기게 될 것이다(卽鹿无虞, 惟入于林中, 君子幾, 不如舍, 往吝)."

이것은 『주역』의 세 번째 괘인 둔괘(屯卦)에 보이는 말로 사슴사냥을 할 때 산속의 지리를 잘 알고 있는 안내인의 도움 없이 홀로 깊은 산중으로 사슴을 추적하는 행위는 매우 위험하다는 것에 대해 말하고 있다. 이런 위험한 상황을 예측하여 무작정 사슴을 쫓는 위험한 행위를 멈추는 것이 지혜롭다는 것이다. 사슴을 잡는 일에 몰입하여 무작정 숲속으로 들어가게 된다면 엄청나게 위험한 화를 당할 수 있기 때문이다.

여기서 말하는 '기미', 즉 '기(幾)'는 사태가 구체적으로 드러나거나 실현되기 이전의 초기 상태의 조짐이나 낌새를 말한다. 어떤 구체적인 사태나 상황이 발생하기 이전의 초기 단계에는 상태가 극히 미미하여 쉽게 드러나지 않기 때문에 그것이 어떻게 변화하고 발전할 것인지 모른다. 이런 기미 혹은 조짐을 통하여 앞으로 일어날 상황을 미리 판단할 수 있는 것을 "기미를 안다[知幾]."라고 말한다. 하나 더 예를 들면 예괘(豫卦, ䷏)에 다음과 같은 말이 있다.

> "절개가 돌과 같은 것이니 하루를 마칠 것도 없으니 올바르고 길할 것이다
> (介于石, 不終日, 貞吉)."

예괘의 '예(豫)'는 즐거움, 태만, 미리(예비)라는 세 가지의 뜻을 가지고 있다. 그러나 이들 세 가지 뜻은 하나로 연결되어 있다. 즉, 즐거움에만 빠

져 방심하여 태만하게 되면 뜻하지 않은 실패를 하기 때문에 미리 준비하고 경계해야 한다는 의미로 결합하여 해석할 수 있다. 이 때문에 예괘는 모든 사람이 즐거움을 추구하지만, 즐거움이나 안락의 끝에는 고통이 기다리고 있고, 안락 속에는 위기가 잠복되어 있음을 주지시키고 있다. 예를 들면 술이나 도박 같은 것이 사람들에게 일시적으로 엄청난 즐거움과 쾌락을 제공하지만 지나치게 그것에 탐닉할 경우, 미래의 결과가 어떨 것인지는 충분히 짐작할 수 있을 것이다. 현대인들이 가지고 있는 대부분의 병은 즐거움에 빠지거나 편안해서 생기는 병들이다. 계속적으로 더욱 강도 높은 안락을 추구할 경우 그 끝은 회복하기 어려운 고통일 수밖에 없다.

예괘의 특성은 안일하거나, 즐기거나 태만한 의미 이외에 이런 위험을 미리 예방한다는 예방이나 예비의 뜻도 가지고 있다. 위에서 말하는 "절개가 돌과 같은 것이니 하루를 마칠 것도 없으니 올바르고 길할 것"이라는 말은 즐거움에 빠져 고통스런 결말에 이르기 전에 주체적 전환과 결단을 하는 것을 표현하고 있다. 여기서 말하는 절개는 바름을 잃어버리지 않는 확고한 의지를 뜻하는 것으로, 파국에 이르기 전에 미리 기미(幾微)나 조짐을 알아서 스스로를 지켜 나가는 것을 의미한다. 그러므로 상황을 미리 예측하고 간파하여 오래 기다릴 필요 없이("하루를 마칠 것도 없이") 제때에 결별할 것은 결별하고 자신을 온전하게 정상으로 전환시켜 놓는다는 말이다. 바로 기미 파악의 중요성에 대해 말한 것이다.

『주역』은 특히 이런 기미 예측에 대한 능력을 높이는 공부를 '연기(硏機)'라고 말한다. '연(硏)'은 물건을 문지르고 부수어 분말로 만든다는 어원(語源)을 가지고 있다. 즉 기미 예측이라는 '연기'의 행위는 조짐 혹은 기미를 매우 미세하고 정밀한 곳까지 상세하게 살펴보고 이것을 명확하게 분석하여 판단하는 과정을 의미한다. 『주역』에서 말하는 미래에 대한 예측 능력은 기본적으로 이런 '연기공부'에서부터 시작된다. 기미를 미리 파악하여 미래를 예측하려는 '연기'는 사실상 과거의 데이터를 다양한 방법으로 분석하여 미래를 예측하는 현대적 방법들과 크게 다르지 않다. 이 때문에『주역』의 점법을 통하여 나타난 동일한 괘효의 내용에 대한 분석과 예측은 점치는 사람들의 분석과 판단이 다르기 때문에 당연히 다른 예측과 견해가 생기기 마련이다.

## 『주역』의 점례(占例)를 통해 본 미래 예측

앞에서 말한 것처럼,『주역』의 점법에서 가장 어려운 단계는 점을 치는 방법이나 형식상의 문제가 아니라 점서(占筮) 과정을 통하여 얻은 점괘의 해석, 즉 점단(占斷)에 대한 해석이다. 점단이란 말은 점을 판단한다는 말이다. 예를 들어 보자.『북당서초(北當書鈔)』에 나오는 이야기이다.

공자의 제자인 자공이 사자(使者)의 직책을 맡아 다른 나라로 파견되어 갔지만 예정된 시기가 되었는데도 돌아오지 않았다. 이를 염려하여 다른 제자들이 점을 쳤는데 솥을 상징하는 화풍(火風) 정괘(鼎卦, ䷱)가 나왔고, 변효(變爻)는 아래에서 위로 네 번째인 구사(九四)였다. 구사 효사(爻辭)의 내용은 다음과 같다.

"구사는 솥의 다리가 부러져서 공(公)의 밥을(공에게 바칠 음식이) 쏟으니 그 몸이 젖어 흉하다(鼎折足, 覆公餗, 其形渥, 凶)."

이 구절에서 가장 중요한 문제는 '솥의 다리가 부러진 것(鼎折足)'이다. 이 점괘에 대해 많은 제자들은 "다리가 부러졌으니 제때에 돌아오기 어렵다."라고 판단했다. 여러 사람들의 점단에 대해 안회(顔回)는 말없이 옆에서

웃기만 하고 있었다. 이를 본 공자가 그에게 "너는 왜 웃고 있는가?"라고 물었다. 그러자 안회는 "제가 보기에 자공은 곧 돌아올 것입니다. 다리가 부러져 걷지 못해도 배를 타고 돌아올 것 같습니다."라고 대답했다.

안회가 해석한 주요 대상은 효사가 아니라, 아래의 세 부호로 구성된 손괘(巽卦, ☴)이다. 손괘가 상징하는 물상은 나무(木)이고 그것은 나무로 만든 배(船)를 상징한다. 여기에서 다른 공자 제자들과는 달리 안회가 주목한 것은 "솥의 다리가 부러진다."라는 효사가 아닌 괘의 모습인 괘상(卦象)이다. 즉 안회는 효사 이외에 나무 혹은 배를 상징하는 괘상까지 포함하여 종합적인 판단을 내린 것으로 보인다.

실제로 안회의 판단대로 얼마 지나지 않아 자공은 무사히 돌아왔다. 이처럼 미래를 예측하기 위한 『주역』의 점단에서 가장 중요한 것은 해석자의 추리력과 판단 능력이다. 그러므로 해석자의 판단에는 당연히 개인적인 가치관이나 세계관 혹은 주관적인 신념 등이 개입할 가능성이 매우 크다. 이와 관련하여 하나의 예를 더 들어보도록 하겠다.

남송(南宋) 최고의 시인으로 유명한 신기질(辛棄疾, 1140~1207)이 젊었을 때 금(金)나라에 의해 점거된 북쪽의 고향에서 남쪽의 송의 조정으로 가려고 하였다. 그는 출발하기에 앞서서 시초점을 쳐 보았는데, 이(離, ☲)괘가 나왔다. 이괘가 상징하는 물상은 불이고, 방향으로는 남방에 속하는 광명의 괘로 괘사는 "올바르면 이롭고 형통하니(利貞, 亨)."였다. 그는 이괘가 나온 것을 보고는 바로 남쪽으로 향했다. 이것은 후천팔괘도(後天八卦圖)의 방위를 통해 해석한 것으로 보인다. 즉, 다음 〈그림 2-5〉 '후천팔괘도'에서 이괘의 방향은 남쪽이다.

● 그림 2-5  후천팔괘도

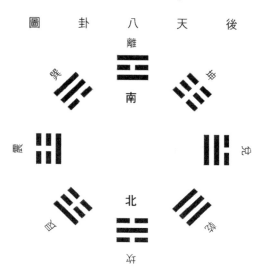

신기질이 점을 쳐서 남쪽으로 가려고 판단한 것은 점괘가 형통하고 길하여서 그런 것으로 볼 수는 없다. 이런 그의 결단은 분명히 오랜 시간 동안 가지고 있었던 애국심의 발로로서 결코 우연하거나 순간적인 생각은 아닌 것으로 보인다. 만약 점의 결과가 불길하였다고 하더라도 결코 남쪽으로 가려는 그의 의지를 좌절시키지는 못했을 것으로 보인다. 아마도 그는 이 문제에 대해 더욱 깊게 생각하고, 보다 세밀한 계획을 세운 후에 다시 점을 쳤을 가능성이 크다. 마침 자신의 생각과 일치하는 괘를 얻었기 때문에 그는 더 큰 믿음과 용기를 얻으면서 남송으로 가는 결정을 하게 된 것으로 보인다. 이런 의미에서 『주역』의 점이 사람들의 판단이나 결단을 압도적으로 결정하게 만드는 역할을 하는 것은 아니다. 그보다는 오히려 점치는 사람이 가진 마음속의 어려운 문제들을 해결하는 데 참고와 격려를 제공해 준다는 점이 더욱 의미가 있을 것으로 보인다.

특히 『주역』의 점이 사람들에게 제시하는 길흉의 판단에는 일종의 규범과 범위가 존재한다는 사실이다. 그것은 바로 올바르거나 정의로운 문제가 아니거나 또 그렇지 못한 사람이 점을 치면 결코 옳은 점단을 얻을 수 없다는 규범적 원칙이다. 즉 지나치게 사사로운 욕심이나 부정한 문제에 대해 물을 경우 올바른 대답을 주지 않는다는 것이다. 『예기(禮記)』는 이에 대해 적절한 말을 하고 있다.

> "점쳐서 묻는 것이 의(義)로운 것인가? 사사로운 욕심(志)인가? 의로운 것이라면 괜찮을 것이고, 사사로운 것이라면 안 된다(問卜筮. 曰義與? 志與? 義則可問, 志則否)."

올바른 내용을 묻는 점이라면 괜찮지만, 사사로운 욕심이나 정의롭지 못한 것과 관련되는 문제에 대해 물으면 정확한 예측을 주지 않는다는 말이다. 이와 관련된 문제로 점을 친 예가 『춘추(春秋)』에 보인다.

> 남괴가 반란을 도모하여 서점을 쳐서 곤괘(坤卦, ☷)의 아래에서 다섯 번째 효사인 "누런 치마라면 크게 길하리라(黃裳元吉)."라는 점사를 얻었다. 그는 그것을 매우 길한 것이라고 생각하고 자복혜백에게 보이고는 "내가 무슨 일을 도모하려고 하는데 어떻겠는가?"하고 물었다. 그러자 자복혜백은 "내가 일찍이 배웠는데 충성되고 신의 있는 일은 좋지만, 그렇지 않으면 실패할 것이다. … 충성스러움, 신의, 공손함 이 세 가지 덕이 갖추어져 있는 것을 선(善)이라고 하니 이 세 가지 덕이 갖추어지지 않고는 '누런 치마라면 크게 길하리라'의 길함에 해당되지 않는다. 또 주역은 험한 일에 대해서는 점치지 못하는데 장차 무슨 일을 하려고 이러한 점을 쳤는가? … 세 가지 덕 중에 하나라도 결여되어 있다면 점을 쳐서 길한 결과가 나와도 그것과는 반대로 될 것이다."라고 하였다(南蒯枚筮之, 遇坤之比曰, "黃裳元吉", 以爲大吉也. 示子服惠伯, 曰, "卽欲有事, 何如?" 惠伯曰, "吾嘗學此矣, 忠信之事則可, 不然, 必

敗. … 供養三德爲善, 非此三者弗當. 且夫易, 不可以占險, 將何事也? … 參成可
筮, 猶有闕也, 筮雖吉, 未也.").

-『左傳』昭公 12年

이 구절은 올바르거나 정의로운 문제들에 대해 점을 쳐야 미래를 정확
하게 예측할 수 있다는 것을 말하고 있다. 만약 이런 전제 조건을 무시하고
남을 해치면서 자신의 지극히 사사로운 이득을 얻기 위해 점을 쳐서 설령
길한 점을 얻었다 할지라도 결과는 결코 좋을 수 없다는 말이다. 즉 점을 통
해 올바른 미래의 예측을 하기 위해서는 우선적으로 점치는 사람(問占者)의
올바른 심성과 태도가 전제되어야 함을 말하고 있다. 이것이 전제되어 있
지 않으면 예측은 부정확할 수밖에 없다는 것이다. 위에서 반란을 일으키는
문제에 대해 점을 쳐서 "크게 길하다"라는 점사를 얻었지만, 결국은 나중에
남괴는 반란에 실패하고 만다. 여기에서 『주역』의 점은 급격하게 도덕화·이
성화·철학화되고 있음을 보여주고 있다.

문명의 진보에 따라서 인간의 세계에 대한 인식이나 자각 역시 심화되
었지만 운명에 대한 관심은 결코 줄어들지 않는 것이 사실이다. 다만 미래
를 예측하는 방식만이 변화하였을 뿐이다. 그것은 일방적인 신의 뜻을 듣는
것에서 인간 자신의 이성적 지혜를 통하여 스스로 운명의 변화에 참여할
수 있다는 생각이 새롭게 출현한다. 즉 미래의 일은 인간 스스로 예측 가능
하고, 주체적으로 충분히 조절 가능하다는 생각을 적극적으로 하기 시작한
다는 것이다. 『좌전』 환공(桓公) 11년 조에는 이런 상황을 잘 기록하고 있다.

막오(莫敖)가 말했다. "아직 초나라의 군세(軍勢)가 약한데, 어찌 왕에게 군
사를 더 증원할 것을 청하지 않는 것입니까?" 투렴(鬪廉)이 대답했다. "군대
가 싸움에서 이기는 것은 인심(人心)의 화합에 달려 있지, 군사가 많은 것
에 달려 있지 않습니다. 대군을 거느린 상(商)나라가 주(周)나라의 작은 군대

를 대적하지 못하고 실패한 것은 당신도 알고 계시는 일입니다. 이미 군대를 편성하여 출정하였는데, 또 무슨 증원군이 필요하겠습니까?" 그러나 막오는 "이길 수 있는지를 점쳐 보시오."라고 말했다. 투렴은 "점은 의심을 결정짓기 위해 치는 것입니다. 의심나지 않는데 어찌 점을 치겠습니까?"라고 말하고는, 마침내 운(鄖)나라 군사를 포소(蒲騷)에서 격파하고, 예정대로 이(貳)·진(軫) 두 나라와 동맹을 맺고 돌아왔다("盍請濟師於王?" 對曰, "師克在和, 不在衆. 商·周之不敵, 君之所聞也. 成軍以出, 又何濟焉?" 莫敖曰, "卜之?" 對曰, "卜以決疑. 不疑, 何卜?" 遂敗鄖師於蒲騷, 卒盟而還).

초나라에서 출병을 할 것인가, 말 것인가, 그리고 초나라 왕에게 증원병을 요구할 것인가, 말 것인가의 문제를 두고 의견이 일치하지 않았다. 투렴의 태도는 분명했지만, 막오는 대체로 확신을 갖지 못했다. 이 때문에 막오는 점을 쳐서 군대가 출병해도 되는지를 물어보자고 하였는데, 투렴은 동의하지 않고 "점은 의심을 해결하기 위해 치는 것입니다. 의심나지 않는데 어찌 점을 치겠습니까?"라고 하여 점치는 것을 거절하고는 전쟁에 나가서 끝내 승리하고 돌아왔다는 말이다.

서주(西周) 이래로 출병을 할 때 먼저 점을 쳐 그 여부를 결정하는 것은 일반적인 현상이었다. 비록 초나라 군대 내부에서 의견이 일치하지 않았지만, 투렴은 자기 의견을 고수하고 점치는 것에 반대하였다. 이는 중요한 정책을 결정하는 데 있어 사람들이 점차 점복의 결과에 의지하지 않고, 자신의 이성을 통하여 사태의 형세를 객관적으로 분석하고 판단하여 최종적으로 결정하였음을 보여 주는 분명한 예라고 할 수 있다.

"점은 의심을 해결하기 위해 치는 것입니다. 의심나지 않는데 어찌 점을 치겠습니까?"라는 말은 삶에 대한 자신감을 드러내는 것으로 삶에 대한 점의 과도한 간섭에 반대하는 것이라고 할 수 있다. 사람들은 드디어 자신들이 가진 어떤 요소가 미래의 운명에 대단히 중요한 영향을 끼친다는 사실을 자각하게 된다. 그것은 바로 정의롭거나 올바른 도덕성을 가진 사람이 좋은 미래와 결과를 얻을 수 있다는 사실을 발견한 것이라고 할 수 있다.

이런 관점에서 미래를 예측하려는 『주역』의 시도는 초인적 직관력이나 신통함을 통해 미래를 예측하는 신비한 체험이나 기적이 아닌 "뿌린 만큼 거둔다."라는 평범한 진리로 귀결된다. 곤괘(坤卦)에 이런 말이 있다.

> "선을 쌓은 집안은 반드시 경사가 남아돌고, 불선(不善)을 쌓은 집은 반드시 재앙이 남아도니 신하가 그 임금을 시해하고 자식이 그 아버지를 시해하는 것은 하루아침이나 하루 저녁에 생긴 것이 아니라 점차로 이루어진 것이니, 분별할 것을 일찍 분별하지 못함으로 말미암은 것이다(積善之家, 必有餘慶, 積不善之家, 必有餘殃. 臣弑其君, 子弑其父, 非一朝一夕之故, 其所由來者漸矣! 由辯之不早辯也)."

선행(善行)을 쌓은 집에는, 그 자신뿐만이 아니라 심지어 그 자손까지 미치는 복이 있다는 것이다. 불선(不善)을 쌓은 집에는, 그 자신뿐만이 아니라 자손까지 재앙이 미친다는 것이다. 이 구절은 "세 살 버릇 여든까지 간다." 라는 말처럼 어떤 하나의 결과가 점차적으로 누적되어 생긴 결과를 의미하는 것으로 결코 하루아침에 생긴 것이 아님을 말하고 있다.

위의 말은 곤괘(坤卦)의 "서리를 밟으면 단단한 얼음이 온다(履霜, 堅冰至)."는 구절에 대한 해석에서 나왔다. 아직 본격적인 추위가 오기 전에 내리는 서리를 밟으면서 곧 추위가 올 것을 예측하여야 한다는 말이다. 앞으로 다가올 시세(時勢)를 미리 예측할 수 있다는 말이다. 처음에 내린 서리는 금방 햇빛에 의해서 녹지만 나중에 큰 추위가 왔을 때 단단하게 굳은 얼음은 결코 쉽게 부술 수 없게 된다. 이것은 어떤 사태가 서서히 자라나는 발전 추세에 대해 말한 것이다. 이 문제에 대해 정이천(程伊川, 1033~1107)은 『이천역전(伊川易傳)』에서 다음과 같이 말하고 있다.

"천하의 일은 말미암아 이루어지지 않는 것이 없으니 집에 쌓은 것이 착하면 복과 경사가 자손에 미치고 쌓은 바가 착하지 못하면 재앙이 후세에 미칠 것이다. 크게는 윗사람을 죽이는 재앙에 이르는 것도 다 조금씩 쌓여서 이루어진 것이니 하루아침 하루 저녁에 이루어진 것이 아니다. … 서리가 얼음에 이르는 것은 작은 악이 커짐이니 모두 일의 형세가 점차 커진 것이다 (天下之事未有不由積而成, 家之所積者善, 則福慶及於子孫, 所積不善, 則災殃流於後世, 其大至於弑逆之禍, 皆因積累而至, 非朝夕所能成也. … 霜而至於氷, 小惡而至於大, 皆事勢之順長也)."

어린 시절에 어떠한 행동을 하고 생활 습관을 가지느냐에 따라 미래에 어른이 되어서도 그 버릇을 쉽게 바꿀 수가 없는 경우나 마찬가지이다. 그러므로 초기 단계에서 미리 조심하고 경계(警戒)하는 것이 중요하다. 처음의 미미한 상황을 그대로 방치할 경우에 초래할 나쁜 결과에 대해서 말하고 있다. 즉 초기의 작은 악행과 습관이 시작할 때는 미미하지만 점차적으로 누적되고 타성화(惰性化)되면 나중에는 더 이상 제어할 수 없는 악한 상태로 되어버린다. 반대로 부단한 성실함과 노력을 통해 엄청난 결과를 만드는 것도 모두 누적되어 이루어진 것이지, 하루아침에 생긴 것은 아니다. 이런 관점은 미래라는 것은 결코 과거와 현재와는 무관하게 갑자기 발생하는 현상이 아니라 과거와 현재가 연속되고 누적되어 생긴 결과라는 것이다. 봄에 밭을 경작하지 않았는데 가을에 많은 수확을 바랄 수 없는 것이나 마찬가지이다. 말하자면 미래는 과거와 현재가 누적되어 생긴 것이지, 갑자기 생겨나거나 발생한 것이 아니라는 것이다. 물론 삶에서 발생하는 우연성이나 천재지변의 발생이 개인의 미래나 운명을 바꾸어 놓을 수는 있으나 그것은 지극히 드문 경우이다. 분명한 것은 "콩 심은 데 콩 나고 팥 심은 데 팥이 난다."라는 이 소박한 언급이야말로 미래 예측에 있어서 결코 변하지 않는 진리라는 사실이다.

# 결론 - 『주역』을 통해 본 인류와 미래

귀복점이나 『주역』의 시초점에서 미래를 점치기 위한 점의 방식이 우주의 변화를 복제하는 구조 속에서 진행되는 첫 번째 이유는 인간이 가진 '우주 내에서의 지위'에 대한 중요성이다. 당연히 인간은 천지 혹은 우주를 벗어나 존재할 수는 없지만 인간은 천지만큼 중요한 존재이기 때문에 『주역』은 천·지·인의 삼재(三才)를 말한다. '재(才)'는 근본 혹은 근본 존재라는 의미이다. 삼재의 관점을 통하여 『주역』은 우주 내에서 인간이 가진 역할과 지위를 천지만큼 중요한 근본 존재로 간주하고 있다. 이는 우주의 변화 속에서 인간의 참여가 가지는 의미와 영향에 대한 언급이라고 할 수 있다. 왜냐하면 인간은 천지창조는 할 수 없다 하여도 제2의 창세(創世)가 가능한 존재이기 때문이다.

두 번째 이유는 인간의 운명이나 미래는 결코 한 개인의 의지나 행위에 따라서 온전히 결정되는 것이 아니라는 것이다. 왜냐하면 개인의 의지, 결단, 행위에 의한 결과와는 상관없이 그를 둘러싼 조건이나 천재지변 등의 우연성에 의한 결과가 더욱 중요한 변수로 작용하는 경우가 있기 때문이다. 특히 외부적 자연의 거센 도전을 극복하지 못한 고대인의 경우에 있어서 이런 요소는 더욱 결정적인 역할을 했을 가능성이 크다. 하지만 『주역』은 결코 인간 자신의 운명이나 미래를 외부적 환경이나 타자에 의해 결정되는 것을 용납하지 않는다. 어떤 어려운 상황이나 난관에 직면하더라도 『주역』은 인간의 지혜, 의지와 노력을 통하여 극복하고 해결할 수 있음을 분명하게 말하고 있다. 어려움을 해결하는 상징적 의미를 가진 『주역』의 사십 번째 괘인 해괘(解卦, ䷧)는 움직임을 상징하는 진괘(震卦, ☳)와 위험을 상징하는 감괘(坎卦, ☵)로 구성되어 있다. 이것을 단전(彖傳)에서는 이렇게 해석하고 있다.

"해괘는 위험하여서 움직이니, 움직여서 위험을 벗어나는 것이 해(解)이다
(解, 險以動, 動而免乎險, 解)."

위험에 직면하면 인간은 적극적으로 행동하고 움직이기 마련이다. 적극적 행동이 없으면 어려움이나 위험을 빠져나가지 못한다. 위험을 벗어나기 위해 최선을 다해 움직이고, 적절한 행동을 통해 위험을 돌파하는데 이것이 해(解), 즉 난제의 해결 혹은 위험의 풀림이다. 인류의 문명 역시 어려움 혹은 위험을 타개하고 해결하는 과정 속에서 형성된 결과이다. 인류 문명이 발생한 지역은 결코 완벽한 좋은 환경에 의한 것이 아니라, 오히려 가뭄과 홍수 등 자연적 악조건을 가지고 있었기 때문이다. 이런 악조건을 극복하고 해결하는 지혜와 그 결과로 말미암아 문명이 형성되었다는 것은 결코 우연이 아니다. 개인의 경우 역시 견디기 힘든 고난과 역경을 극복하는 과정을 통하여 성장하고 발전하는 상황과 크게 다르지 않다.

앞서 이야기한 것처럼 『주역』의 이치나 사유구조는 변화하고 있는 우주 혹은 천지의 무궁한 시간적 변화를 모델 혹은 표준으로 삼고 있기 때문에 『주역』에서 말하는 미래 역시 끊임없이 변화하고 발전하는 과정이다. 『주역』에서 종말론이나 단절은 보이지 않는다. 비록 변화의 양상은 다양한 굴절과 한계가 있을지 모르나 곧이어 변통하여 다시 변화를 이어간다. 이런 천지의 운행 기제가 바로 "궁하면(극한 상황에 이르면) 변하고, 변하면 통하는 길이 생기고, 통하면 오래 지속될 수 있다."는 것이다. 이 때문에 "낳고 또 낳는 것을 역이라고 한다(生生之謂易)."고 하여 『주역』의 부단한 변화와 발전을 강조하고 있다.

이처럼 『주역』의 부단한 변화 발전에 대한 언급들이 시사하는 것은 미래에 대한 낙관적인 견해이다. 이런 견해들은 과도한 인간 중심주의적인 측면을 가지고 있을지는 몰라도 도가 등의 자연 우위적인 입장과는 달리 『주역』

은 인간의 주체적인 노력을 적극적으로 인정하는 관점을 통하여 난관과 어려움을 해결하는 관점을 지속적으로 말하고 있다. 다시 말하면 인류가 어떤 위험한 상황에 처하여도 그것을 벗어나 끊임없이 발전해 나갈 수 있다는 것을 시간의 변통무궁이란 성격을 통해서 이야기하고 있다.

정병석 역주, 주역 상권·하권, 을유문화사, 2010, 2011.

정병석, 유학, 연속성의 세계와 철학, 영남대학교 출판부, 2013.

정병석, 점에서 철학으로, 동과서, 2014.

정병석 옮김, 주역철학의 이해, 高懷民 著, 문예출판사, 1995.

진성수, 고재석 옮김, 중국고대사상문화의 세계, 陳來 著, 성균관대 유교문화연
　　구소, 2018.

吳前衡, 傳前易學, 武漢, 湖北人民出版社, 2018.

Chang, K. C., *Art, Myth, and Ritual: The path to political authority in
　　ancient China*, Massachusettes: Havard University Press, 1983.

# 사회환경 시스템의 미래

제3장

# 기업경영의 미래

권영철

## 미래 경영의 패러다임으로서 ESG 경영과 공유가치 창출

　과연 기업경영의 미래는 지속가능 성장 관점에서 어느 방향으로 나아가야 할 것인가? 여러 측면에서 살펴볼 수 있겠지만 주주 자본주의에서 이해관계자 자본주의로의 전환을 맞아 최근 경영계에서 많이 회자되고 있는 ESG 경영과 공유가치 창출(CSV, Creating Shared Value) 개념에서 그 해답을 모색해 볼 수 있을 것이다.

　주지하다시피 ESG 경영이란 환경(Environment), 사회(Social) 및 기업지배구조(Governance)의 약칭이다. 요컨대 기업이 환경적 책임과 사회적 책무를 다하고 기업지배구조 투명성 제고에 힘써야 함을 일컫는다. 그러면 왜 최근 ESG 경영의 중요성이 재삼 부각되고 있는가? 이는 기업이 주주 가치 제고와 더불어 고객, 종업원, 협력업체, NGO, 지역사회 등 여타 이해관계자들의 다양한 욕구를 충족시켜주어야만 지속가능 성장을 담보할 수 있는데, ESG 경영이 그 해법의 일환이기 때문이다. 이와 같은 시각에서 2022년 8월 애플, 아마존, GM 등 미국 주요 기업 최고경영자(CEO) 181명은 성명서를 통해 기업이 더 이상 주주만의 이익을 극대화하는 데만 역량을 집중해서는 안 되고 소비자와 직원, 납품업체 등 이해관계자 구성원 전체를 고려해야 할 것이라고 밝힌 바 있다.

그동안 기업들은 궁극적 목적으로 이윤 극대화에 전력을 기울였다. 그러다 보니 이윤 극대화를 위해 기업들은 분식회계, 비자금 조성, 과대광고, 환경파괴, 협력업체에 대한 불공정거래, 순환출자 지배구조에 의한 문어발식 경영 등 사회에 해가 되는 비윤리적 경영활동도 서슴지 않게 되었다. 종종 이러한 비윤리적 행동으로 인해 국내 대기업들은 사회의 존경 대상이 아니라 지탄 대상이 되기도 한다. 예컨대 남양유업의 경우 녹가루 분유, 지역대리점에 대한 강매, 임신 직원 해고 등 연이은 불미스러운 사건으로 불매운동까지 겪다 발효유산균 불가리스가 코로나19 예방에 도움이 된다는 황당한 홍보 사건으로 결국 영업정지를 받고 회사의 주인이 바뀌는 지경까지 이르렀다.

따라서 기업이 사회의 지탄 대상이 아니라 존경받고 백년대계의 지속가능성장을 담보하기 위해서는 경영의 미래는 경제적 가치 창출뿐만 아니라 ESG 경영을 통해 사회에 이득이 되는 사회적 가치 창출, 즉 공유가치 창출에 초점이 맞추어져야 한다. 공유가치 창출이란 기업이 어떤 식으로든지 경제적 가치(economic value)와 사회적 가치(social value)를 동시에 창출하여 이해관계자 구성원 전체의 요구를 고려하는 경영 방식이다(Porter and Kramer, 2011).

최근 외부적으로는 가치소비 트렌드와 ESG 경영 관련 평가 및 규제가 가속화되고, 내부적으로는 ESG 경영 성과로서 경제적 가치뿐만 아니라 사회적 가치에 대한 이해관계자들의 관심이 증가함에 따라 미래에는 ESG 경영의 성공 여부가 기업의 지속가능 성장을 판가름 지울 것으로 전망된다. 예컨대 유럽연합(EU)은 2022년 3월부터 모든 금융회사가 기업에 투자할 때 환경오염, 노동, 인권, 동물복지, 인종·성차별, 지배구조의 독립성과 투명성 등 ESG 이행 성과 여부를 공시하도록 했다. 우리나라에선 2026년부터 자산총액 2조 원 이상 기업은 ESG 공시가 의무화된다. 원래는 2025년부터 시작할 예정이었으나 기업들의 준비 미흡으로 1년 연장된 것이다.

이러한 ESG 경영의 글로벌 스탠더드 트렌드에 따라 대기업을 필두로 많은 우리나라 기업들이 ESG 경영을 미래의 경영 패러다임으로 천명하고 나섰다. 예컨대 LG화학은 배터리 사업부터 IT 소재, 전지 소재 등 ESG 기반 3대 신산업으로 대전환을 꾀하였다. SK도 창립 60주년 기념식에서 "SK 이노베이션의 미래 60년은 ESG로 이어질 것이다."라고 밝혔으며, 2022년 3월 현대차그룹은 ESG 경영 의지와 중장기 방향성을 담은 "지속가능한 미래를 위한 올바른 움직임(The Right Move for the Right Future)" 운동을 천명하기도 했다. 이들 모두 ESG 경영이 미래 경영의 핵심임을 밝히는 것이다. 물론 지속가능 성장을 위한 ESG 경영과 공유가치 창출의 중요성은 대기업만의 전유물이 아니고 중소기업들에게도 똑같이 적용될 수 있다.

## ESG 경영의 3대 축

ESG 경영이란 앞서 언급했듯이 환경(E), 사회(S) 및 기업지배구조(G)와 관련 다양한 이해관계자의 욕구를 최대한 충족시켜 줄 수 있도록 그 책임을 다하는 것이다. 따라서 ESG 경영을 추진하기 위해서는 〈표 3-1〉에서 보듯이 ESG 경영의 3대 축인 환경, 사회 및 기업지배구조 관련 주요 이슈와 고려 요인에 대한 상세한 이해가 우선되어야 한다. 한마디로 환경은 기업이 환경에 미치는 영향과 관리에 관한 개념이며, 사회는 기업의 사회적 책임에 관한 개념이고, 마지막으로 지배구조는 소유와 경영의 분리 및 민주적 운영구조에 관한 개념이다.

| 표 3-1  ESG 주요 주제

| 환경(E) 이슈 | 사회(S) 이슈 | 지배구조(G) 이슈 |
|---|---|---|
| • 기후변화 및 탄소배출<br>• 환경오염<br>• 생물다양성<br>• 삼림훼손<br>• 에너지 효율<br>• 신재생에너지 활용<br>• 자원 및 폐기물 관리 | • 안전 제품 및 서비스 공급<br>• 고객만족<br>• 데이터 보호 및 프라이버시<br>• 고용 평등 및 다양성<br>• 근로조건 및 노사관계<br>• 인권 및 복지<br>• 상생협력<br>• 지역사회 기여<br>• 자선활동 | • 이사회 구성<br>• 감사위원회 구조<br>• 투자자 의결권 행사<br>• 경영진 보상<br>• 조직투명성<br>• 정책 및 정보 제공<br>• 기업윤리<br>• 반부패(탈세/뇌물/로비) |

# 기후 위기와 환경적 책임

기업이 ESG 경영을 통해 공유가치를 창출해 낼 수 있는 기회가 가장 높은 분야로는 환경을 꼽을 수 있다. 산업화에 따른 경제발전은 생산 증대가 필연적이며, 이는 곧 천연자원의 고갈과 공장매연 등 환경오염이라는 부작용을 유발할 수밖에 없다. 이를테면 지구온난화, 오존층 파괴, 대기오염, 산성비, 토양오염, 수질오염, 해양오염, 생물다양성 손실, 열대림 감소 및 사막화 등의 환경 피해가 유발되는데, 이 중에서도 가장 심각한 문제는 지구온난화이다. 지구온난화는 이산화탄소($CO_2$), 프레온(CFCs), 메탄($CH_4$), 아산화질소($N_2O$) 등의 온실가스 배출량이 급증함에 따라 대기 중에 축적됨으로써 지표면의 온도가 상승하는 현상이다. 지구의 평균기온 상승은 지구 전역에 걸쳐 강수량, 해면기압 및 토양수분의 변화를 일으켜 호우, 태풍, 폭염, 가뭄, 지진해일 등 기상이변을 야기하고 남극과 북극의 영구동토층을 녹게 하여 해수면 상승을 유발케 한다.

UN 기후변화협약(UNFCCC, United Nations Framework Convention on Climate Change) 보고서에 따르면 지구온난화로 오는 2100년까지 지구 해수면이 1m 가까이 상승할 것으로 예측된다. 현재 전 세계에서 해발고도 1m 이내의 저지대에 거주하는 사람들은 1억 5,000만 명 가량으로 추정되어 큰 재앙이 우려된다(MBC, 기후환경 리포트, 2022.11.21).

따라서 국제적으로 지구온난화를 억제하기 위한 많은 노력이 시도되어 왔다. 우선 1992년 브라질 리우데자네이루에서 지속가능 발전을 위한 UN 기후변화협약이 채택되었다. 뒤이어 온실가스 배출의 역사적 책임이 있는 선진국(38개국)을 대상으로 제1차 공약기간(2008~2012) 동안 1990년도 배출량 대비 평균 5.2% 감축을 규정하는 교토의정서(Kyoto Protocol)가 1997년 채택되어 2005년 2월 16일 공식 발효되었다. 그러나 양 협약으로도 각국의 온실가스 감축 효과가 미흡하자, UN 주도하에 '온실가스 배출권 거래제도'가 도입되었다. 온실가스 중 배출량이 가장 많은 이산화탄소에 의하여 탄소배출권거래제(ETS, Emission Trading Scheme)라고도 불린다.

온실가스 배출권 거래제란 온실가스의 총배출량을 설정한 뒤 배출 허용량을 국가별로 할당하여 허용량을 배출권이라는 무형의 상품으로 간주하여 개별 국가들이 시장 원리에 따라 직접 혹은 거래소를 통해 거래토록 함으로써 온실가스 배출 절감 비용을 줄이고 절감 실현을 용이하게 하려는 제도이다. 기업들은 교토의정서 지정 6대 온실가스인 이산화탄소, 메탄, 아산화질소, 과불화탄소, 수소, 불화탄소, 육불화황 등을 줄인 실적을

UN 기후변화협약(UNFCCC)에 등록하면 감축한 양만큼 탄소배출권(CER, Certificated Emission Reduction)을 받게 된다. 따라서 기업들이 서로 온실 가스 배출권을 사고팔 수 있는 것이다. 만약 기업들이 온실가스를 배출한 것보다 더 많은 온실가스 배출권을 가지고 있다면, 잉여의 온실가스 배출권을 부여된 수준 이상으로 배출하고자 하는 다른 기업들에게 팔 수 있는 것이다.

세계에서 가장 먼저 ETS를 시작한 유럽연합(EU)은 탄소배출권 거래 규모도 세계 최대이다. 2020년 기준 2,100억 유로(약 280조 원)로 전 세계 탄소 배출권 거래 대금의 88%를 차지하고 있으며, 점유율 2위인 미국(11%)의 8배에 이른다. 현재 ETS를 시행하는 국가는 미국과 영국, 한국, 중국, 뉴질랜드 등 24개국에 달한다. 한국의 탄소배출권거래제는 2012년 7월 23일 입법 예고되어 1차(2015~2017년)와 2차(2018~2020년)에 이어 3차 계획(2021~2025년)이 진행되고 있다. 연평균 온실가스 배출량이 12만 5,000톤 이상이거나, 연평균 2만 5,000톤 이상의 온실가스를 배출하는 사업장을 하나 이상 보유한 업체가 적용 대상인데, 2022년 말 기준 569개 업종, 733개 업체를 대상으로 운영되고 있다. 국내 매출 기준 상위 30개 기업이 2020년 한 해에 탄소배출권을 사들이는 데 쓴 비용은 4,353억 원으로 2019년 대비 77.2% 늘어난 수치이다. 현대제철과 같은 경우 2020년 탄소배출권 구매 비용이 1,571억 원을 상회한 바 있다. 따라서 기업들은 탄소배출량을 저감하지 않으면 그에 따른 막대한 비용 부담으로 경영상에 어려움을 겪을 수밖에 없다.

또 다른 노력의 일환으로 국제사회는 2015년 파리기후변화협약에서 기후위기 대응을 위해 이번 세기말까지 지구 온도가 산업혁명 이전보다 1.5°C 이상 오르지 않도록 노력하기로 합의하였으며, 2050년 탄소중립(Net-zero) 목표를 선언했다. 탄소중립이란 탄소의 배출과 흡수가 균형을 이루는 순 배출량 0인 상태를 말한다. 2022년 발표된 UN 기후변화에 관한 정부간 협의체(IPCC) 보고서에 따르면 산업화 이전과 비교해 지구 대기온도 상승폭을 1.5˚C 이하로 억제하려면 2030년까지 전 세계 온실가스 순 배출량을 2019년 대비 43% 줄여야 한다는 분석이다.

현재 세계적으로 2030년 국가 온실가스 감축 목표(NDC) 선언 등 이산화탄소 배출량을 줄여 탄소중립을 이루어 내기 위한 다양한 노력이 진행 중이다. 미국은 조 바이든 대통령 취임 후 파리기후협정 복귀 및 인플레이션 감축법(IRA, Inflation Reduction Act)을 통해 2030년까지 미국의 온실가스 배출량을 40% 줄이겠다는 취지이다. 2023년 유럽연합(EU)은 철강·알루미늄·비료·전기·시멘트·수소제품 등 6개 품목을 EU로 수출하는 경우 해당 제품을 생산하는 과정에서 나오는 탄소 배출량 추정치에 대해 추가 관세를 부과하는 탄소국경조정제도(CBAM) 도입과 미국의 「인플레이션 감축법(IRA)」과 유사한 「탄소중립산업법(Net-Zero Industry Act)」 입안을 공식화했다. EU는 또 탄소배출권거래제(ETS) 적용 대상 산업의 이산화탄소 배출량을 2030년까지 62% 감축하기로 정했다. 우리나라도 기후위기 대응을 위한 「탄소중립·녹색성장기본법」을 2022년 3월부터 시행함으로써 탄소중립 비전을 법제화하였다.

이러한 세계 각국의 탄소중립정책에 대한 기업 차원의 가장 실질적인 탄소중립 실천 방안으로는 RE100(Renewable Energy 100)을 들 수 있다. RE100이란 오는 2050년까지 기업이 사용하는 전력량의 100%를 풍력이나 태양광 등 재생에너지로 전환하겠다는 글로벌 이니셔티브 캠페인으로 국제비영리단체인 Climate Group과 탄소 공개 프로젝트인 CDP(Carbon Disclosure Project)의 주도로 2014년에 도입되었다. 애플, 구글, 3M, 어도비, 에어비앤비, 버버리 등 글로벌 기업들이 참여하고 있으며, 우리나라에서는 2023년 9월 기준 SK하이닉스 등 SK그룹 계열사들을 필두로 현대차, LG전자, KT, 삼성전자, 롯데케미칼, KB금융, 네이버 등 34개 기업이 참여하고 있다. 국내외 기업들이 앞다퉈 RE100 가입에 나서는 것은 친환경 기업임을 알림과 동시에 유럽연합(EU)의 탄소국경조정세 도입 등이 무역장벽으로 작용할 가능성이 높기 때문이다. 그러나 우리나라 기업들의 재생에너지 전환율은 미국이나 유럽 기업들에 비해 한참 미흡한 편이다. 2022년 기준 기업의 지속가능경영보고서에 따르면 LG이노텍과 SK아이테크놀러지가 각기 67%와 55.5%로 가장 높았고, 반면 삼성전자 31%, SK하이닉스 29.6%, 현대차 7.7%, LG전자 8.2% 등 대기업들은 대체로 낮은 전환율을 보이고 있어 대책이 시급한 편이다.

따라서 기업 차원에서 탄소중립 실현을 위한 환경적 책임의 초점은 재생에너지 전환율 제고와 더불어 소위 3R 정책, 즉 '줄이기, 재사용, 재활용(Reduce, Reuse, Recycle)을 통해 자원소모량을 줄이고 유해물질 배출을 최소화하여 생태효율성(eco-efficiency)을 높여 나가는 순환경제' 개념을 적극 실천하는 데 맞춰져야 한다. 예컨대 FCA(피아트크라이슬러) 그룹과 PSA(푸조시트로엥) 그룹 합병으로 탄생된 스텔란티스(Stellantis)는 2038년까지 탄소중립 목표 달성을 위해 그룹 전반을 아우르는 7개 핵심 사업부 중 순환경제 사업 유닛을 운영하는 한편 재가공(Reman), 수리(Repair), 재사용(Reuse), 재활용(Recycle) 등 4R 전략을 통해 윤리적 책임을 다하는 사회적 가치 창출과 더불어 경제적 이익을 창출할 계획이라고 밝혔다(데일리카, 2022.10.12). 또 다른 예로 애플(Apple)이 2023년 9월 선보인 '애플워치'도 탄소발자국을 '0'으로 만든 최초의 탄소중립 제품이다. 제조 및 제품 사용에 100% 재생 가능한 전력을 활용하고, 제품 무게 전체의 30%에 해당하는 무게만큼 재활용 및 재생 가능한 소재를 활용했다. 또 운송 구간의 50%는 항공이 아닌 탄소 집약도가 낮은 해상 또는 철도 운송 등으로 전환했다. 이를 통해 모델별로 최소 75%의 탄소 배출량 저감을 실현했다는 평이다(TechM, 2023). 국내 기업의 경우에도 삼성그룹의 "혁신기술로 탄소중립 실현과 자원순환 극대화 달성을 위한 신환경경영전략", 현대차그룹의 "2045년 탄소중립 위해 전 라인업 100% 전동화를 위한 미래를 위한 움직임", SK그룹의 "탄소감축을 위한 '넷 제로' 행동" 등 대기업을 필두로 순환경제를 통한 탄소중립 실천 의지를 밝힌 바 있다.

최근에는 기업들이 리사이클링(recycling)을 넘어서 업사이클링(upcycling) 단계로 나서고 있는데, 리사이클링은 버려진 물건을 완전히 분해해 새로운 소재나 재료로 재탄생시키는 재활용 수준이라면, 업사이클링은 버려진 물건을 분해하는 과정 없이 디자인과 기능을 가미해 새로운 제품으로 탈바꿈시키는 수준이다. 예컨대 버려진 트럭용 방수천과 자전거 내부튜브, 자동차 안전벨트 등 폐소재로 심미적 디자인을 고려해 만든 가방으로 유명해진 스위스 '프라이탁(Freitag)'이 대표적인 본보기이다.

ESG 경영 관점에서 생태효율성의 극대화를 위해서는 재사용 및 재활용도 중요하지만 백지에서 새롭게 출발하는 창조적 혁신 활동에 기업들은 모든 역량을 쏟아부을 필요가 있다. 즉 탄소중립과 녹색성장에 맞추어 신기술, 신제품, 신사업 개발에 적극 나서야 한다. 예컨대 이산화탄소 포집 및 저장 기술(CCUS)은 탄소중립을 실현할 차세대 핵심 기술이다. 탄소를 흡수하면서 포집된 탄소를 합성연료(e-fuel)나 드라이아이스, 반도체 세정액 등 원료로 재활용해 산업 전반의 에너지 효율을 높여 상용화시 탄소를 획기적으로 저감시킬 수 있다. 또한 탄소중립을 위한 혁신적인 방향 전환은 모든 산업에 적용할 수 있다. 녹색산업의 두 축으로 볼 수 있는 태양광, 풍력, 연료전지 등 신재생에너지사업이나 고효율기기(LED), 스마트인프라, 스마트그리드 등 에너지효율화개선 사업 등이 좋은 본보기다. 자동차산업을 예로 든다면 기존의 내연기관 자동차에서 친환경적인 전기자동차나 수소자동차 개발로 혁신적인 방향 전환을 모색하는 것이다. 내연기관 자동차는 심각한 온실가스 배출과 석유자원 고갈을 초래하나 전기자동차는 화석연료를 사용하지 않는 무공해 자동차인 것이다. 이와 같은 취지에서 현대자동차는 2022년 기준 7%인 친환경차의 비중을 2030년에는 52%까지 확대하면서 친환경차 중심의 사업구조로 개편한다는 사업계획을 밝힌 바 있다.

# 기업의 사회적 책임

　기업은 고용과 생산을 통해 국가경제 발전에 기여하는 기본적인 경제적 책무 외에 사회조직 구성원의 일원으로서 이익의 사회 환원이라는 자선적 책무와 더불어 법적 및 윤리적 책무도 준수해야 한다. 이러한 기업의 사회적 책임(CSR, Corporate Social Responsibility) 개념을 Carroll(1979) 교수는 경제적 책임(economical responsibility), 법적 책임(legal responsibility), 윤리적 책임(ethical responsibility), 자선적 책임(philanthropic responsibility) 등 단계적 피라미드식 구조로 체계화시켰다. 요컨대 경제적 책임은 이익 추구를 통해 기업과 국가 경제 발전에 이바지해야 하고, 법적 책임은 법률 준수와 게임의 규칙에 따라야 하며, 윤리적 책임은 바르고 정당하고 공정하게 행동해야 하고, 자선적 책임은 자선, 기부 등 이익의 사회 환원을 통해 좋은 기업시민 역할을 담당해야 한다는 개념이다.

　전국경제인연합회(현 한국경제인협회)가 2023년 '자유시장경제와 기업 역할에 관한 국민인식조사'를 실시한 결과, 전체 응답자의 87.3%가 '사회적 책임의 이행 수준이 높은 기업의 제품을 우선 구매하겠다'고 답한 것으로 나타났다. '기업의 사회적 책임 이행 수준과 구매는 무관하다'는 응답은 9.9%에 불과했다. 이는 기업들이 지속 가능한 성장을 담보하기 위해서라도 사회적 책임 이행을 강화할 수밖에 없음을 시사하는 것이다. 한편 우리나라 기업들은 경제적 책무와 이익의 사회 환원이라는 자선적 책무에는 선진국 기업들에 뒤처지지 않지만 종종 법적 및 윤리적 책임을 소홀히 하여 사회의 지탄의 대상이 되곤 한다. 대한상공회의소가 2023년 2월 전국 20세 이상 남녀 1,000명을 대상으로 국내 기업에 대한 기업호감지수를 산출한 결과 55.9를 기록해 10년 전인 2013년 상반기의 48.6에 비해 7.3점 증가한 것으로 나타났으나 아직 만족할 만한 수준은 아니다. 특히 기업에 호감 가지 않은 이유로 국민들은 준법·윤리경영 미흡(64.3%)을 가장 많이 지적했다.

기업들이 평소에 아무리 지역 사회 발전, 자선 사업 등을 통해 사회 공헌을 많이 하더라도 비자금, 뇌물, 탈세 등 위법 행위를 할 경우 그동안 쌓았던 평판이 하루아침에 무너질 수 있다. 더욱이 최근에는 MZ세대(밀레니얼 세대와 Z세대를 아울러 이르는 말)를 중심으로 착한 기업, 좋은 기업에 대한 구매 열풍을 띤 소위 '미닝 아웃' 소비 트렌드가 유행처럼 번져 사회에 해를 끼치는 나쁜 기업이라는 오명을 쓰면 그 여파가 오래 지속되어 신뢰 회복에 큰 곤란을 겪게 된다.

또한 법적으로는 문제가 없지만 윤리적으로 사회적 지탄이 되는 행동으로 여론의 뭇매를 맞을 수도 있다. 최근 논란이 되었던 LG화학의 LG에너지솔루션 물적 분할이 좋은 본보기이다. 물론 물적 분할 자체는 법에서 허용하는 기업 구조조정 수단이다. 그러나 물적 분할을 하면 분할되는 사업부에 대해 모회사 주주는 의결권을 상실하고, 분할 자회사를 상장하면 모자기업 간에 이해충돌이 발생할 수 있다. 더욱이 자회사가 대규모 신주를 발행하면 모회사 주식 가치는 희석될 것이 자명하기 때문이다. 따라서 회사 쪼개기로 불리는 물적 분할은 합법적이나, 대부분의 경우 소액주주의 희생으로 지배주주에게 큰 이득을 안겨주어 비윤리적인 모습으로 비춰질 수 있다. 이러한 면에서 카카오 그룹 자회사의 쪼개기 문어발식 상장이나 스타벅스의 무분별한 점포 확장에 따른 골목상권 침해 논란 등은 법적으로는 하자가 없지만 기업윤리 측면에서는 사회적 이슈로 부상될 여지가 있는 것이다. 이렇듯 기업은 이익을 위해 법에 위배되지는 않지만 윤리적이지 못한 유혹에 빠지기 쉽기 때문에 사전 방지를 위해서는 모든 경영활동을 컴플라이언스로 불리는 법과 기업윤리 기반 위에서 준행에 나갈 수 있도록 엄격한 제도적 장치를 마련할 필요가 있다.

# 기업지배구조 개선

우리나라 기업, 특히 대기업 집단에 있어 사회적으로 가장 논란거리 중의 하나로 지적되는 것이 기업 거버넌스(governance), 즉 지배구조 문제이다. 순환출자, 계열사 내부거래 등을 통해 대주주의 이익만 챙긴다는 것이다. ESG 평가에서 우리나라 기업들이 환경, 사회에 비해 지배구조에서 가장 낮은 점수를 받는 것도 이러한 여론을 반영한 결과라 볼 수 있다. 따라서 기업 경영에 있어서 지배 대주주의 이익이 아니라 소액주주, 경영진, 투자자, 협력업체, 종업원, 소비자 등 다양한 이해집단간의 이해상충을 조정하고 규율할 수 있는 지배구조 개선이 급선무이다.

우리나라의 경우 소유와 경영의 분리가 기업지배구조 개선의 핵심이다. 많은 우리나라의 대기업 집단은 계열사를 늘리고 지배하기 위한 순환출자 지배구조를 띠고 있다. 이 경우 지배주주들이 전체 그룹의 주식 중에서 극히 일부만을 보유하고도 피라미드형 소유구조를 통해서 그룹 전체에 절대적인 권력을 행사할 수 있게 된다. 우리나라 상법에서는 단지 모자관계 회사 간 출자 지분 50% 이상의 상호주식 보유를 금지하고 있을 뿐, 순환출자는 사실 현행법상 허용되고 있는 실정이다.

최근에는 순환출자에 의한 문어발식 확장과 지배구조 문제가 비교적 규제가 미비한 온라인플랫폼 기업으로 확대되고 있는 실정이다. 2022년 공정거래위원회 분석 자료에 의하면 상호출자제한 기업집단 47개 가운데 소속사가 가장 많은 곳은 SK(소속회사 수 186개)였고, 그다음으로 소속회사가 많은 회사는 카카오(소속회사 수 136개)로 나타났다. 이는 47개 상호출자제한 기업집단 가운데 15위인 카카오가 자산총액 1위인 삼성의 60개보다 소속사 수가 2.3배 많은 수치이다. 카카오는 2016년만 해도 소속사 수가 45

개였지만 불과 6년 만에 소속사 수가 3배 이상 가파르게 증가한 것이다(조세일보, 2022.10.21).

　순환출자 지배구조에 의해 소유와 경영의 분리가 이루어지지 않을 경우 지배 대주주 책임 부재와 이사회 기능 부실 문제가 따른다. 우리나라 기업의 이사회는 지배주주가 임명한 집행이사 중심으로 구성되어 있고, 사외이사도 대부분 지배주주의 친소관계에 있어 그룹 회장은 그 누구의 간섭도 받지 않고 자기 개인 소유 기업처럼 지배가 가능하다. 이들은 공식적으로 회사의 임원이나 이사직을 맡지 않기 때문에 회사의 경영에 대해서 법적인 책임도 지지 않는다. 이 경우 무소불위의 권한에 따른 잘못된 의사결정으로 기업 전체에 타격을 입힐 오너 리스크에 빠져도 사실상 그 책임을 묻기 어렵다. 우리나라의 경우 현재 자산 2조 원 이상 기업인 경우 이사회의 1/2 이상을 사외이사로 구성하도록 되어 있다. 그러나 사외이사 임명에 대주주 권한에서 벗어나지 못하는 한 사외이사는 '대주주의 거수기' 노릇을 할 수밖에 없다. 우리나라에서 이사회의 원안 가결 비율이 99%대에 달한다는 분석이 이와 같은 문제점을 잘 나타낸다. 따라서 경제적 합리성에서 벗어나는 그룹계열사간의 내부거래 등 주주 이익에 반하는 의사결정 견제 장치 역할이 가능하도록 사외이사 전문성과 독립성 기능을 강화해 나가야만 한다. 이사의 충실의무 규정 신설을 통해 대주주의 책임을 강화하고, 사외이사나 감사 선임 시 대주주 의결권을 엄격히 제한하는 것도 한 방안이다.

　또한 편법적 지배권의 승계와 내부거래를 통한 부의 증식 또한 우리나라 대기업 집단의 지배구조 문제점 중의 하나이다. 따라서 순환출자 고리를 끊고 기업지배구조 투명성을 높이기 위해서는 엄격한 출자총액제한제도를 도입하고 내부거래 공시규정을 강화할 필요가 있다. 현재는 자산규모가 6조 원 이상의 대기업이 계열사 및 비계열사에 25% 이상 출자를 못하게 되어 있다. 내부거래 공시규정은 「공정거래법」상의 상호출자제한 기업집단에 속한 회사끼리 대규모 내부거래를 할 때 이사회 의결을 거쳐 공시하도록 한 규정이다. 공시의무 대상이 되는 거래금액 기준은 공시대상 회사의 자본총계 또는 자본금 중 큰 금액의 100분의 5 이상이거나 50억 원 이상인 거래이며, 상품·용역거래의 공시대상이 되는 거래상대방 계열회사의 범주는 총수지배, 주주 측이 20% 이상을 소유하고 있는 계열회사이다. 이외에도 소수주주권 강화를 위한 기업지배구조 개선책으로 집중투표제, 임시주총소집 청구권, 회계장부열람권, 이사/감사의 해임 청구권, 주주대표소송권, 위법행위유지청구권 등에 대한 행사요건 완화 등을 적극 도입해야 한다.

복잡한 순환출자구조 고리를 끊기 위해서는 지주회사 체제 도입 또한 유효하다. 지주회사 체제 하에서는 지주 모회사는 산하 종속 자회사의 지분을 취득 수 있으나, 종속 자회사 간에는 서로의 지분을 소유할 수 없도록 되어 있다. 따라서 자회사별 책임경영을 촉진할 수 있고, 지배구조 투명성과 경영효율성 증대를 꾀할 수 있다. 우리나라 대기업 집단 중 (주)LG가 지배구조 개선의 선두 사례로 인정받고 있는 데 반해, 삼성그룹과 현대차그룹의 경우 순환출자구조 문제를 해결하기 위해 지주회사로의 전환을 꾀하고 있으나 아직까지 근본적으로 해결하지 못하고 있는 실정이다.

## ESG 경영을 통한 공유가치 창출

ESG 경영에서 간과하기 쉬운 한 가지 문제점은 비재무적 성과에 치중한 나머지 재무적 성과를 도외시한다는 점이다. 사실 기업의 ESG 경영을 평가하는 데 있어서도 많은 기관들이 사회적 공헌, 환경적 책임 등 비재무적 성과 기준을 중요하게 고려하는 경향이 있다. ESG 경영에서 비재무적 측면이 강조되다 보면 단기적으로는 비용이 증대되어 재무적 성과에 부정적 영향을 미칠 수 있다. 과거에 기업의 사명은 이익 극대화이지 자선사업이 아니라며 ESG 경영의 모태라 할 수 있는 기업의 사회적 책임(CSR)에 대한 부정적 의견이 표출되기도 하였다. 대표적으로 저명한 경제학자 Friedman(1962)은 일찍이 그의 저서 『Capitalism and Freedom』에서 "본래의 기업의 사회적 책임은 법을 위반하지 않는 선에서 이익 증대를 위해 자원을 활용하고 경영활동을 하는 것이다. 반면 자선활동 등 사회적 책임에 대한 과중한 의무 부과는 기업의 자유를 침해할 가능성이 높아 생산 및 이익 극대화에 부정적 영향을 미쳐 결과적으로 사회 전체의 편익(social welfare)이 줄어들게 된다."라고 지적한 바 있다. ESG 경영에서도 비재무적 성과만 강조하다 보면 기업의 본연 책무인 재무적 성과 창출에 미흡할 수 있는 것이다.

따라서 모든 이해관계자를 만족시키고 지속가능 성장을 담보하기 위해서는 ESG 경영에 있어 재무적 성과와 비재무적 성과를 동시에 창출해 내는 것이 중요하다. 이를 Porter and Kramer(2011)는 재무적 성과인 경제적 가치와 비재무적 성과인 사회적 가치를 동시에 창출하는 공유가치 창출(CSV) 개념으로 정립한 바 있다. 공유가치 창출의 이론적 근거는 기업의 다양한 이해관계자(stakeholder)의 상이한 요구 및 기대를 최대한 충족시켜 지속가능성장을 도모하는 데 있다고 볼 수 있다. 요컨대 주주의 이익은 물론 고객, 종업원, 협력업체, NGO, 지역사회, 중앙정부 등 기업과 관련된 다양한 이해관계자의 요구와 기대를 최대한 충족시켜야만 기업의 장기적 가치가 제고된다는 이해관계자이론(Freeman, 1984; Clarkson, 1995)은 경제적 가치 창출뿐만 아니라 사회적 가치 창출을 강조하는 공유가치 창출의 당위성과 합치된다. 문제는 이러한 다중 이해관계자들의 요구와 기대가 복잡하고 서로 상치될 수 있다는 점이다(Alkhafaji, 1989; Wood and Jones. 1995). 일반적으로 주주, 임원, 종업원 등 기업 내부의 1차적 이해관계자는 재무적 성과로 나타나는 경제적 가치 창출에 주된 관심을 두지만, 지역사회, 정부, 시민단체 등 외부의 2차적 이해관계자는 기업의 사회적 공헌, 즉 사회적 가치 창출을 중시하는 경향을 띤다. 예컨대 생산량 및 매출 증대는 투자자, 주주, 종업원 등 내부 이해관계자에게는 기대되는 편익이 증대되는 것으로 받아들여질 수 있지만, 폐기물, 대기오염 등 환경문제가 야기되어 시민단체 등 외부 이해관계자에게는 높은 사회적 비용을 부담시키는 문제로 인식되어질 수 있는 것이다. 또한 기업의 경제적 가치 창출이 반드시 사회적 가치를 창출하기보다는 역으로 사회적 비용을 야기시킬 수도 있다. 예컨대 생산량 증대에 따른 자원 고갈 및 환경공해문제, 중소협력업체에 대한 불공정 거래 관행, 해외로의 생산기지 이전에 따른 산업공동화 문제 등은 사회적 비용과 여타 이해관계자의 희생을 담보로 기업의 이익 창출에만 몰입하는 경영 행태로 비춰질 수 있다. 따라서 경제적 가치도 증대시키면서 동시에 사회적 가치도 담보하는 공유가치 창출이 지속가능 성장 차원에서 매우 중요한 과제이다.

● 그림 3-1  ESG 경영과 공유가치 창출을 통한 지속가능 성장 메커니즘

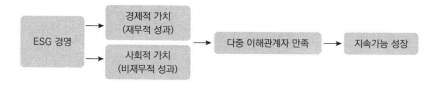

〈그림 3-1〉에서 보듯이 ESG 경영에 있어서도 다중 이해관계자 욕구 충족을 통한 지속가능 성장 토대를 마련하기 위해서는 재무적 성과인 경제적 가치나 비재무적 성과인 사회적 가치 중 어느 하나에만 치중하기보다는 두 가치 모두를 동시에 창출하는 공유가치 창출 기회 발굴이 중요하다. 따라서 ESG 경영의 초점은 경제적 가치 창출과 사회적 가치 창출의 상관관계 여부를 파악하고, 이를 확대하는 데 맞춰져야 한다. 이와 같은 차원에서

공익연계마케팅(cause-related marketing)이 공익이라는 사회적 가치와 마케팅이라는 경제적 가치를 동시에 추구하는 ESG 경영의 일환으로 볼 때 Kotler and Lee(2004)가 공익연계마케팅의 실행방안으로 제시한 세 가지 기준은 ESG 경영을 통한 공유가치 창출 기회 발굴에도 유용하게 적용될 수 있다.

첫째는 기업의 사명 및 제품과 관련된 분야에 집중함으로써 공유가치 창출 기회 발굴이 가능하다. 물론 이를 위해서는 제품과 시장의 재인식 또는 재포지셔닝에 따른 기술개발, 제조생산, 자재조달, 물류, 판매유통 등 모든 가치사슬활동에서의 혁신이 뒷받침되어야 한다(Porter and Kramer, 2011). 이를테면 친환경 제품 개발, IT 기술 도입에 따른 스마트 공장과 생산 공정 개선 및 녹색물류를 통해 재고 감축과 효율적 배송으로 생산 및 물류비용을 낮추고, 동시에 탄소 배출량 저감을 통한 사회적 비용도 줄일 수 있는 것이다. 특히 4차 산업혁명 시대의 오늘날에는 AI(인공지능) 등 첨단기술이 ESG 경영을 통한 공유가치 창출 기회를 높이는데 일조할 것이다. 예컨대 KT는 '2050 넷제로' 달성을 위해 ABC(AI, 빅데이터, 클라우드) 기술을 활용한 디지털 전환과 환경영향 감소를 추진하였는데, 일찍이 2015년부터 운영 중인 통합 에너지 관리 플랫폼 KT-MEG(마이크로 에너지 그리드)를 활용해 에너지의 생산-소비-거래 과정을 통합 관리하고 있다.

앞서 환경적 책임에서도 언급했듯이 녹색산업의 두 축으로 볼 수 있는 태양광, 풍력, 연료전지 등 신재생에너지사업이나 고효율기기(LED), 스마트 인프라, 스마트 그리드 등 에너지효율화 개선 사업도 제품과 시장의 재인식에 따른 공유가치 창출 기회 개발의 좋은 본보기이다. 예컨대 친환경 제품과 서비스에 특화한 GE의 '에코메지네이션(Ecomagination)' 사업을 들 수 있는데, GE는 2005년부터 저탄소 기준의 세계적 요구를 맞추기 위해 플라스틱, 발전 장비, 조명, 엔진 같은 핵심 제품들에 대한 대대적인 혁신을 꾀하였으며, 이 에코메지네이션 혁신 제품들의 매출 증가율이 기업 전체 매출 증가율보다 2배 이상 높은 것으로 나타났다. 이와 같이 GE의 에코메지네이션 제품들은 매출 증대라는 경제적 성과도 창출하였지만 동시에 온실가스 배출 및 에너지 사용량 감축, 용수 재사용 비율 증대 등 환경 보호와 에너지 낭비를 줄이는 사회적 성과 달성에도 일조한 바 있다.

둘째, 환경, 인권, 안전, 동물복지, 빈곤 등 사회적 문제의 해결을 ESG 경영의 새로운 기회로 활용하는 방안이다. 공유가치 창출 측면에서 ESG 경영을 어떤 식으로든지 공유경제, 친환경, 공익연계마케팅, 공정무역, 사회적 기업 등의 비즈니스와 연계시키는 것도 한 방안이다. 예컨대 미국의 월마트(Wal-mart)는 저소득층 건강보험 미가입자 고객들은 물론 메디케어 가입자 고객들에게 일반 처방약을 4달러의 저렴한 비용으로 구입할 수 있도록 한 '4달러 처방약 프로젝트' 사업을 벌여 이들 고객들로 하여금 총 20억 달러에 달하는 의료비용 절감의 혜택을 안겨주었다. 동시에 4달러 처방약 프로그램이 미국 27개 주에서 시행된 2006년 9월부터 약 3개월간 전년 대비 약 210만 명의 새로운 처방전 고객을 탄생시켜 월마트는 이를 통해 대형 의약품 판매유통 분야에서 시장점유율 16%를 차지해 전국 3위 업체로 부상하는 경제적 성과도 올린 바 있다(Saul, 2010).

셋째, 회사가 소재하고 있는 국가나 지역사회의 주요 관심 사안에 집중함으로써 공유가치 창출 기회를 개발할 수 있다. 기업의 지역사회 공헌의 대표적 예로는 지역연고 은행과 지역에 본사나 생산시설을 갖춘 기업들을 들 수 있다. 예컨대 지역연고 은행들이 지역 서민 경제 안정을 지원하기 위한 서민전용 저금리 대출상품 등 지역공익형 맞춤 상품 개발 및 판매를 통해 사회적 가치를 구현하는 동시에 신뢰받는 지역 대표은행으로서의 이미지 구축에도 힘쓰고 있음을 알 수 있다.

한편 사회적 문제 해결을 통한 기업의 공유가치 창출 기회는 빈곤, 환경, 위생 등 여러모로 열악한 조건에 있는 저소득 국가에서 더욱 높다고 볼 수 있다. 예컨대 코카콜라 브라질 법인은 실업 상태에 있는 청년들을 고용하여 브라질 저소득층 시장을 개발하는 일명 'Coletivo Initiative' 프로그램을 통해 5만 명 이상의 브라질 젊은이들을 유통판매, 창업, 기업가 정신 등에 대한 교육 및 훈련에 참여시켰다. 이들 중 30%는 코카콜라 현지법인이나 코카콜라 지역 소매상에 첫 직장으로 취업하였고, 10%는 저금리의 미소금융 지원을 받아 창업하였다. 코카콜라 브라질 법인도 'Coletivo Initiative' 사업에 대한 투자가 2년도 채 안되어 흑자로 전환되는 경제적 성과를 거두었다. 현재 150개 저소득층 지역에다 동 프로그램을 확대하여 나가고 있다. 또 다른 예로 인도의 농촌 지역에서는 영아 사망률 원인 1위로 설사가 꼽힐 정도로 손 씻기 습관이 제대로 정착되지 않고 있음을 인지하고 유니레버(Unilever)는 인도의 생활방식에 맞는 값싸고 항균 기능이 강화된 비누를 개발하는 한편, 10만 개 농촌지역의 4만 5,000명 여성들에게 미소금융 제공과 방문판매 훈련을 통해 판매망을 구축하는 '파워맘'(Shakti Amma) 프로젝트를 시행하였다. 이를 통해 영아 사망률을 획기적으로 줄이고 지역 여성들의 소득을 2배 이상 증대시키는 성과를 거둔 바 있다(Pfitzer et al., 2009).

## ESG 경영의 진정성과 지속성이 중요하다

이제 주주 자본주의에서 이해관계자 자본주위 시대로의 전환을 맞아 ESG 경영은 기업들에게 피할 수 없는 과제이고 생존의 문제이다. 최고경영자는 기업 내외부의 다양한 이해관계자의 욕구를 충족시키고 지속가능 성장을 담보하기 위해서는 ESG 경영을 통해 재무적 성과나 비재무적 성과 중 어느 하나에만 치중하기보다는 양쪽 성과 모두를 가능케 하는 공유가치 창출에 힘써야만 백년대계의 지속가능 성장을 담보할 수 있는 것이다.

최근 지구온난화, 탄소중립 등 환경문제가 세계적 이슈로 떠오르는 가운데, MZ세대를 중심으로 비윤리적인 기업에 대한 불매 운동 등 의식 있는 소비활동에 적극 동참하는 경향이 확산되고 있다. 따라서 기업들도 미래에는 수익 창출이라는 경제적 성과뿐만 아니라 환경, 사회, 지배구조 등 ESG 경영을 통해 사회적으로 가치 있는 기업으로 그 정당성을 인정받아야만 하는 당위성이 높아졌다. 기업이 아무리 경제적 성과가 뛰어나더라도 환경에 해가 되고 불법적이며 비윤리적인 경영을 마다하지 않는다면 그 기업은 결국 소비자를 비롯한 다양한 이해관계자로부터 외면을 받아 경영상 큰 곤란을 겪을 수밖에 없다. 따라서 미래에는 기업들은 지속적인 ESG 경영을 추구해야 하며, 기업 내부적으로 체화되도록 장기적인 전략하에 구체적인 목표 설정과 로드맵을 마련하는 것이 중요하다. 최근 기업들이 발간하고 있는 'ESG경영보고서'나 '지속가능보고서'는 기업의 ESG 경영 로드맵과 성과의 청사진으로 볼 수 있다.

한편 기업들이 간과하지 말아야 할 것은 ESG 경영 내실을 다지기보다는 단지 보기 좋게 포장해서 홍보에만 힘쓰는 무늬만 ESG 경영인 소위 'ESG 워싱' 또는 '그린워싱(greenwashing)' 함정에 빠지기 쉽다는 점이다. 예컨대 많은 기업들이 친환경 제품이 아니면서 '저탄소', '탄소제로', '100% 재활용' 등의 과대 홍보를 통해 사실을 오도하고 있다. 세계적인 친환경단체인 그린피스(Greenpeace)는 497명의 우리나라 시민과 함께 2022년 4월 이후 1년간 공정거래위원회가 공시한 대기업과 그 산하 계열사 2,886개 중 인스타그램 계정을 보유·운영하는 399개사를 분석한 결과, 10곳 중 4곳은 '친환경'을 강조하지만 실제로 친환경이 아닌 그린워싱 게시물을 사회관계망서비스(SNS)에 올린 적이 있는 것으로 나타났다. 그린피스는 그린워싱의 주요 유형을 자연의 이미지를 활용해 기업이 친환경 이미지를 씌우려고 하는 '자연 이미지 남용', 저탄소 기술 개발 등을 지나치게 강조하는 '녹색 혁신 과장', 직접 기후위기를 막기 위해 노력하지 않고 소비자 참여형 이벤트를 열며 개인에게 책임을 전가하는 '책임 전가' 등 3가지로 정리하였다. 이를테면 '자연이미지 남용'의 예로 롯데칠성음료는 2022년 4월 멸종위기종 황제펭귄, 해달 등을 플라스틱병 라벨에 삽입하며, '환경을 위한다'고 했으나, 플라스틱 페트병이 바다에 버려져 멸종위기종이 피해를 받는다는 '사실'은 어디에도 찾아 볼 수 없었다는 것이다(경향신문, 2023.8.29). 이는 외국 기업들도 마찬가지이다. 스위스 소비자단체 연합기구인 스위스 소비자보호재단(SKS)은 친환경적인 것처럼 위장해 제품을 광고하는 이른바 '그린워싱'으로 최근 코카콜라와 렌터카 기업인 에이비스, 스위스 1위 통신사인 스위스콤, 난방유 유통사인 쿠블러 하이츨 등 6개사를 규제 당국에 제소하기도 했다(한경, 2023.7.10). 따라서 만일 그린워싱 사실이 밝혀질 경우 기업 평판도와 소비자 신뢰 상실이라는 역풍을 맞을 수 있으므로 기업들은 ESG 경영에 진정성 있게 임해야 한다.

결론적으로 미래에는 이해관계자 자본주위에 따른 가치소비 시대가 더욱 활짝 열릴 것이다. 이해관계자에 따라 경중은 다르지만 경제적 가치뿐만 아니라 사회적 가치 또한 소비의 중요한 고려 대상이 된다. 따라서 기업은 지속가능 성장을 위해 어떤 식으로든지 비즈니스와 관련해서 경제적 가치와 사회적 가치를 동시에 창출해 낼 수 있는 경영 패러다임을 모색해야 되는데, ESG 경영이 그 해답이 될 수 있을 것이다. 물론 공유가치 창출을 위한 성공적 ESG 경영을 위해서는 지속적인 혁신성과 사회적 책임성이 기업의 DNA로 굳건히 자리 잡혀져야 할 것이다.

경향신문, "툭하면 '친환경'이라는 기업 10개 중 4개는 '그린워싱' … 최악 5곳은?", 2023.8.29.

데일리카, "스텔란티스, '지속가능성' 전담 조직 구성 … 2038 탄소중립 실현한다", 2022.10.12.

대한상공회의소, '우리 기업에 대한 국민 호감인식 조사' 보도자료, 2023.

삼성전자, 2023 지속가능경영보고서.

전국경제인협회, '자유시장경제와 기업 역할에 관한 국민인식조사' 보도자료, 2023.

조세일보, "카카오, 문어발식 확장에 소속사만 136개 … 삼성 2.3배", 2022.10. 21.

한경, "친환경 아닌데 왜 그런 척 … 코카콜라 등 스위스서 피소", 2023.7.10.

현대자동차, 2022-2023 지속가능경영보고서.

DGB금융지주, 2022-2023 지속가능경영보고서.

LG전자, 2022-2023 지속가능경영보고서.

MBC, "기후환경 리포트-바다가 삼키고 있는 나라, 수도 40%가 해수면 아래로", 2022.11.21.

SK, 2022-2023 지속가능경영보고서.

TechM, "'아이폰 15' 최대 반전은 가격 동결? … 신기술보다 '탄소중립' 눈에 띄네", 2023.9.13.

Alkhafaji, A. F., *A Stakeholder* Approach to Corporate Governance: Managing in a *Dynamic Environment,* New York: Quorum Books, 1989.

Carroll, A. B., "Three Dimensional Conceptual Model of Corporate Performance", *Academy of Management Review,* 4(4), 1979.

Clarkson, M. B. E., "A Stakeholder Framework for Analyzing and Evaluating Corporate Social Performance", *Academy of ManagementReview*, 20(1), 1995.

Freeman, R. E., *Strategic Management: A Stakeholder Approach*, Boston: Pitman, 1984.

Friedman, M., *Capitalism and Freedom*, Chicago: University of Chicago Press, 1962.

Pfitzer, M., V. Bockstette, and M. Stamp, "Innovating for Social Value", *Harvard Business Review*, 87(September), 2009.

Porter, M. E. and M. R. Kramer, "Creating Shared Value: How to Reinvent Capitalism and Unleash a Wave of Innovation and Growth", *Harvard Business Review*, 89(1/2), 2011.

Saul, J., *Social Innovation: 5 Strategies for Driving Business Growth Through Social Change*, CA: Jossey-Bass, 2010.

Wood, D. J. and R. E. Jones, "Stakeholder Mismatching: A Theoretical Problem in Empirical Research on Corporate Social Performance", *The International Journal of Organizational Analysis*, 3(3), 1995.

# 도시의 미래

윤대식

## 디지털 전환과 도시공간의 미래

제4차 산업혁명은 디지털 기술을 사회 전반에 적용하여 전통적인 사회 구조를 혁신시키고 있다. 디지털 전환(digital transformation)은 사물인터넷(IoT: Internet of Things), 클라우드 컴퓨팅(cloud computing), 인공지능(AI: Artificial Intelligence), 빅데이터(big data) 솔루션 등의 정보통신기술(ICT: Information and Communications Technology)을 이용하여 플랫폼을 구축하고 활용함으로써 전통적인 시스템 운영 방식과 서비스를 혁신하는 것을 말한다. 결국 성공적인 디지털 전환을 통해 제4차 산업혁명이 실현되고, 사회 전체로 파급효과가 확산된다고 볼 수 있다.

디지털 전환은 온라인과 오프라인의 경계를 허무는 연결을 통해 공간과 시간의 제약을 극복하는 데 기여하고 있다. 구글, 아마존, 네이버, 카카오와 같은 플랫폼 기업들은 지금까지 사람들이 직접 대면접촉(face-to-face contact)을 통해 받았던 많은 서비스를 디지털 공간에서 받을 수 있도록 선도적인 역할을 해왔다. 이뿐만 아니라 과거에는 은행이나 증권회사에 직접 가서 처리했던 금융업무는 물론이고, 동사무소나 구청, 세무서에 직접 가서 처리했던 민원업무도 인터넷으로 간단하게 처리할 수 있게 되었다. 그래서 실제 공간과 온라인 공간의 영향력은 우열을 가릴 수 없을 정도가 되었다.

　디지털 전환은 노동의 형태에도 변화를 가져와 재택근무와 유연근무제의 확대를 초래했고, 전자상거래의 확산으로 전통적인 상업 공간(재래시장, 골목상권 등)의 쇠퇴와 택배 물류의 증가를 가져왔다. 그리고 디지털 전환은 공유경제와 구독경제(subscription economy)의 활성화에 촉매제 역할도 하고 있다. 특히 디지털 전환이 가장 큰 영향을 미치는 것은 교통수요(이동의 수요)이다. 온라인 플랫폼의 활용은 업무통행과 같은 필수통행의 감소를 초래했고, 여가통행과 같은 비필수 통행의 비중을 증가시키는 결과를 초래했다. 여기에다 디지털 전환은 온라인 커뮤니티의 활성화를 통해 조직문화의 변화에도 영향을 미치고 있다.

　디지털 전환은 도시에서 공간 수요의 변화를 일으키고 있다. 전자상거래의 활성화로 인한 상업 공간의 수요감소, 그리고 물류창고와 배송센터의 수요증가는 오래 전부터 나타났다. 업무공간의 입지 수요도 변화하고 있다. 금융·보험과 같이 갈수록 대면접촉이 줄어드는 업종은 값비싼 비용을 부담하면서까지 도심에 넓은 공간을 차지하고 있을 필요가 없어졌다. 디지털 전환이 가져온 재택근무와 유연근무제의 확산은 주택의 기능을 주거와 업무가 혼합된 공간으로 바꾸고 있고, 근린생활권계획의 중요성을 크게 하고 있다. 그만큼 시민들이 많은 시간을 근린생활권에서 보내야 하기 때문이다.

　디지털 전환이 가져올 것으로 전망되는 가장 큰 공간적 변화는 도심과 근린생활권의 기능변화이다. 도심은 핵심 의사결정과 중추관리 기능 위주로 재편되고, 근린생활권은 새로운 생활의 중심지가 될 것으로 전망된다.

결국 도심에서 줄어들 것으로 보이는 업무와 상업 기능의 일부는 근린생활권으로 옮겨올 것으로 판단된다(윤서연, 2022, p. 24).

디지털 전환이 가져올 부작용도 만만치 않다. 고령자와 취약계층은 디지털 전환의 혜택에서 소외될 소지가 크다. 따라서 근린생활권 단위에서 이들을 위한 지원시설이나 인프라뿐만 아니라 대체 서비스 제공의 필요성이 제기되고 있다. 앞으로도 디지털 전환의 공간적 파급효과는 지속적으로 나타날 것이다. 디지털 전환에 발 빠르게 대응할 수 있는 도시공간계획이 필요한 이유도 여기에 있다.

## 초고령사회, 도시공간의 미래

이제 우리나라는 초고령사회에 진입하였다. 특히 1955~1963년에 태어난 1차 베이비부머 세대가 2020년부터 65세 이상 고령인구에 포함되기 시작했다. 그리고 향후 20년간 매년 70~90만 명의 인구가 고령층으로 진입할 전망이다(고영호, 2022, p. 35).

고령자는 신체적 노화 과정을 거치면서 그에 따른 새로운 공간 수요가 발생한다. 주거 공간 주변에서 활기찬 노후를 보낼 수 있도록 각종 복지서비스와 의료서비스를 받을 수 있어야 하고, 여가생활과 건강을 도모할 수 있는 근린공원과 체육시설도 도보 생활권 내에 있어야 한다. 따라서 근린주구(neighborhood) 단위에서 고령자 친화적 생활권계획이 무엇보다 중요하다.

한편 주거 공간(주택)은 고령자의 연령과 건강 상태에 따라 맞춤형 선택이 가능하도록 다양한 대안이 마련되어야 한다. 예를 들어 서비스 제공형

고령자 주택, 은퇴자 돌봄 공동체 마을을 들 수 있다. 고령자 주택은 고령자를 위한 서비스와 연계되어야 주거 서비스로서 의미가 있다. 따라서 공공이 앞장서서 고령자를 위한 서비스를 제공할 수 있는 공공임대주택의 공급을 선도해야 한다. 특히 경제적으로 취약한 고령인구를 대상으로 공공임대주택의 공급을 우선 추진할 필요가 있다.

아울러 고령화는 향후 지속적인 도시인구 감소를 초래할 것이다. 따라서 많은 도시들의 경우 도시공간의 지리적 확산을 최소화하고, 축소 지향적 도시계획과 함께 쇠퇴가 진행되고 있는 도시공간에 대한 계획적 관리가 필요하다. 특히 인구가 감소하면 노후 주택과 아파트의 재건축 및 재개발 필요성은 증가해도 부동산시장의 여건이 마련되지 않아 실제로 재건축이나 재개발로 이어지기 어려울 수도 있다. 따라서 이에 대한 대책도 필요하다.

## 1인 가구 증가와 도시공간의 미래

1인 가구의 증가는 선진국을 중심으로 전 세계적으로 나타나고 있는 현상이다. 2021년 우리나라의 1인 가구는 720만 가구로 역사상 최초로 700만 가구를 돌파했다. 이는 우리나라 전체 가구 중에서 33.4%의 비중(가장 큰 비중)을 차지하는 것으로, 5년 전인 2016년(27.9%) 대비 5.5% 증가한 수치이다. 이러한 1인 가구의 증가추세는 앞으로도 계속될 것으로 보인다. 통계청 장래추계자료에 의하면 1인 가구는 2030년 830만 가구(35.6%)에 이를 것으로 전망된다.

1인 가구가 증가하는 이유는 다양하다. 학업이나 직장을 위해 부득이하게 가족과 떨어져 사는 경우부터 가족과의 사별이나 이혼, 심지어는 가족과의 불화로 혼자 사는 경우까지 다양하다. 그래서 1인 가구는 여러 가지 문제를 내포할 소지가 크고, 현실적으로도 여러 가지 사회적 문제를 야기하고 한다. 종종 언론에 보도되는 고독사는 이제 흔한 일이 되었고, 혼자 생활함으로 인해 범죄의 표적이 되기도 한다. 그리고 사회적 고립으로 인한 우울감과 여러 가지 중독 현상(예: 술, 인터넷, 게임)으로 인해 정상적인 사회생활이 어려워지고, 경제적 빈곤까지 겪는 경우가 허다하다.

1인 가구의 문제는 도시의 병리 현상과 쇠퇴를 심화시키는 촉매제가 될 수 있다. 1인 가구에 대한 도시 차원의 대응이 필요한 이유다. 1인 가구에게 가장 필요한 사회적 인프라는 값싸고 편리하면서 공동체의 혜택과 서비스를 누릴 수 있는 주거 공간이다. 현재 경제적 빈곤을 겪고 있는 1인 가구는 원룸, 고시촌, 쪽방촌에 거주하면서 각자도생할 수밖에 없다.

따라서 공동체의 혜택과 서비스를 누릴 수 있는 주거 공간을 제공하는 것이 중요하다. 이를 위해 1인 가구가 주거지에서 사회적 교류가 가능한 공간을 충분히 마련해 주어야 한다. 주거 공간이 아파트나 오피스텔이면 공유와 교류 공간이 확대되어야 하고, 주거 공간이 단독주택, 연립주택, 원룸, 고시촌, 쪽방촌이면 근린주구(neighborhood) 단위의 계획에서 커뮤니티 공간의 확충이 필요하다. 그리고 다양한 유형의 공유주택도 공급되어야 한다. 여기에다 1인 가구의 경우 주택에 대한 사회적 인식이 '소유'에서 '거주'로 빠르게 전환하고 있는 점을 고려하여 임대 주택 공급을 확대해야 한다.

1인 가구는 정신적으로나 신체적으로, 그리고 경제적으로 어려움이 많을 수 있는 만큼, 충분한 환경적 쾌적성(amenity)을 갖춘 근린공원의 확충이 매우 중요하다. 따라서 이들이 짧은 시간 내에 도보로 접근할 수 있는 장소에 근린공원을 확충해서 건강 도시의 기반을 다져야 한다. 과거에는 하나의 초등학교를 지탱할 수 있는 공간 규모를 근린주구의 기본단위로 보았지만, 1인 가구가 많은 지역은 근린공원을 중심으로 근린주구계획을 수립할 필요가 있다.

# '홈 오피스' 시대, 주택의 변화

'홈 오피스(home office)'는 코로나19 팬데믹을 거치면서 재택근무와 유연근무제의 확산으로 사람들의 관심을 받기 시작했다. 코로나19 팬데믹을 거치면서 많은 직장은 필요에 따라 재택근무를 유도하거나, 어떤 경우에는 강제적인 재택근무를 시행하기도 했다. 그리고 코로나19 팬데믹이 지나고 나서도 재택근무를 선호하는 경향은 특히 MZ세대에서 뚜렷이 나타났다. 디지털 환경에 익숙한 MZ세대는 모바일을 우선적으로 사용하고, 집단보다는 개인의 행복을 더 중요하게 생각하며, 자신만의 개성을 쉽게 버리지 않는 특징을 가진다. 그런 이유로 MZ세대는 코로나19 팬데믹이 끝난 후에도 재택근무를 선호하는 경향이 다른 세대들보다 큰 것으로 보인다. 실제로 코로나19 팬데믹으로 재택근무를 하다가 사무실로 복귀한 MZ세대들이 정신적 스트레스로 정신과 치료를 받는 사례가 많다는 사실이 언론을 통해 보도되기도 했다.

한편 코로나19 팬데믹 이후 우리나라를 비롯한 아시아와 유럽 국가들의 경우 많은 직장인이 사무실로 복귀했지만, 미국의 경우는 직장인들의 사무실 복귀가 다소 더딘 것으로 나타났다. 월스트리트저널(WSJ: Wall Street Journal)은 2023년 2월 기준 미국의 사무실 점유율이 팬데믹 이전의 40~60%에 그치고 있다고 보도했다. 반면 유럽이나 중동에선 70~90%대 점유율을 회복했고, 아시아 국가들의 사무실 점유율은 80~110%에 달해 일부 도시에서는 팬데믹 이전보다 더 많은 근로자가 출근하는 것으로 나타났다. 국가별 사무실 복귀율은 재택근무를 할 수 있는 주택환경, 통근거리와 대중교통수단 이용의 편리성, 고용시장의 수급상황에 따라 차이를 보였다고 WSJ은 분석했다. 그리고 미국 근로자들은 교외의 넓은 단독주택에 거주하는 경우가 많아 도심과 인근지역의 좁은 아파트에 거주하는 홍콩 등 아시아 국가 근로자보다 쾌적한 '홈 오피스'를 쉽게 꾸몄다는 것이다. 그리고 WSJ은 통근거리가 다른 나라보다 길고 대중교통이 덜 발달한 미국의 상황도 사무실 복귀를 더디게 하는 요인이고, 여전히 구인난이 심각한 미국의 '뜨거운 고용시장'이 노동자 우위 구도를 만들면서 기업이 출근을 강제하기 쉽지 않다고 분석했다(조선일보, 2023.3.2.).

이처럼 예기치 못한 시대적 상황이 아니더라도 '홈 오피스' 시대의 도래는 일찍이 예견된 것이었다. 기술혁신의 결과로 나타난 디지털 전환은 제조업은 물론이고, 유통, 금융 등 모든 산업의 혁신을 주도해 왔다. 디지털 전환은 지금까지 사람들이 직접 대면접촉을 통해 받았던 많은 서비스를 디지털 공간(온라인 공간)에서 받을 수 있도록 했다. 그리고 일부 업종에서 재택근무와 유연근무제는 서서히 확대되고 있었다. 그러다 코로나19 팬데믹이란 촉매제로 인해 '홈 오피스' 시대는 더 빨리 우리 앞에 다가오게 된 것이다.

코로나19 팬데믹이 아니더라도 재택근무와 유연근무제는 지속되거나 확산될 것이다. 그리고 '홈 오피스'의 필요성은 더 커질 것이다. 왜냐하면 주택은 단순히 휴식을 취하고 잠자는 공간에서 탈피해서 생산(노동)과 소비(온라인 쇼핑), 그리고 엔터테인먼트(영화, 공연 관람 등)까지 가능한 공간으로 변하고 있기 때문이다.

이처럼 주택이 복합적 기능을 수행할 수 있게 된 것은 AI 기술과 정보통신기술의 발달에 기인한다. 과거에는 주택을 건축과 토목 기술의 집합체로 보았지만, 점차 정보통신기술이 주택에 탑재되고 있다. 그래서 직장, 학교, 시장, 백화점과 같은 물리적 공간의 쇠퇴와 함께 AI 기술과 정보통신기술이 적용되는 스마트 홈으로 주택이 진화하고 있다.

그럼 '홈 오피스' 시대 주택의 구조는 어떻게 변할까. 우선 주택의 다기능화로 인해 방의 수요가 증가하게 될 것이다. 그리고 증가한 방(룸)의 수요를 충족시키기 위해서는 주택 연면적의 증가도 가능하지만, 가변성을 높일 수 있는 주택구조의 선택도 가능하다. 그래서 최근에는 거주자의 취향과 공간 수요에 따라 주택구조를 쉽게 고쳐 쓸 수 있는 장수명 주택에 대한 관심이 증가하고 있다.

장수명 주택은 원래는 오랫동안 살 수 있는 집을 건설하자는 목표에서 나온 개념으로, 내구성과 가변성, 그리고 수리 용이성의 3대 특징을 지닌 공동주택을 말한다. 이는 우리나라 주택의 짧은 평균수명 때문에 제시된 개념으로, 콘크리트 건물의 벽식 구조와 벽체에 매립된 내부 배선과 배관 등으로 주택의 노후화가 빨리 다가오는데 따른 새로운 대안으로 제시되었다.

장수명 주택은 콘크리트의 강도를 높이거나 철근의 피복두께를 두껍게 하는 방법 등으로 콘크리트의 품질을 높이고, 설계 단계에서부터 기존 '벽식' 구조 대신 '기둥식' 구조를 적용하는 것이 일반적이다. 아울러 수도, 전기, 가스관도 콘크리트 벽체에 매립하는 대신에 경량 벽체 내부에 매립해 교체와 수리를 쉽게 한다. 이러한 장점에도 불구하고 장수명 주택은 비용이 다소 많이 소요되는 단점이 있다. 따라서 장수명 주택의 보급을 위해서는 고비용에 대한 대책이 필요함을 알 수 있다.

만약에 우리나라 아파트가 '기둥식' 구조로 지어졌다면 변화된 주거수요에 맞춰 적절하게 변형시켜 대응할 수 있을 것이다. 이렇게 변형시킨 대표적인 사례가 뉴욕의 맨해튼 소호 지역에 지어진 공장건물들이다. 공장이 망해서 나가도 '기둥식' 구조로 지어진 공장건물만은 변화된 시대 여건에 맞추어 주거나 갤러리 등 다양한 용도로 변형되어 사용된다.

서울의 경우 성수동이 대표적 사례이다. 공장 지역이었던 성수동의 건물들은 식당, 카페, 전시장 등으로 사용된다. 변형해서 사용될 수 있었기에 부서지지 않고 존속되었다. 사실 가장 친환경적인 건축물은 태양광 시설이 있거나 친환경 건축자재로 지어진 건축물이 아니라, '기둥식' 구조로 만들어진 건축물이다. 이 건물들은 시대가 바뀌어도 살아남을 수 있고, 신축을 안 해도 된다. 신축을 안 해도 되면 콘크리트나 철의 소비를 줄일 수 있다. 그래서 '기둥식' 구조의 건축을 활성화할 수 있는 제도나 정책이 필요하다 (유현준, 2021, p. 47).

## '홈 오피스' 시대, 도시는 무엇을 준비해야 하나?

'홈 오피스'의 출현은 도시에 많은 숙제를 남길 것이다. '홈 오피스' 시대에 주택은 단순한 구조물이 아니라, 주거 서비스와 업무 서비스를 함께 제공하는 복합공간이 될 것이다. 그럼 '홈 오피스'가 보편화되면 도시공간은 어떻게 변해야 할까. '홈 오피스'는 그 편리함에도 불구하고 시민들의 정신건강을 위협하는 새로운 매개체가 될 수 있다. 따라서 교류가 가능한 공용공간이 거주지 주변에서 제공되어야 하고, 근린생활권 단위에서 정신적 건강과 신체적 건강을 함께 지킬 수 있는 공간도 마련되어야 한다. 그만큼 근린주구(neighborhood) 단위 공간계획의 중요성이 부각될 것이다.

'홈 오피스'의 수요는 경제활동인구에 해당하는 연령층에서 주로 발생할 것이다. 그리고 '홈 오피스'의 비용부담은 일반주택에 비해 상대적으로 클 것이다. 그렇게 되면 도시공간에서 '홈 오피스'와 일반주택의 공간분리 현상도 나타날 수 있다. 한때 아파트단지 배치에서 소셜 믹스(social mix)가 사회적 이슈가 됐듯이 이 역시 새로운 이슈로 부각될 수 있다.

그럼 '홈 오피스'를 마련할 수 없는 취약계층은 어떻게 해야 할까. 이러한 취약계층을 위해서는 공유 오피스가 근린생활권 단위에서 제공되어야 한다. 물론 대규모 아파트단지에서는 단지 내에 대안적 업무공간(공유 오피스)이 제공되어야 한다.

앞으로 디지털 노마드(digital nomad)는 계속 증가할 것이다. 장소에 구애받지 않고 일하는 디지털 노마드는 첨단 정보통신기기를 가지고 시공간을 넘나들 것이다. 그리고 그들 중에는 부유한 계층도 있고, 경제적으로 취약한 계층도 있을 것이다. 왜냐하면 첨단 정보통신기기는 모든 계층의 필수품이 되는 시대에 우리는 살고 있기 때문이다. 따라서 도시는 특히 경제적으로 취약한 디지털 노마드에게 어떤 인프라와 서비스를 제공할지 검토해야 한다.

## 집 안으로 들어온 소매점, 영화관, 책방, 만화방

플랫폼 산업의 성장으로 전자상거래는 21세기에 들어 꽃을 피우기 시작했다. 지금은 세계적인 기업으로 성장한 전자상거래업체 아마존(Amazon)의 과거와 현재를 보면서 세월의 격세지감을 다시 한번 느낀다. 아마존은 2000년 전후만 해도 여러 인터넷 서점 중의 하나에 불과했다. 당시 미국에서는 동네 서점이든 인터넷 서점이든 새 책과 헌 책을 함께 팔았는데, 아마존은 다른 인터넷 서점에 비해 약간의 경쟁력 우위를 점하고 있을 뿐이었다. 그때 아마존은 배송기간이 다소 짧고 헌책 가격이 다른 인터넷 서점에 비해 약간 싼 정도였다. 당시 인터넷 서점 아마존은 아마 우리나라의 삼성전자나 LG전자, 현대차와 같은 대기업과 비교할 수 없는 규모의 소기업에 불과했다. 그런 기업이 이제 세계 굴지의 기업이 되리라고 누가 상상했겠는가.

아마존과 같은 전자상거래업체의 성장으로 소비자들은 온라인 쇼핑으로 방향을 선회하기 시작했고, 이에 발맞추어 전통적인 플랫폼 기업들(예: 네이버)도 속속 온라인 쇼핑산업에 진입하게 되었다. 그리고 온라인 쇼핑은 더욱 진화하여 최근에는 소비자와 공급자 간 실시간 쌍방향 소통이 가능한 라이브 커머스(live commerce) 시대를 열게 되었다.

예컨대 라이브 커머스에서는 옷을 파는 판매자가 옷을 입어보고 보여주는 방식을 취한다. 라이브 커머스는 TV 홈쇼핑과 차별화된다. TV 홈쇼핑의 경우에는 방송 송출을 위해 거래액의 약 30%의 수수료를 내야 하지만, 라이브 커머스에서는 3~10% 수준으로 현저히 낮게 책정되어 있다. 라이브 커머스는 방송사가 아닌 플랫폼을 통해 직접 동영상을 송출하고 실시간 채팅 및 직접 주문으로 콜센터를 대체하기 때문에 송출 수수료나 콜센터 비용 등이 수반되지 않기 때문이다. 전통적인 온라인 쇼핑과 라이브 커머스의 확대는 상업용지의 지속적인 수요감소를 가져왔고, 결과적으로 주택은 소매거래가 이루어지는 플랫폼이 되었다.

코로나19 팬데믹을 거치면서 큰 타격을 받은 업종 중의 하나가 영화관이다. 코로나19 팬데믹 이후 집안에서 최신 영화를 안전하게 볼 수 있는 넷플릭스(Netflix)와 같은 플랫폼을 통해 영화를 관람하는 일이 영화관에 가는 것보다 흔한 일이 되었다. 다중이용시설의 이용을 기피하는 심리가 더 확산되면서 개인의 문화 활동이 집 안으로 들어오게 된 것이다.

사실 넷플릭스는 구독경제를 활성화시킨 대표적인 사례이다. 구독경제는 무제한 스트리밍 영상을 제공하는 넷플릭스의 성공 이후 다른 분야로 확대되고 있다. 구독경제는 매달 구독료를 내고 필요한 물건이나 서비스를 받아쓰는 경제활동을 의미한다. 최근에는 고가의 자동차와 명품 의류 같은 물건뿐만 아니라, 식음료 서비스까지 다양한 분야로 월정액 서비스가 확대되고 있다.

지금부터 30~40년 전만 해도 골목길에 나가면 쉽게 볼 수 있는 것이 책방과 만화방이었다. 그러나 이제는 골목길에서 책방을 보기도 힘들고, 만화방은 사라진 지 오래이다. 책은 인터넷 서점이나 도심에 있는 대형서점을 가야 살 수 있고, 만화는 인터넷을 통해 쉽게 접할 수 있게 되었다.

그러나 과거보다 골목길에서 늘어난 것도 있다. 그중의 하나가 카페이다. 요즘 카페는 골목길에서 성업하는 업종 중의 하나가 되었다. 그리고 우리나라는 카페가 성업하는 대표적인 국가이다. 특히 낮시간에 카페를 이용하는 인구는 여성들이 많은데, 이는 여성들의 경제활동 참여가 다른 선진국들에 비해 다소 저조하기 때문으로 보인다. 우리나라는 생활에 필요한 각종 정보를 대면접촉을 통해 획득하는 경우가 많고, 선진국들에 비해 여전히 모임이 많은 것이 카페의 성업과 무관치 않은 것으로 보인다.

## 전자상거래의 확대가 가져올 소매점과 물류의 미래

21세기 도시 소비자에게 나타난 가장 큰 변화는 비대면 소비패턴으로의 변화이다. 비대면 소비패턴으로의 변화는 특히 인터넷이나 모바일 환경에 익숙한 젊은 세대에서 뚜렷이 나타난다. 젊은 세대는 디지털 혁신에 쉽게 적응하고, 다른 한편으로는 바쁜 도시 생활로 인한 시간의 제약이 많기 때문이다.

얼마 전부터는 애초에 전자상거래로 출발했던 업체의 성장은 물론이고, 전통적인 플랫폼 기업들마저 유통사업(전자상거래사업) 진출이 잇따르고 있다. 전자상거래업체들의 가격경쟁력 향상과 빠른 배송 서비스는 전통적인 소매점의 쇠퇴를 더욱 부채질하고 있다. 전자상거래의 확대로 재래시장과 골목상권의 쇠퇴는 물론이고, 백화점과 대형 할인점도 가격경쟁력 약화로 어려움을 겪고 있다.

우리나라는 다른 선진국들에 비해 자영업자의 비중이 높다. 그리고 이들 자영업자의 대부분은 재래시장과 골목상권의 상인들이다. 따라서 전자상거래의 확대로 인한 재래시장과 골목상권의 쇠퇴는 자영업자들의 몰락을 의미한다. 그러나 전자상거래를 통해 거래될 수 없는 상품이나 서비스는 위축되지 않을 것이다. 예컨대 카페, 미장원, 세탁소, 피자점, 통닭집, 헬스장 등과 같이 대면 서비스(생활밀착형 서비스)를 수반하는 업종은 전자상거래의 영향권 밖에 있다. 동네 식당도 일정 부분 근린생활권 내에서 수요를 유지할 가능성이 크다. 하지만 최근 들어 동네 식당, 통닭집, 피자점과 같은 음식점은 배달 영업의 비중이 커지고 있다. 따라서 배달과 택배가 새로운 직종으로 자리 잡고 있다. 결국 배달 영업을 위주로 하는 음식점은 골목상권의 보행자가 많은 도로의 요충지에 자리 잡는 대신, 임대료가 싼 공간으로 이동할 가능성이 크다.

전자상거래의 확대로 인한 물류의 변화도 이미 시작되었다. 최근 코로나 팬데믹을 거치면서 과거에 가동률이 낮았던 일부 물류기지(창고)의 가동률이 획기적으로 높아졌다. 이러한 이유로 한때 가동률이 낮아서 실패한 물류기지로 평가받았던 일부 내륙 물류기지의 가동률이 올라가는 상황도 발생하고 있다. 아울러 대도시 인근지역에서 민간 물류창고의 건설과 확충이 이어지고 있다. 과거 아파트에 몰렸던 부동산 건설자금과 사업자들이 민간 물류창고로 이동하는 현상이 나타나고 있다. 여기에다 도시 내 물류배송시설에 대한 수요도 증가하고 있어 이에 대한 도시계획적 대응도 필요하다.

최근에는 물류배송 수단으로 드론의 활용 가능성도 활발히 논의되고 있다. 우리나라의 도시주택은 주로 아파트여서 물류배송 수단으로 드론의 활용은 기술적 어려움이 다소 있을 수 있지만, 이러한 기술적 한계도 언젠가는 극복이 가능할 것으로 판단된다. 따라서 이에 대비한 아파트 구조, 물류 인프라 등에 대한 종합적인 대책이 필요하다.

## 상업공간의 입지 변화는 계속될까?

　전통적인 상업공간의 입지는 교통 접근성과 유동인구로 결정되었다. 대로변, 지하철역과 버스정류장 부근, 그리고 유동인구가 많은 곳에 상업공간이 주로 입지했다. 전통적인 입찰지대(bid rent) 이론에 의하면, 토지마다 용도별로 각기 다른 입찰지대를 가지는 만큼, 토지의 이용은 가장 높은 입찰지대를 보장하는 용도로 결정된다(윤대식, 2011, p. 480). 따라서 대로변, 지하철역과 버스정류장 부근, 그리고 유동인구가 많은 곳에 가장 높은 입찰지대를 지불할 수 있는 용도는 상업이었고, 이런 이유로 이들 장소에 상점들이 모였다.

　그러나 인터넷과 온라인 서비스의 발달로 모바일 지도 서비스가 보편화되고, 인스타그램이나 블로그와 같은 소셜 미디어와 간편하게 길을 찾는 내비게이션의 사용이 활성화되면서 전통적인 입지의 중요성은 과거보다 낮아지고 있다. 요즘 소비자들은 지역정보와 소비정보를 찾을 때 오프라인보다는 온라인을 주로 활용한다. 소셜 미디어에서 맛집이나 쇼핑 정보, 여가 문화 관련 정보를 얻는 소비자가 많다. 이런 이유로 전통적인 관점에서 보면 입지가 나빠도 손님을 끄는 카페나 레스토랑이 많다. 특히 젊은 세대는 음식점이나 카페를 가기 전에 소셜 미디어를 통해 미리 검색해보고 찾아간다(이상욱, 2019, pp. 22-23).

　요사이는 오래된 시가지의 낡은 주택, 창고, 공장, 오래된 건물을 개조하여 새로이 재탄생한 상업공간들도 각광을 받고 있다. 이런 현상은 우리나라뿐만 아니라, 가까운 일본이나 유럽의 오래된 도시들에서도 일찍이 나타났다. 기존의 낡은 공간을 카페, 수제 맥주집, 작은 서점, 개성 있는 패션 편집숍, 빈티지숍, 갤러리, 레코드숍, 유기농 주스바, 로컬 식자재 레스토랑

등과 같이 새로운 상업 및 문화공간으로 바꾸고 있다. 요즘은 접근성이 떨어져 사람들의 눈에 잘 드러나지 않더라도 새롭고 낯선 경험을 제공할 수 있는 공간들이 중요해지고 있다. 상점들이 골목 안쪽 주거지역까지 깊이 침투하고 있고, 오래된 공장이나 낡은 건물이 새로운 상업이나 문화공간으로 탈바꿈하고 있다. 이렇게 만들어진 공간이 연남동, 연희동, 합정동, 망원동, 해방촌, 을지로, 익선동, 성수동 등의 신흥 상업지역이다(이상욱, 2019, p. 23).

이러한 신흥 상업지역의 출현을 전반적인 골목상권의 부활로 보기에는 아직 이르다. 이들 지역의 골목상권은 1990년대 이전 번창했던 대로변 상가와 다른 것은 확실하지만, 이들 지역은 지하철과 같은 대중교통 접근성이 좋고 나름대로 특유의 문화적 기반을 갖추고 있기 때문이다. 일반적으로 대로변 상가는 승용차의 보급이 저조했던 시기(1990년대 이전)에 상대적으로 더 활성화되어 있었고, 요사이는 대중교통이 주된 교통수단으로 활용되는 지역에서 상대적으로 더 활성화되어 있다. 그러나 분명한 사실은 대로변 상권뿐만 아니라, 골목상권도 고유한 장소적 특성으로 무장된 문화적 콘텐츠를 갖춘다면 활성화가 가능하다는 점이다.

## 공유 오피스가 불러온 업무공간의 진화

공유 오피스는 2000년대 중반을 전후하여 미국 대도시에서 도입되기 시작하여 전 세계로 확산되기에 이르렀다. 2010년대 중반부터는 우리나라에서도 공유 오피스가 공급되어 운영되고 있다. 전 세계적인 공유 오피스의 대표주자였던 위워크(WeWork)는 2016년 서울 강남역을 시작으로 을지로, 삼성역, 역삼역, 광화문, 서울역, 여의도, 선릉역 등으로 공유 오피스 공급을 확대하였다. 위워크가 전 세계적인 공유 오피스 산업을 이끌면서 국내 기업들도 공유 오피스를 앞다투어 공급하기 시작했다. 2015년 서울 남부터미널 인근에서 공유 오피스 공간의 공급을 시작한 패스트파이브(FastFive)는 지속적으로 투자를 유치하면서 역삼동, 삼성동, 홍대입구 등 오피스 수요가 많은 지역을 중심으로 공급을 늘려 왔다(이상욱, 2019, pp. 24-25).

공유 오피스의 수요 확대는 밀레니얼(millennial) 세대의 라이프 스타일에서 시작한다. 밀레니얼 세대는 1980년대부터 2000년대 초반에 출생한 세대이며, 베이비부머 세대의 자녀 세대에 해당한다. 밀레니얼 세대는 아날로그에서 디지털 기반 사회로 넘어오는 변화를 겪으며, 그 어느 세대보다 디지털 문화에 익숙하다. 이들은 기존 세대와 달리 '소유'보다는 '경험'을 중시하는 라이프 스타일을 가지고 있다. 밀레니얼 세대의 중요한 특징은 기존 가구 구성과 달리 1인 가구가 빠르게 늘어나는 것이다. 1인 가구의 증가에서 볼 수 있듯이 밀레니얼 세대는 개인적 가치를 추구하고, 개인의 독립성을 중시한다. 이색적인 취미를 즐기는 한편, '혼밥'이나 '혼술'과 같이 혼자 하는 것을 당당하게 즐긴다. 그럼에도 불구하고 비슷한 취향을 가진 사람들끼리 모이는 것에 거리낌이 없다. 그리고 이들 세대는 삶은 독립적이지만, 개인들은 특정 가치를 중심으로 온라인과 오프라인 커뮤니티에서 유연하게 모인다(이상욱, 2019, pp. 20-22).

밀레니얼 세대의 라이프 스타일 변화와 함께 도시의 높은 공간 임대비용은 공유공간의 확산에 영향을 미치고 있다. 최근에는 사회 전반에 걸쳐 디지털 전환이 확대되면서 프리랜서로 활동할 수 있는 직군이 증가하고, 재택근무와 유연근무제를 채택하는 직장들도 늘어나고 있다. 여기에다 특히 밀레니얼 세대들이 중심이 되어 새롭게 창업하는 스타트업들도 많이 나타나고 있다. 이들 프리랜서, 스타트업 창업자와 직원, 재택근무와 유연근무제를 시행하는 직장들은 공유 오피스로 불리는 코워킹(co-working) 공간에 대한 수요를 창출하고 있다. 공유 오피스는 하나의 공간을 함께 사용하면서 적은 비용의 임대료만 내면 회의실은 물론 사무기기를 공동으로 사용할 수 있다. 따라서 이용자는 비용을 절약할 수 있고, 서로 협업도 가능한 장점이 있다.

　대규모 공유 오피스는 단순한 공간 임대를 넘어 대기업부터 스타트업, 그리고 프리랜서까지 다양한 직업군을 위한 사용자 커뮤니티와 네트워크를 구축하고 서비스를 제공한다. 중소규모의 공유 오피스 공간의 공급도 늘어나고 있다. 중소규모의 공유 오피스 사업자(공급자)들은 사용자(수요자)들의 업종에 따라 타깃(target)을 세분화하고, 사용자들의 특성에 따라 맞춤형 공간과 서비스를 제공하고 있다. 예컨대 서울지하철 동대문역 인근에 있는 창신아지트는 의류 제작자와 디자이너들이 협업하여 새로운 제품을 만들 수 있는 공유 공간(스튜디오)을 제공하고 있다. 이처럼 공유 오피스는 지역별, 그리고 사용자 특성별로 다양한 서비스를 제공하고 네트워크를 구축하여 새로운 부가가치를 창출하는 플랫폼으로 성장하고 있다. 따라서 최근에는 공실이 늘어나는 중소형 오피스의 새로운 활용 대안으로 공유 오피스가 떠오르고 있다(이상욱, 2019, pp. 25-26).

## 스마트 도시는 세상을 어떻게 바꿀까?

　최근 제4차 산업혁명의 대표적인 융복합 상품의 하나로 스마트 도시(smart city)에 대한 논의와 현실 적용이 활발하게 이루어지고 있다. 스마트 도시는 다양한 도시문제를 해결하고 시민들의 삶의 질 향상을 위해 건설·정보통신기술 등을 융·복합하여 건설된 도시기반시설을 바탕으로 다양한 서비스를 제공하는 지속가능한 도시를 말한다.

제4차 산업혁명을 한마디로 말하면 사물인터넷(IoT), 클라우드 컴퓨팅과 빅데이터, 인공지능(AI), 그리고 가상 물리 시스템(CPS: Cyber Physical System) 등의 새로운 기술을 활용하여 인간의 두뇌보다 더 똑똑한 지능을 만들고, 연결·융합하며, 소비하는 과정에서 새로운 사회경제적 가치가 실현되고 부(富)가 창출된다는 것이다. 제4차 산업혁명은 지금까지의 도시와는 차원이 다른 초연결, 초지능, 초융합이라는 기술적 정점을 지향하고 있다. 즉 지금까지 인류가 생각으로만 꿈꾸던 세상의 모든 사람, 공간, 사물들이 하나로 연결되어 소통하고, 인간이 아닌 AI가 인간보다 더 똑똑하게 상황을 판단하고, 실제 시스템과 가상 시스템이 실시간으로 연동되어 어떠한 상황에서도 최적의 결정이 이루어지는 초연결, 초지능, 초융합의 문명이 새로운 도시혁명으로 전개되고 있다(최남희, 2016, p. 26).

제4차 산업혁명 시대의 스마트 도시는 똑똑한 인프라의 구축과 서비스의 공급을 통해 도시의 반지능성을 제거하고, 도시에서의 사회경제적 활동을 최적화하여 시민들의 삶의 질을 최고 수준으로 높일 수 있다(최남희, 2016, p. 27). 국가별로 스마트 도시를 추진하는 목표는 조금씩 차이가 있지만, 일반적으로 기후 변화에 대응하기 위한 수단, 도시 인구의 급격한 증가에 따라 발생하는 각종 도시문제의 해결, 신산업으로의 육성을 통한 수출 및 내수 경제의 활성화 등으로 크게 분류할 수 있다(이재용, 2016, p. 31).

스마트 도시에서는 사물인터넷을 이용하여 사람과 사람은 물론이고, 사람과 사물, 사물과 사물 사이에 정보를 주고받고, 그러한 정보를 각종 도시문제 해결에 활용하기 시작했다. 빠르게 지능화되어 가는 기계와 컴퓨터 시스템도 스마트 도시의 발전에 일조하고 있다. 센서와 통신 네트워크를 통해 확보한 방대한 데이터를 기반으로 기계와 컴퓨터가 스스로 판단하고 결정하여 시스템이 작동하는 '스마트한' 단계로 접어든 것이다. 예를 들어 최근 일부 도시가 시범적으로 도입하고 있는 스마트 가로등의 경우 CCTV로 찍힌 대상이 사람인지 혹은 차량인지를 시스템 스스로 판단하여 밝기를 조절한다(이영성, 2017, p. 60).

　스마트 도시 인프라는 각종 도시정책을 효율적으로 실현할 수 있도록 하는 중요한 도구로 사용될 수 있다. 예컨대 대도시에서 대중교통수단의 수송 분담률을 높이기 위해서는 대중교통수단 간 무료 환승제와 통합요금제, 대중교통수단의 시간대별 차등 요금제, 정기권 요금제도의 도입 등 다양한 정책대안이 도시의 여건에 따라 도입될 수 있다. 바로 이러한 정책을 실현할 수 있는 가장 기본적인 인프라가 스마트 도시 인프라이다. 여기에다 도로 교통혼잡 관리, 도심항공교통(UAM)·자율주행차 등 미래 교통수단의 도입, 탄소중립도시의 실현, 각종 범죄 예방, 원격진료를 통한 디지털 헬스케어의 확대와 응급 의료체계 구축 등을 위해서도 스마트 도시 인프라가 중요한 역할을 한다.

　스마트 도시 인프라는 '스마트한' 도시를 만드는 토대라고 할 수 있다. 도로, 철도, 전기, 가스, 상하수도 등과 같은 전통적인 도시기반시설부터 개별적인 공간이나 사물들에 이르기까지 스마트 도시를 구성하는 모든 물리적 요소가 초연결, 초지능, 초융합 되기 위해서는 스마트 도시 인프라의 구축이 무엇보다 중요하다. 향후 도시의 기본적인 경쟁력은 스마트 도시 인프라의 구축 여부에 달려 있다고 해도 과언이 아닐 것이다.

## 자율주행차와 도시의 미래

　인간의 이동을 위한 교통수단은 역사적으로 보면 우마차를 시작으로 해서 산업혁명을 거치면서 19세기에는 증기기관차의 발명과 철도의 보급, 그리고 자동차의 발명으로 이어졌고, 20세기 들어서는 비행기의 발명으로 이어지며 발전해 왔다. 그리고 최근에는 글로벌 거대 기업들이 앞다투어 무인으로 운행이 가능한 자율주행차까지 개발하고 있어 기대가 크다. 자율주행차는 '자동차 스스로 주변 환경을 인식하고 위험을 판단해 운전자의 차량 운전을 최소화하며, 출발지에서 목적지까지 주행경로를 스스로 계획하여 안전하게 주행이 가능한 자동차'이다(이백진, 김광호, 2017, p. 28).

자율주행차의 개발은 기술적인 난관도 많고, 상용화를 위해서는 제도적으로 해결해야 할 과제도 없지 않다. 현재 자율주행 기술은 운전자가 모든 것을 조작하는 0단계부터 완전한 무인운전이 가능한 5단계까지 6단계로 구분되어 개발되고 있다. 1단계는 운전자 보조, 2단계는 부분 자동화, 3단계는 조건부 자동화, 4단계는 고도 자동화, 5단계는 완전 자동화 단계이다. 현재는 기업마다 다소의 차이는 있지만 대부분 3~4단계의 기술개발이 진행 중인 것으로 알려진다. 따라서 자율주행차와 관련된 기술은 단계별로 적용되어 상용화될 것으로 보인다.

자율주행차는 자동차의 제어를 위해 먼저 주변 상황을 감지해야 한다. 다음에 감지한 결과를 분석해 인지한다. 그리고 마지막으로 어떻게 움직일지 판단하는 과정을 거쳐 차량을 제어한다(서성현, 2021, p. 110).

자율주행차의 개발에 필요한 기술은 매우 다양하다. 먼저 차량 주위에서 도로 위 복잡한 환경을 감지하는 기술이 필요하다. 이를 위해 초음파 센서, 이미지 카메라, 레이다(RaDAR: Radio Detection And Ranging), 라이다(LiDAR: Light Detection And Ranging) 기술이 필요하다. 레이다는 강력한 전자기파를 발사하여 그 전자기파가 대상 물체에서 반사되어 돌아오는 반사파를 수신하여 물체를 식별하거나 물체의 위치, 움직이는 속도 등을 탐지하는 장치이다. 한편 라이다는 전통적 레이다와 원리는 같지만, 사용하는 전자기파 파장이 다르므로 실제 적용 분야와 기술에 차이가 있다. 라이다는 인위적인 빛을 발사하여 대상 물체까지의 거리, 속도와 운동 방향, 온도, 주변의 대기 물질 분석 및 농도 등을 측정함으로써 다방면에 활용된다. 라이다는 자동차나 항공기 등에 장착하여 이동 중에 넓은 영역을 3차원으로 스캔하면서 주변 환경으로부터 반사된 신호를 수집하여 자율주행에 유용하게 사용할 수 있다.

자율주행차의 개발을 위해서는 위치 파악과 경로 설정을 위해 위성항법시스템(GNSS: Global Navigation Satellite System) 기술도 필요하다. 위성항법시스템이란 인공위성 네트워크를 이용해 지상에 있는 목표물의 위치를 정확히 추적해내는 시스템이다. 인공위성에서 오는 전파 신호를 받아 현재 자기의 위치를 알아내는 위성항법시스템 중 가장 먼저 만들어진 것이 바로 미국의 GPS(Global Positioning System)이다.

아울러 자율주행차의 개발을 위해서는 최근 빠르게 발전하고 있는 인공지능 기술도 필요하다. 자율주행차는 주어진 주행환경에서 그때그때 판단과 제어를 차량 스스로가 할 수 있어야 한다. 따라서 차량 스스로 매우 정확한 인지능력과 판단능력을 갖춰야 한다. 빅데이터의 수집과 활용을 통해 차량 스스로 실시간(real time) 판단과 제어를 할 수 있도록 규칙을 찾아내는 것이 인공지능이 해야 할 역할이다.

자율주행차의 출현으로 나타날 사회적 편익은 기술의 발전 단계에 따라 다소 다를 수 있지만, 가장 크게 기대되는 편익은 교통사고 감소이다. 자율주행은 운전자의 부주의나 졸음, 음주 등으로 발생할 수 있는 교통사고를 획기적으로 줄일 수 있을 것이다. 그리고 도로교통 혼잡을 해소하는 데도 도움을 줄 것이다. 자율주행차는 최소한 고속도로(자동차전용도로)나 인프라가 잘 갖춰진 신도시에서는 교통혼잡에 대한 효율적인 대응이 가능할 것으로 판단되기 때문이다. 여기에다 자율주행차의 출현은 값싸고 편리한 교통 서비스의 혜택을 가능하게 하여 승용차(자가용) 수요의 감소와 함께 도로와 주차수요의 감소도 함께 나타날 것이다. 이렇게 되면 도로와 주차장에 과도하게 많이 할애된 도시공간의 재편이 가능할 것이다. 궁극적으로 자동차가 아닌 시민을 위한 도시공간의 비중이 커지게 된다. 이 뿐만 아니라 자율주행차는 도로 투자의 경제적 타당성을 분석할 때 쓰이는 통행의 시간가치(value of time)에 대한 개념을 획기적으로 바꿀 것이다. 왜냐하면 자율주행차는 이동 중에 운전자가 영화나 공연을 보거나 업무를 볼 수도 있기 때문이다. 아울러 교통 서비스 사각지대에 있는 교통약자(고령자, 장애인 등)의 여러 가지 제약요인도 크게 경감시킬 수 있을 것으로 판단된다.

한편 자율주행차의 상용화를 위해서는 제도적으로 해결해야 할 과제도 있다. 가장 중요한 것은 사고 발생 시 법적 책임에 관한 문제이다. 사고가 나면 자율주행차 제조사의 책임인지, 아니면 운행자의 책임인지 가려내기 어려운 경우가 많이 발생할 수 있기 때문이다.

자율주행차의 상용화에 여러 가지 걸림돌이 있지만, 자율주행차의 출현은 예고되어 있다. 자율주행차는 교통수단으로서의 편리함과 통행시간 감소, 도로와 주차수요의 감소에 더해 도시공간구조에도 많은 변화를 초래할 수 있다. 역사적으로 보면 교통수단의 변화와 혁신에 따라 도시의 운명이 바뀌기도 했고, 도시 내에서 새로이 뜨거나 쇠퇴하는 지역도 나타났다. 이제 자율주행차의 출현을 변수가 아닌 상수로 두고 도시의 미래를 준비해야 한다.

## 자율주행차가 가져올 파급효과

제4차 산업혁명 시대에 모빌리티(교통)의 가장 혁신적인 변화는 자율주행차의 등장일 것이다. 자율주행은 경로선택, 차선(차로) 유지, 차선 변경, 가감속 제어, 긴급 시 제동 등을 운전자가 아닌 차량이 수행한다. 따라서 자동차의 자율주행은 인지(도로, 교통 상황 등), 판단(상황 대처), 제어(차량 제동) 등의 일련의 과정을 거쳐 수행된다(김규옥, 2015, p. 21). 자율주행차의 도입이 교통현상에 미칠 수 있는 영향을 살펴보면 다음과 같다(이백진, 김광호, 2017, pp. 30-32).

첫째, 교통수단 이용행태 측면에서 보면 자율주행차로 통행하는 시간, 즉 통행시간에 대한 가치가 변화할 것이다. 통행시간이 '소비'가 아니라 '이용'이라는 개념으로 전환되는 것이다. 자율주행차를 이용하면 긴장된 상태로 운전하는 것이 통행이 아니라, 이동 중 업무, 회의, 엔터테인먼트(entertainment) 등의 다양한 활동이 가능해져 자동차가 이동수단에서 움직이는 사무실(mobile office)로 기능적인 변화를 할 수도 있다. 따라서 교통수요 분석에서 중요한 변수인 통행시간이 번거롭고 불편하기만 한 마찰인자(friction factor)나 비효용(disutility)의 요소가 아니라, 다른 활동에 활용이 가능한 시간으로 전환될 수 있다. 이렇게 되면 교통수요 분석의 단계에 획기적인 영향을 미칠 수 있다. 아울러 교통계획 대안의 평가를 위한 비용-편익 분석에도 획기적인 영향을 미칠 것이다. 예컨대 많은 교통 프로젝트(예: 도로 건설)는 통행시간 절감 편익을 가져다주는데, 자율주행차의 도입으로 통행시간 절감 편익이 획기적으로 줄어들 수 있다. 왜냐하면 통행시간 자체가 불편한 시간이 아니라, 업무를 보거나 엔터테인먼트를 즐길 수 있는 편리하고 귀중한 시간이 될 수 있기 때문이다. 한편 자율주행차는 편리해진 차량 운전과 조작으로 청소년들과 고령자들의 차량통행(vehicle trip) 발생 자체를 급격히 증가시킬 수도 있어 통행시간 가치의 변화와 함께 교통수요 분석의 기본 패러다임을 변화시킬 수도 있을 것으로 전망된다.

둘째, 교통운영 측면에서 보면 자율주행차는 차량끼리 통신함으로써 군집 운행이 가능하게 된다. 그리고 군집 내 모든 차량이 동시에 가감속을 할 수 있어 차간 거리를 좁힐 수 있다. 아울러 차량 좌우의 거리도 좁힐 수 있어 차선 개념이 없어지거나, 예컨대 2차로를 3차로처럼 이용할 수도 있을 것이다. 이에 따라 궁극적으로 도로용량이 증가하고, 그로 인해 자동차 배기가스 배출량의 감소도 기대된다. 따라서 교통수요 분석단계에서 도로용량 증대에 따른 효과를 반영하는 것이 필요하고, 교통계획 대안의 평가를 위한 비용-편익 분석에서도 이러한 효과를 반영하는 것이 필요하다.

셋째, 교통안전 측면에서 보면 자율주행차는 인적 요인(예: 졸음운전, 운전미숙)으로 인해 발생하는 교통사고를 획기적으로 감소시킬 수 있을 것이다. 이러한 교통사고 감소 편익은 교통계획 대안의 평가를 위한 비용-편익 분석에서 반영되어야 한다.

넷째, 도시공간구조 측면에서 보면 자율주행차는 사람들의 공간적 이동성, 접근성, 편리성을 획기적으로 개선할 것이다. 이에 따라 사람들의 활동 영역이 공간적으로 더 확대될 수 있다. 그리고 장거리 운전에 대한 부담이 줄어들어 직장과 주거지의 입지를 선택하는 데 유연성이 높아져 도시의 공간적 확산을 유도할 수도 있다. 한편 자율주행차의 도입은 차량 공유 서비스의 비용 절감과 시장 확대를 초래할 가능성이 크고, 그로 인해 승용차 수요(자동차 소유) 자체를 감소시킬 가능성도 크다. 이처럼 복합적인 요인의 발생으로 인해 자율주행차의 도입이 전반적인 도시공간구조에 미칠 영향을 속단하기는 쉽지 않다.

자율주행차의 도입은 차량 자동화 기술의 발전과 자율주행을 지원할 수 있는 교통 인프라의 구축에 달려 있다. 최근 급속하게 발전하고 있는 자율주행 기술의 발전으로 자율주행차의 도입은 머지않아 실현될 것으로 전망된다. 따라서 다양한 측면에서 자율주행차의 도입이 미치는 파급효과를 구체적으로 분석하는 것이 필요하다. 아울러 자율주행차의 도입에 대비한 도로, 주차장 등의 인프라 정비방안도 마련해야 한다.

# 도심항공교통(UAM)이 상용화되려면?

　하늘을 자유롭게 날아다니는 것은 인류의 오래된 꿈 중의 하나이다. 라이트 형제(Wilbur Wright & Orville Wright)가 세계 최초의 동력 비행기를 만들고 1903년 시험 비행에 성공한 지 120년이 지난 이제 플라잉 카(flying car)로 불리는 도심항공교통(UAM: Urban Air Mobility)의 상용화가 우리 눈앞에 다가왔다. UAM은 많은 국내외 기업과 연구소들이 기체를 개발하고 있는데, 그 가운데는 수직 이착륙이 가능해서 활주로가 필요 없는 것도 있고, 이륙을 위해 활주로가 필요한 것도 있다. 그리고 도로를 달리다가 비행 모드로 전환해 비행할 수 있는 것도 있고, 그렇지 않은 것도 있다. 국내 대기업과 연구소는 수직 이착륙이 가능한 기체(eVTOL: electric Vertical Take-off & Landing)를 개발 중이며, 전기를 동력으로 해서 무인 자율 비행이 가능한 저소음 기체를 개발 중이다. 그러나 도로 주행 기능까지는 포함하지 않는 것으로 알려져 있다.

　UAM은 도로교통 혼잡이 심한 대도시에서 먼저 상용화될 것으로 전망된다. UAM 기체 제작을 선도하는 미국 Joby사(Joby Aviation)가 개발 중인 기체(S-4)는 최근 미국 연방항공청(FAA)으로부터 기체 인증을 받은 만큼, 머지않은 장래에 상용화가 예상된다. Joby사는 서비스 시행 초기 요금을 1마일(약 1.6km)당 3달러(약 3,700원)으로 제시하고 있다. 그렇게 되면 서울역에서 인천공항까지 약 13만 원을 지불하고 10분 만에 갈 수 있다. 그러면 UAM 요금은 택시비의 2배가 되고, 통행시간은 6분의 1로 줄어든다. 이 정도의 요금 수준이면 바쁘고 시간가치가 큰 기업가는 물론이고, 대기업의 임원이나 전문직 종사자들에게도 매력적인 교통수단이 될 수 있다. 따라서 교통혼잡이 심하고 고소득자가 많은 서울과 수도권에서는 UAM의 상용화가 가능한 시장이 만들어질 것이다.

그러나 지방도시의 경우 도로 교통체증이 심각하지 않은 도시들도 많고, 고소득자가 상대적으로 적어서 UAM의 시장이 만들어질지 의문이다. 아울러 UAM 서비스는 도로 교통체증이 심각한 도시 외에도 산악 지역이나 도서(島嶼) 지역과 같이 육상교통이나 해상교통이 불편한 지역에 수요가 많다. 그러나 산악 지역이나 도서 지역 주민들은 요금을 감당할 수 있는 경제적 능력(affordability)이 문제이다.

UAM의 상용화를 위해서는 갖추어야 하는 인프라도 많다. 가장 중요한 인프라는 UAM의 이착륙을 위한 버티포트(verti-port)이다. 도시의 특성에 따라 다소 다르겠지만, 버티포트의 확보는 매우 중요하고 어려운 과제이다. 버티포트는 일정 규모 이상의 부지를 필요로 하고, 이착륙에 따른 소음과 안전도 함께 고려해서 입지가 결정되어야 한다. 그리고 UAM은 다른 대중교통수단과 마찬가지로 문전(door-to-door) 서비스가 불가능한 근본적인 한계를 가진다. 따라서 버티포트의 입지는 이용자들의 접근성이 좋고 다른 교통수단과의 환승이 편리한 곳(예: 철도역, 도시철도역)이어야 활성화될 수 있다.

UAM은 여러 가지 기술적 한계로 주행거리가 제한된 도시 교통수단이다. 그리고 UAM의 상용화는 기체 개발을 위한 기술적 난관의 극복만으로 되는 것은 아니다. 따라서 도시의 여건에 맞는 요금체계와 관련 인프라(예: 버티포트)의 적절한 확충이 무엇보다 중요하다. 이제 UAM의 개발과 상용화를 위한 기술적 이슈뿐만 아니라, 제도, 인프라, 운영 등에 대해서도 광범위한 논의가 필요하다.

고영호, "노인은퇴자 공동체마을 조성 가능성과 의미", 국토, 2022년 11월호
  (Vol. 493), 국토연구원, 2022.

김규옥, "자동차와 도로의 자율협력주행을 위한 도로 운영 방안", 교통, 2015
  년 11월호(Vol. 213), 한국교통연구원, 2015.

서성현, 모빌리티의 미래, 반니, 2021.

유현준, 공간의 미래, 을유문화사, 2021.

윤대식, 도시모형론: 분석기법과 적용, 제4판, 홍문사, 2011.

윤대식, 교통계획: 교통수요 이론과 모형, 박영사, 2018.

윤대식, 도시의 미래: 현상과 전망 그리고 처방, 박영사, 2023.

윤서연, "디지털전환 시대, 시민 생활 변화에 따른 도시공간의 변화와 전망", 국
  토, 2022년 8월호(Vol. 490), 국토연구원, 2022.

이백진, 김광호, "자율주행차 도입과 도시교통 정책방향", 국토, 2017년 6월호
  (제428호), 국토연구원, 2017.

이상욱, "라이프 스타일의 변화에 대응하는 공유 공간, 공유 도시", Land &
  Housing Insight, Vol. 33, 한국토지주택공사 토지주택연구원, 2019.

이영성, "스마트시티의 핵심 가치와 경쟁력 확보방안", 지역연구, 제33권 제1
  호, 한국지역학회, 2017.

이재용, "국내외 스마트도시 진단지표 활용 및 시사점", 국토, 2016년 9월호(제
  419호), 국토연구원, 2016.

이희재 옮김, 소유의 종말, Jeremy Rifkin 지음, 민음사, 2002.

조선일보, "팬데믹 지났는데도 美 절반은 재택근무", 2023.3.2.

최남희, "스마트도시 첨단 인프라의 체계적 도입방안", 국토, 2016년 9월호(제
  419호), 국토연구원, 2016.

제5장

# 지구온난화와 인류의 미래

손광익

## 지구 전역에 나타나는 지구온난화 현상

그린란드의 딕슨 피요르드 빙하가 녹아내리면서 발생한 산사태가 2023년 9월 약 198m 높이의 초대형 해일을 일으켰고, 그 뒤 9일 동안이나 지구 전체가 흔들린 것으로 조사되었다. 이번 연구에는 15개국에서 과학자 68명이 참여했다. 이런 미스터리한 사건은 인간이 유발한 지구온난화로 인해 북극 빙하, 나아가 지구 기후 시스템이 '미답의 영역'으로 들어가고 있음을 알리는 또 다른 경고 신호로 해석되었다(파이낸셜뉴스, 2024.9.15.). 〈그림 5-1〉은 1911년부터 2023년까지의 우리나라 6개 지점(서울, 인천, 강릉, 대구, 목포, 부산)의 평균기온을 연도별로 나타낸 것으로 12.0℃로부터 14.8℃까지 가파르게 상승하고 있음을 알 수 있다. 그리고 이런 기온 상승은 한

반도뿐만 아니라 전 지구적으로도 나타나고 있다. 이렇게 최근 들어 전 지구의 평균온도가 상승하는 원인은 무엇이며 100여 년에 걸쳐 평균기온이 2.8℃ 상승했다는 것의 의미는 무엇일까?

● 그림 5-1  113년간 한반도 연평균 기온변화(기상청 통계자료, 2024)

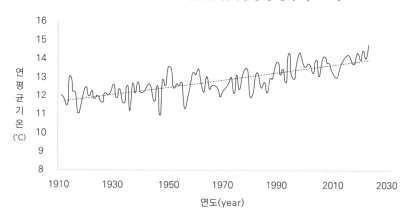

지구의 기온이 높아지는 현상을 온난화 현상이라 하는데 빠르고 급한 난기류 흐름을 동반하여 폭우와 폭염 그리고 가뭄 등 극한 이상기후 현상을 일으키게 된다. 지표면의 수분을 빠르게 증발시키는 건조현상은 가뭄 등 물 부족현상과 대규모 산불을 일으키기도 한다. 지구 평균기온이 3℃ 오르게 되면 극지방의 빙하가 녹으면서 해수면이 상승하여 전 세계 50여 개 도시가 물에 잠길 것으로 예상된다. 또한 기온 상승에 의한 극지방의 해빙으로 인하여 북극과 남극에 사는 북극곰과 펭귄들뿐만 아니라 해안 근처에 사는 동식물들의 서식처가 사라지고 생태계 변화가 나타나게 될 것이다. 기온이 높은 지역이 넓어짐에 따라 더운 지방에 살던 모기가 더 넓은 지역으로 확산되어 뇌염, 말라리아 등 치명적인 전염병을 더 넓은 지역에서 많이 유발하게 될 것이다. 이 외에도 홍수, 가뭄 등으로 살 곳을 잃은 난민들이

발생하면서 기후난민이 발생하는데 UN에서는 2050년에 최소 12억 명이 기후난민이 발생할 것으로 예상하고 있다.

　이와 같이 온난화에 의해 기후변화가 나타나고 기후변화로 인하여 기존의 자연 질서와 다른 비정상적 자연현상들이 발생하고 있음을 알 수 있다. 이러한 현실을 감안할 때 온난화 현상이 왜 나타나며 지구 자연환경과 인류에게 미칠 온난화의 영향은 무엇인지 또 우리가 어떻게 대응하며 미래를 준비해야 할지 함께 고찰해 보고자 한다.

## 기후변화 관련 용어

　앞에서 기술한 이상기후 등 최근 인류가 겪고 있는 지구환경 변화를 이해하기 위해서는 인류세, 이상기후, 지구온난화, 탄소중립, IPCC 등 상식적인 수준에서 관련 용어들에 대한 이해가 필요하므로 이 장에서 간략하게 소개하고자 한다. 산업화 시대(1850~1900년) 이후 지금까지 지구온도는 1.09℃ 상승하였고 이로 인하여 다양한 자연환경의 변화가 앞에서 기술한 바와 같이 도미노 현상처럼 나타나고 있다.

　인류세(anthropocene), 즉 인류의 시대란 의미로 인간 활동이 지구 환경(지질적, 지리적, 기후적 특징) 및 지구 생태계에 지배적 영향을 미치는 시대를 뜻한다. 여기서 환경이란 우리 주변의 모든 것을 포함하는 개념으로 대기, 물, 토양, 동식물, 인간의 생활공간 등을 포함한다. 우리가 숨 쉬고 먹고 마시며 생활하는 모든 것이 환경과 관련 있는 것이다. 인류세 개념을 처음 제안한 네덜란드 화학자 Paul J. Crutzen(2001)에 의하면 인간이 화석연료를 대규모로 사용하면서 배출된 온실가스로 지구온난화와 기후변화가 시작되었다는 것이다. 즉, 인류세는 인간에 의한 지구환경의 변화로 약 1만년 전부터 현재까지의 지질시대인 홀로세(Holocene)와 구별되어 지구환경의 특징이 인류활동의 결과로 나타나는 또 다른 개념의 지질연대기를 의미한다.

우리 인류는 원하는 대로 지구의 자연을 극복하고 조절하는 것이 어느 정도 가능한 과학 시대를 누리고 있다. 그러나 최근 나타나고 있는 지구 환경오염, 자원 소비, 기후변화, 생물 다양성 감소, 생태계 변화 등 인류활동이 지구환경에 미치고 있는 부정적 현상을 고려할 때 과학적 시대의 결과물인 인류세가 과연 지구환경에 긍정적 영향을 미치고 있는지, 인류의 지식 발전이 바른 방향으로 활용되고 있는지 심각하게 고민해 보아야 할 시점이라 하겠다.

일시적인 대기상태를 말하는 기상과는 달리 30년 이상 장기간 날씨(기상, 온도 등)의 평균이나 변동특성인 기후는 인류 삶의 모습과 문화는 물론 지구상 동식물의 존재 및 생존형태에 지대한 영향을 미치게 된다. 지구는 태양으로부터 복사선(태양광)을 받아 지표면에 흡수된 후 그 일부를 열복사선(적외선) 형태로 지구 밖으로 방출하는 과정에서 대기 중에 존재하는 온실가스(이산화탄소, 메탄, 아산화질소 등)가 열복사선의 일부를 흡수하며 지구 평균온도를 15℃로 유지하고 있다. 그런데 지난 수십만 년간 일정 범위 안에서 온도가 유지되어오던 지구에 온난화 현상이 갑자기 나타나게 된 원인은 무엇일까?

〈그림 5-2〉는 지난 수십만 년 동안 대기 중의 이산화탄소 농도(붉은 점선)와 연도별 지구 평균온도와의 차이(푸른 실선)를 나타낸 것으로 이산화탄소 농도가 올라가면 지구의 온도가 상승하고 농도가 낮아지면 온도가 낮아지는 밀접한 관계를 볼 수 있다. 또 〈그림 5-3〉은 시간 스케일 때문에 〈그림 5-2〉에 잘 나타나지 않는 최근 2000년간 실측된 지구의 온도변화(〈그림 5-2〉에 실선으로 나타낸 원)를 확대해서 보여주고 있다.

● 그림 5-2 지구표면 온도와 이산화탄소 농도관계(현재~45만년 전)(IPCC, 2021)

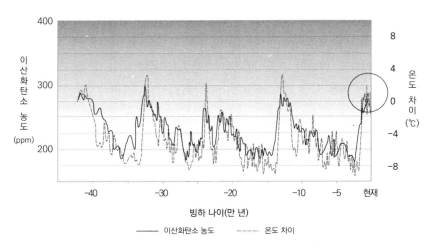

● 그림 5-3 지구표면 온도(10년 이동평균) 변화(1850~2020)(IPCC, 2021)

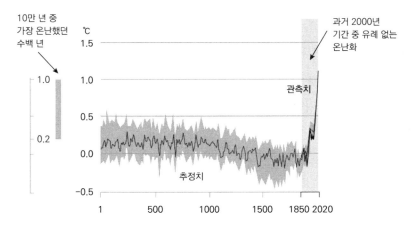

〈그림 5-3〉에서 1850년대 산업혁명 시대 이전과 이후로 나누어 지구의 기온변화를 자세히 살펴보면 산업혁명 이후에 지구표면 온도가 급상승

**제2부 ·** 사회환경 시스템의 미래

했음을 알 수 있다. 이는 19세기 초에 시작된 산업화, 기술 발전, 인구 증가, 도시화, 에너지 소비 증가 등으로 인한 것이 그 원인으로 알려져 있다 (IPCC, 2021). IPCC(Inter-governmental Panel on Climate Change, 기후변화에 관한 정부 간 협의체)는 세계기상기구(WMO)와 유엔환경계획(UNEP)이 1988년에 공동 설립한 국제기구로, 195개국이 IPCC의 회원이다. IPCC는 기후변화의 과학적 근거와 그로 인한 영향 그리고 미래 위험성과 기후변화에 대한 적응 및 기후변화 완화를 위한 옵션에 대한 정기적인 평가를 실시하고 많은 자료도 제공하고 있다. 〈그림 5-2〉와 〈그림 5-3〉으로부터 최근의 온도 상승은 산업혁명 등 인류활동을 통해 대규모 화석연료 사용, 산업 및 농업의 변화, 도시개발 등으로 인한 이산화탄소 배출이 가속화되면서 높아진 지구의 이산화탄소 농도가 지구온난화 등 지구환경에 큰 영향을 미쳤음을 알 수 있었다. 결론적으로 지구 표면의 반사열이 지구 밖이나 대기권으로 방출되는 것을 방해하는 온실가스가 증가하여 지구의 평균 기온을 상승시키게 된 것이다. 이러한 이유로 과학계에서는 지구온난화 지수(GWP)의 기준으로 이산화탄소 총량 및 농도를 활용하고 있다.

## 세계적 자연환경의 변화 사례

2024년 7월 21일과 22일, 전 세계 지구 지표면 온도는 17.09℃와 17.15℃를 기록하며 1940년 이후 측정된 종전 최고온도인 17.08℃를 1년 만에 다시 넘어섰다. 미국 캘리포니아주 데스밸리와 중국의 7월 평균기온도 각각 42.5℃와 23.21℃로 관측 이래 가장 높았다. 2024년 7월 전 세계 빙하 면적은 1991년에서 2020년 사이 평균보다 약 282만km² 줄어든

2,200km²로 측정되었다(연합뉴스 TV, 2024.8.3.). 최근까지 과학자들은 우리가 여름 시즌에 북극의 빙하를 더 이상 볼 수 없게 되는 가장 이른 시기가 2050년일 것이라고 예상하였으나 이제는 그 시기가 2035년이 될 것이라고 예측되기도 한다. 2023년 여름 북반구는 말 그대로 펄펄 끓었다. 미국 애리조나주 피닉스는 19일 내내 낮 최고기온이 43.3℃를 넘어섰고, 중국 신장위구르자치구는 52.2℃를 찍었다. 중국 기상관측 이래 최고기록이다. 2023년 8월에는 '지상낙원'으로 불리던 하와이가 하루아침에 잿더미가 됐다. 100년만의 최악산불로 100여 명이 사망하고 수백 년 된 유적이 훼손됐으며, 주택 2,000여 채가 전소되었는데 그 원인은 기후위기로 지목됐다. 브라질, 파라과이, 볼리비아의 일부를 덮고 있는 판타날 습지는 세계에서 생물 다양성의 정도가 가장 높은 습지인데 기후 변화에 의해 촉발된 가뭄의 영향으로 22% 이상이 불에 타기도 하였고 시베리아에서는 2020년 6월 관측 이래 38℃의 최고 기온을 보이며 산불, 영구 동토층 손실 그리고 해충의 창궐을 일으켰다.

2023년 6월 우루과이는 74년 만에 최악의 가뭄으로 마실 물이 부족해지자, 강 하구의 염도 높은 물까지 끌어다 쓰며 결국 우루과이 수도꼭지에서는 소금물이 나오는 사태까지 벌어졌다. 우루과이 교육부는 물부족에 대응하기 위한 식수 제한지침으로 점심시간에 학생들이 물을 요청하는 경우에만 '어린이 1인당 물 1잔'만 주도록 하기도 하였다.

2023년 9월 리비아에서는 1년치 비가 15시간 사이에 퍼붓는 홍수로 1만 1,300여 명이 사망하는 끔찍한 참사가 벌어졌다. 지난 2022년 국토의 3분의 1이 물에 잠긴 파키스탄 홍수에 비견되기도 하지만, 인명피해 규모는 10배나 더 많았다. 이 홍수는 폭풍 '다니엘'로 인해 한꺼번에 너무 많은 비가 쏟아지면서 댐이 붕괴된 것이 원인이었다.

# 한반도에 나타나고 있는 자연환경의 변화 사례

　이제 보다 구체적으로 지금 한반도에서 나타나고 있는 온난화에 의한 자연환경의 변화 사례를 소개하고자 한다. 극한 이상기후 영향으로 나타나는 '엘리뇨', '라니냐'라는 용어는 이미 익숙해진지 오래며 집중 호우나 슈퍼 태풍 등으로 인한 침수 피해나 산사태 증가, 그리고 태풍으로 인한 재산 피해가 점점 늘어나고 있다. 우리나라에서의 최근 30년(1991~2020)과 과거 30년(1912~1940)의 사계절의 길이를 비교했을 때(〈그림 5-4〉 참고) 여름은 20일 길어지고, 겨울은 22일 짧아져 사계절 중 여름이 차지하고 있는 일수가 증가했다는 것을 알 수 있다(기상청, 2021).

● 그림 5-4  우리나라 계절일수 변화

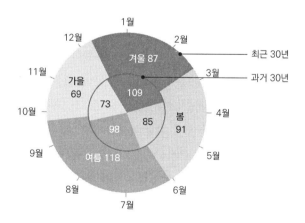

　2022년에는 힌남노와 같이 500년에 한 번 나타날 정도의 강한 폭우로 인한 홍수로 포항지역 지하주차장이 물에 잠겨 인명피해가 발생하는 극

심한 홍수를 겪었으며, 대조적으로 봄에는 전례 없는 가뭄으로 인한 물 부족 현상이 전국에 발생하며 홍수와 가뭄이 공존하는 현상을 보이고 있다. 2023년 11월에 1907년 기상관측 이래 최고 온도가 관측되는 등 폭염으로 인하여 최근 10여 년 사이 강원도를 중심으로 끊임없이 발생하는 대형 산불은 산에 나무를 모두 태워버려 비가 오면 산사태가 발생하고 이로 인한 흙탕물이 하류로 흘러 내려와 많은 피해를 입히고 있다.

기온이 상승함에 따라 바닷물의 흐름인 해류가 바뀌어 남쪽의 따뜻한 난류가 차가운 한류를 밀고 올라와 한반도 주변에는 북쪽의 차가운 물이 내려오지 못하게 되었다. 결국 바닷물의 온도 상승으로 차가운 물을 좋아하는 어류인 대구, 명태 등은 북쪽으로 이주하고 한류성 개체 수는 줄어들게 된 것이다. 가곡 제목에 등장할 만큼 흔하게 잡히던 명태가 사라진 지도 오래이며, 오징어가 금징어로 불리고 있다는 것도 우리는 잘 알고 있다. 지난 반세기 사이에 바다는 해수면이 10~20cm 상승하였고 아열대 해파리가 많아졌으며 방어 등 어류도 마찬가지로 주서식처가 제주도에서 동해안으로 북쪽을 향해 이동하고 있는 실정이다. 열대지방에 서식하던 백상아리, 청상아리 등 사람을 해치는 상어가 우리 연안에 출몰하기 시작하고 있다.

오래 전부터 우리나라의 숲을 이루는 나무는 온대지방에서 잘 자라는 나무(소나무, 잣나무, 은행나무 등)가 대부분이었다. 그런데 최근 지구온난화가 심해짐에 따라 우리나라 숲에서 아열대지방의 기후(온대지방보다 더운 지역의 기후)에서 잘 자라는 나무(동백나무, 종려나무, 오렌지 등)들이 어렵지 않게 재배되고 있는 것을 볼 수 있다. 즉, 활엽수가 침엽수를 대체하고 있다는 것이다. 기후변화가 이대로 계속 진행된다면 〈그림 5-5〉와 같은 우리나라 전통 산수화에 거의 빠지지 않고 나타나는 '소나무'를 모르는 세대가 나타나고 '남산 위의 저 소나무 철갑을 두른 듯'이란 애국가 가사가 낯설어질 날도 머지않은 듯하다.

● 그림 5-5 신윤복의 산수화(국립중앙박물관, 2024)

　불과 20~30년 전만 해도 우리나라 사과의 주산지는 대구였으나 지금
은 횡성, 봉화 등으로 주산지가 북쪽으로 이동하고 있으며 재선충 등으로
소나무도 많은 피해를 입고 있는 실정이다. 금산 인삼, 대구 사과, 진영 단
감 등 지역별 대표 과일들이 인삼은 홍천으로, 사과는 양구로, 단감도 춘천
등지로 이미 주산지가 북쪽으로 바뀌었다(〈표 5-1〉 참고).

▌표 5-1 기후변화에 따른 주요 농산물주산지 이동(통계청, 1970~2015)

| 농산물 | 주산지(이전) | 주산지(현재) |
|---|---|---|
| 귤 | 제주 | 고흥, 진주, 통영 |
| 단감 | 창원, 김해, 밀양 | 칠곡, 포항, 영덕 |
| 복숭아 | 청도 | 홍성, 청주, 원주, 춘천 |

| 포도 | 김천 | 영동, 영월 |
|------|------|-----------|
| 인삼 | 금산, 영주 | 이천, 횡성, 홍천, 춘천, 연천 |
| 사과 | 영천 | 영월, 정선, 양구 |

# 지구온난화가 만든 나비효과

　강수(비와 눈을 포함)는 모든 생명체(동물과 식물)가 살아가는 데에 반드시 필요한 요소지만 지구의 기후변화에 따라 지역마다 급격히 늘어나기도 하고 줄어들기도 할 것이다. 인도네시아나 방글라데시처럼 예전에도 비가 많이 내리던 지역에서는 강수량이 더 크게 증가하면서 홍수가 더 자주 발생하고 있다. 2005년 9월 미국 뉴올리언스를 강타한 허리케인(태풍) '카트리나'나 2002년 8월 우리나라 동해안(강릉 지역)에 하루 동안 870mm를 한꺼번에 쏟아 부었던 태풍 '루사'는 지구가 더워짐에 따라 태풍이 강하게 발달할 수 있음을 보여주는 좋은 예이다.

　전 세계 여러 지역에서의 가뭄으로 인하여 발생한 산불은 진화되지 않고 피해는 늘어나며 기후위기가 재난의 규모를 더 키우기도 하였다. 또한 산불피해는 삼림이 소실되는 것에 그치지 않고 홍수와 산사태를 잇달아 유발시킬 가능성이 크다는 연구 결과가 발표되기도 하였다(Science Advances, 2022). 기후위기가 심각해질수록 산불과 폭우의 2차, 3차 재해 가능성이 커진다는 시뮬레이션 연구결과와 동일하게 미국에서는 실제로 기후위기로 심각한 산불이 계속 발생한 장소에서 홍수가 잇달아 발생하기도 하였다.

지구온난화는 단순히 가뭄이나 홍수 문제뿐만 아니라 생태계에도 영향을 미쳐 다양한 대재앙의 모습으로 나타나고 있다. 엘리뇨와 라니냐 현상으로 인한 바다 생태계의 멸종은 물론 전 지구적으로 적도와 같은 열대지역이 남북으로 확장하면서 적도에 주로 서식하던 박쥐의 서식처가 중국 남부, 라오스, 미얀마 지역까지 확장되었고 지난 세기 윈난 지역에 박쥐 40종이 추가로 늘어났으며(〈그림 5-6〉 참고), 유전자 분석을 통해 100종 이상의 박쥐 기원 코로나바이러스가 이들 박쥐 몸속에 살고 있었음이 발견되어 COVID-19 기원을 추적하는 중요한 단서가 되기도 하였다(Robert Beyer, 2021, 케임브리지대학).

인류와 지구상 동물의 무게 비는 1만 년 전 1% 미만에서 현재 96~99%로 증가한 것으로 추정되고 있다. 즉, 인류의 수가 동물에 비해 상대적으로 월등히 많아졌음을 의미한다. 이는 인류가 동물과 접촉할 기회가 훨씬 많아졌으며 동물에 살던 바이러스가 인류에게 전이될 가능성이 커졌음을 의미한다. 2002년 사스, 2012년 메르스, 2021년 COVID-19가 사양고양이, 낙타, 천산갑으로부터 시작된 것은 이미 잘 알려진 사실로 생태계 변화로 인하여 인류가 그동안 겪어보지 못한 새로운 질병의 위험에 노출될 기회가 더 많아진 것을 의미한다 하겠다.

● 그림 5-6  20세기 이후 기후변화로 인한 박쥐 종 증가 추이(Robert Beyer, 2021)

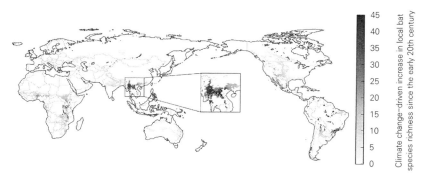

지구 온도가 1℃씩 올라갈 때마다 바다의 높이는 10cm 정도 올라간다고 한다. 지구의 온도가 1℃ 오르면 작은 빙하가 녹으면서 약 5,000만 명이 물 부족으로 고통 받고, 매년 30만 명이 더위로 인한 전염병으로 사망할 것으로 예상된다(10% 생물 멸종위기). 지구의 온도가 2℃ 오르면 열대지역 농작물이 크게 감소하여 약 5억 명이 굶주릴 위기에 처하고, 최대 6,000만 명이 말라리아에 걸릴 수 있다(33% 생물 멸종위기). 지구의 온도가 3℃ 오르면 지구온난화 조절이 불가능하게 되며 300만 명이 영양실조로 사망하고, 10~40억 명이 물부족을 겪을 것이다(50% 생물 멸종위기). 지구의 온도가 4℃ 오르면 유럽의 여름 온도가 50℃까지 오르고, 이탈리아, 스페인, 그리스, 튀르키예가 사막으로 변할 것으로 예상된다. 북극의 얼음이 사라져서 북극곰 등 추운 지방에 살던 생물들이 멸종하게 된다. 지구의 온도가 5℃ 오르면 히말라야의 빙하가 사라지고, 뉴욕과 런던이 바다에 잠겨 지도에서 사라지게 될 것이다(인소영 외, 2021).

지구의 평균 연간기온을 1860~2000년까지 조사한 결과, 지구의 평균 연간기온이 1860년에는 13.5℃였으나 그동안 지구의 평균 연간기온이 상승해서 2000년대에는 그보다 1.0℃ 더 높은 14.5℃까지나 상승하였다. 산업혁명 이전 1만 년 동안 지구의 평균온도는 불과 1℃ 내에서만 변한 것을 고려한다면 산업혁명이 지구온도 변화에 미친 영향을 피부로 느낄 수 있다. 지난 100년(1906~2005년) 사이 지구의 평균 온도는 0.74℃가 상승하였고 해수면은 30~40cm 상승하였다. 이상기후 회복을 위한 인류의 노력 없이 현재 상태로 진행된다면 2090~2099년 지구의 평균 온도 최대 6.4℃ 상승하며 해수면은 59cm 상승할 것으로 예상된다.

작은 섬으로 구성되었거나 육지의 높이가 낮은 나라들은 해수면 상승으로 인하여 바닷물에 잠길 수도 있으며 이 같은 현상은 실재로 전 세계에서 현실로 나타나고 있다. 남태평양의 작은 섬나라 투발루나 인도양의 작은 섬나라 몰디브 주민들은 해수면 상승이 두려운 나머지 인근 다른 나라로 이

민을 떠나고 있다. 바다의 해수면이 1m 상승할 경우, 바다보다 낮은 땅이 많은 네덜란드는 국토의 6%가, 아시아에 있는 방글라데시는 국토의 17.5%가 물속에 잠길 것으로 예상된다.

2022년 '네이처 클라이밋 체인지'에 발표된 '온난화로 인한 수확 빈도와 수확량 감소'에 관한 논문에 의하면 2050년까지 전체 식량 공급이 4% 이상 줄어들 수 있다고 전망하고 있다. 문제는 인구는 계속 늘어나는데 식량 생산은 줄어들기에 위기가 올 수 있다는 것이다. 기후변화가 식량 위기를 가져오는 원인은 첫째, 기후변화에 따른 높은 온도, 물 고갈, 가뭄, 홍수, 대기 중 이산화탄소 축적 등은 세계 식량 생산에 부정적인 영향을 주고 있다. 둘째, 기후변화는 식량 접근을 제약하는데 기후 재난으로 식량 공급망이 제한되거나 무너지면 식량 가격이 상승하게 되면서 취약계층의 식량 구입에 악영향을 주게 된다. 셋째, 기후변화는 식량의 영양 가치를 감소시키는데 작물에 이산화탄소 집약도가 높아지면 단백질과 아연, 철분 함량이 감소하게 된다. 넷째, 기후변화는 식량 폐기량을 늘리게 된다. 가뭄이 심한 지역에서 재배한 작물이 습도가 높은 저장시설로 옮겨질 때 진균의 침입이나 해충에 취약하게 되며, 홍수는 작물에 독성 곰팡이를 만들어 내게 된다. 이처럼 기후변화와 기후재난이 빈번해질수록 식량 손실은 증가면서 식량 위기가 올 수밖에 없는 것이다.

모든 인류는 생명에 대한 권리를 가지고 있으며, 자유롭고 안전하게 살아갈 권리가 있다. 하지만 기후변화는 전 세계 수십억 명의 안전을 위협하고 있으며 기후변화가 보건 및 건강에 끼치는 영향은 다음과 같다(IPCC, 2021).

첫째, 폭염과 화재로 인한 부상, 질병, 사망 위험 증가

둘째, 저소득 지역의 식량 생산 감소로 인한 영양부족의 위험 증가

셋째, 식품과 물, 그리고 다른 매개체를 통해 퍼지는 질병의 위험 증가

넷째, 악화되는 자연재해 등 충격적인 사건에 노출되어 외상 후 스트레스 장애 증가

우리는 자신과 가족들을 위해 주거 등 적절한 수준의 생활을 영위할 권리도 있다. 하지만 기후변화는 다양한 방식으로 우리의 주거권을 위협한다. 국제보건기구(WHO)는 2030년과 2050년 사이에는 기후변화와 관련된 말라리아, 영양실조, 설사병과 열 스트레스로 매년 25만 명이 목숨을 잃을 것으로 예상하고 있다. 홍수나 산불 등 극심한 자연재해는 사람들의 집을 파괴하고, 이재민을 발생시키고 있다. 가뭄, 산사태, 홍수는 자연환경을 변화시킬 수 있고, 해수면 상승은 저지대에 거주하는 수백만 명의 주거권을 위협한다.

우리는 안전한 물과 건강을 담보할 수 있는 위생에 관한 권리가 있으나 기온 상승, 해빙, 해수면 상승 등에서 볼 수 있듯이 기후변화는 수자원의 질과 양에도 계속 영향을 미칠 것이다. 이미 10억 명이 넘는 사람들이 깨끗한 물을 구할 수 없는 상황에 처해 있으며, 상황은 더 악화될 것이다. 싸이클론, 홍수와 같은 극심한 자연재해는 수자원 그리고 상하수도 시설에도 영향을 미쳐 오염된 물과 이를 통한 수인성 질병의 확산의 원인이 될 수 있다.

기후변화는 경제에도 큰 영향을 미치게 될 것이다. COVID-19가 만연하던 기간 동안 경제적으로 전 세계가 멈춘 근본적인 원인도 급격한 기후변화로 인한 환경 파괴에서 시작되었으며, 앞으로 탄소배출을 획기적으로 줄이지 않으면 우리는 또 다시 제2의, 제3의 코로나 상황에 직면할 위험을 안고 있다는 것도 알게 되었다. 국제결제은행(BIS) 보고서(2020)에서는 "일어난 문제들은 시간이 걸리더라도 해결하고 되돌릴 수 있다."라는 경제용어 '블랙스완'에서 파생된 '그린스완(Green Swan)'이라는 말을 처음 사용하였다. '그린스완'은 예측하기도 어렵지만, 기후위기에 의해 반드시 일어날 것이며 기존의 금융위기보다 훨씬 큰 영향을 끼치고, 결과론적으로는 우리의 어떤 노력에도 불구하고 '그린스완'의 여파를 원점으로 회복시키는 것은 불가능에 가깝다고 설명하며 기후위기의 심각성을 기술한 바 있다. 그린스완의 사례로는 COVID-19 팬데믹 그리고 자연재해에 따라 발생하는 식량 수급의 문제, 폭염과 혹한, 홍수 등 기후 문제로 인해 사회적으로나 개인적으로나 큰 비용이 발생하고 노동생산성이 급락하는 상황 등을 예로 들 수 있다.

## 지구의 미래 기후변화

"온난화로 겪고 있는 지금의 지구환경 변화 정도는 인류가 견딜만 하다."라고 한다면 우리는 온난화와 함께 살아가도 괜찮을 것일까? 2021년 IPCC 6차 보고서에 의하면 인간 활동의 결과물로 방출된 온실가스로 인해 지구온난화가 일어나고 있으며, 온실가스가 현재 추세대로 증가할 경우 지구는 어떤 환경변화를 겪게 될 것인지에 대해 소개하고 있다. 5가지 온실가스 배출 시나리오(SSP: Shared Socioeconomic Pathways, 공통사회 경제경로)로 나누어(SSP1-1.9, SSP1-2.6, SSP2-4.5, SSP3-7.0, SSP5-8.5) 각각에 대한 미래 전망과 함께 지금보다 지구온도가 1.5℃ 이상 올라가지 않도록 인류가 노력해야 할 가이드라인을 제시하고 있다. 여기서 SSP 지표는 온실가스 배출을 지표화한 것으로 숫자가 커질수록 악화된 배출시나리오를 의미한다. 〈그림 5-7〉은 2100년까지에 대한 SSP 시나리오별 미래 연간 이산화탄소 배출량과 주요 요인들의 변화이며 〈그림 5-8〉, 〈그림 5-9〉는 과학자들이 예측한 1.5℃ 지구온난화 시 전 지구적 온도변화 및 강수량 모의 결과를 보여준다(IPCC, 2021).

● 그림 5-7  SSP 시나리오별 미래 연간 이산화탄소 배출량(IPCC, 2021)

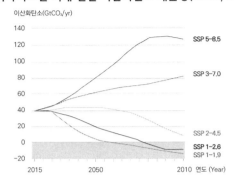

● 그림 5-8  1.5℃ 지구온난화 시 온도변화 모의 결과(IPCC, 2021)

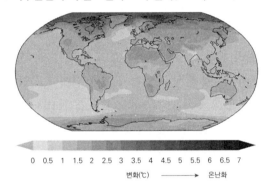

● 그림 5-9  1.5℃ 지구온난화 시 연평균 강우량 변화 모의 결과(IPCC, 2021)

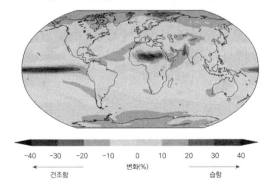

**제2부** · 사회환경 시스템의 미래

우리가 기억해야 할 중요한 점은 만약 지금의 온난화가 지속될 경우 극지방의 많은 빙하가 지금보다 더 많이 녹아 빙하 속에 갇혀 있던 메탄가스가 방출되는 환경에 도달할 때 발생되는 현상이다. 이산화탄소보다 더 강력한 온실가스인 메탄가스로 인해 지구는 더 급속하게 더워지고 더욱 더워진 지구로 인하여 가속화되는 빙하의 녹음현상은 더 많은 메탄가스를 방출하게 되는 되먹임(feed back) 현상으로 이어져 인간의 노력으로는 더 이상 극복할 수 없는 상황에 도달하게 된다는 것이다.

● 그림 5-10 인류세에 의한 지구시스템의 변화 궤적(Will Steffen 외 3인, 2018)

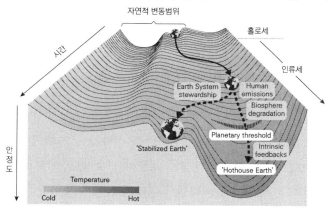

우리는 지금 〈그림 5-10〉의 역(逆) Y의 분기점에 서 있는 상황으로 지구온난화가 지속되어 지구환경이 우측 아래 방향으로 향할 경우 되먹임 현상을 통해 지구환경은 회복불능 상태인 'Hothouse Earth'점에 도달하게 될 것이며 이는 인류의 종말을 의미한다. 앞에서 나열한 여러 관점에서 온실가스 증가를 막기 위한 탄소중립이 중요하게 되는데 탄소중립이란 개인이나 회사, 단체에서 '배출되는 이산화탄소의 양만큼 다시 이산화탄소를 흡수하는 대책'을 마련하여 이산화탄소가 실질적으로 배출되는 양을

"0(zero)"으로 만든다는 개념이다. 탄소제로(carbon zero), 넷제로(net zero)라고도 불리며, 온실가스를 흡수하기 위해서는 배출된 이산화탄소의 양을 정확하게 계산하고 배출된 탄소의 양만큼 나무를 심거나 태양력, 풍력발전 등과 같은 청정에너지 분야에 투자하여 오염을 상쇄시킨다는 개념이다. 결론적으로 지구에서 인류가 살아남으려면 온실가스 감축을 위한 온 지구인의 노력이 필요하며, 화석연료 대신 재생에너지의 사용 확대와 함께 숲의 파괴를 막고, 나무를 심어 탄소 흡수를 늘리는 탄소중립의 노력이 필요하다. 이산화탄소는 온실가스 배출량 80%를 차지하나 다행히도 규제가 가능한 것으로 알려져 있다.

## 미래 한반도의 모습

현재 상태로 기후변화가 진행된다면 우리나라도 21세기 말 기온은 과거 30년(1971~2000) 평균보다 4℃ 오르며 강수량도 17% 증가하고 추운 날씨보다는 더운 날씨가 늘어나면서 강수량도 매우 많아질 것으로 예상된다. 연평균 강수량은 늘지만 우기와 건기의 차이는 더 극심해져 비가 올 경우 한번에 많은 비가 내리는 국지성 호우가 잦아질 것이다. 가뭄과 호우의 발생 빈도가 더 증가하고 열대 해수면 온도 상승으로 인하여 더욱 강한 슈퍼태풍이 자주 발생하게 될 것이다(기상청, 2021).

UN은 우리나라를 미래에는 물 부족이 우려되어 물 관리가 매우 필요한 국가로 분류하고 있다. 일반적으로 비가 많이 내리면 우리나라는 물 부족 국가에서 벗어날 것이라 생각할 수 있다. 그러나 극단적 가뭄과 호우가 발생하게 되면 한꺼번에 내리는 많은 비는 우리가 사용하지도 못하고 바다로 흘러가버리며 가뭄 시 우리가 사용할 수 있는 물(가용 수자원)은 오히려 감소하게 될 것이며, 결국 지금 하천의 모습도 평상시 메말라 있는 건천으로 변화될 수 있어 하천을 중심으로 살아가는 생태계가 무너질 수 있다.

대표적인 온실가스인 이산화탄소($CO_2$) 농도의 경우 우리나라가 지구 평균보다 높은 것(우리나라 392.5ppm > 지구 평균 386.3ppm)으로 나타났다. 지난 11년간 우리나라 이산화탄소 농도는 매년 2.2ppm씩 증가하였고, 이는 세계 평균 증가율인 1.9ppm/yr보다 높은 수준이다. 이와 같이 온난화가스를 계속 방출한다면 1980~1990년대에 비하여 21세기 말에는 지구 평균기온이 최대 6.4℃ 상승하고 해수면은 59cm 상승할 것이라고 한다.

통계청(2020) 자료 분석 결과에 따르면 연도별 폭염일수가 증가 추세에 있으며 〈그림 5-11〉(통합데이터지도, 2024)은 폭염일수와 비만율의 상관관계를 통해 기후문제가 건강의 문제로 직결되고 있음을 보여주고 있다. 질병과 폭염의 상관관계를 분석한 결과에 따르면 장 감염질환으로 인한 사망률, 패혈증으로 인한 사망률, 식중독, 당뇨병, 빈혈, 고혈압 등 순환계통 질환, 피부암, 비만 등 모든 질환에서 높은 상관관계를 보이고 있다.

● 그림 5-11  서울시 폭염일수와 비만율 상관관계(통합데이터지도, 2024)

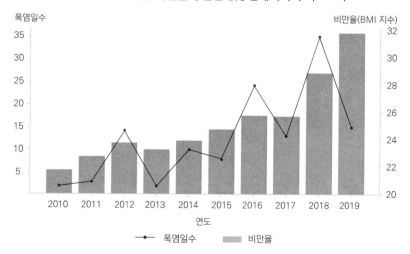

앞에서 기술한 바와 같이 기후변화가 영향을 미치는 분야는 도미노 현상과 같이 지구 온도가 올라감에 따라 강수량 등 기상에 영향을 미쳐 곡물 생산 저감은 물론 산불 등의 재해 가능성이 커지게 된다. 2024년 사과 값이 천정부지로 솟아 서민이 구매하기 어려운 현상 등 기온상승으로 우리나라에서 재배되는 각종 과일의 주산지가 바뀌어 지역별로 정책적 과수재배 권장이 어려운 상황이 될 것이다. 해수면 상승에 따른 해안도시의 침수는 우리나라 지도를 바꾸게 되며 육지에 자라는 수종과 바다에 서식하는 조류 변화로 인하여 동물과 어류 등 동식물 생태계에 변화가 나타날 뿐만 아니라 폭염이나 혹한 등은 인류의 건강에도 영향을 미치게 될 것이다. 동식물 분포 변화에 따라 COVID-19와 같은 예상치 못한 펜데믹 시대가 나타날 수 있으며 온도상승과 해수면 상승 등은 도시 및 건축 등에서 지금과는 다른 수상도시 및 지하도시가 활성화 될 것으로 예상되기도 한다. 그러나 무엇보다 중요한 것은 우리나라와 지구의 미래모습은 자연에 대한 우리의 책임의식과 행동(온실가스 배출 시나리오: SSP)에 따라 바뀔 수 있다는 사실이다.

## 우리가 선택할 인류의 미래

바벨탑은 성경(bible)의 '창세기'에 등장하는 건축물로 인간들이 하늘에 닿으려고 탑을 계속 쌓았고 이것을 본 야훼(하나님)가 사람들을 온 땅으로 흩어 버린 구조물로 성경을 모르는 사람들도 다 알고 있는 이야기이다. 바벨은 히브리어 bala에서 나왔다고 하는데 '혼란을 낳다'는 뜻으로 혼란을 만드는 탑이란 의미로 해석되기도 한다. 성경에서 나오는 바벨탑은 오래 전에 이미 사라진 것일까? 아니면 인류는 지금 또 다른 바벨탑을 쌓고 있는 것일까? 인류는 자신들의 지식을 바탕으로 지구환경뿐만 아니라 우주환경까지도 자신들이 원하는 방향으로 조정할 수 있다고 믿지만, 인류세에 의한 지구환경은 결코 긍정적이지 못한 결과로 나타나고 있어 인류의 교만이 또 다른 바벨탑을 쌓고 있다는 두려움을 떨쳐버릴 수가 없다.

너무나 제한적인 소개였지만 지구온난화 등 인류활동으로 인한 지구환경의 악화 상황과 후손이 살아가야 할 지구환경을 보전하기 위한 지금 우리의 선택은 무엇이어야 하는지 고민하는 시간이 되었기를 바란다. 그리고 인류활동으로부터 시작된 인류세가 이 시대의 또 다른 바벨탑이 되어 흩음과 인류 멸망의 시작점이 되지 않도록 우리가 나아가야 할 방향을 함께 생각해보는 기회가 되기를 소망해 본다.

국립중앙박물관, 소장 풍속산수화(https://www.museum.go.kr/), 2024.

국제결제은행, The green swan, Bank for International Settlements, 2020.

기상청 날씨누리, https://www.weather.go.kr/w/index.do, 2024.

기상청, 우리나라 사계절 길이 변화, https://www.weather.go.kr, 2021.

인소영 외 1인, "기후변화의 경제학", The Korean Journal of Economics, Vol. 28, No. 1, 2021.

통계청, 기후변화에 따른 주요 농산물 주산지 이동(1970~2015), 2016.

Beyer, Robert, Climate change may have driven the emergence of SARS-CoV-2, University of Cambridge, 2021.

Crutzen, Paul J., The "Anthropocene" Earth System Science in the Anthropocene. Springer, 2001.

IPCC Climate Chage 2021, https://www.ipcc.ch/report/, 2021.

제6장

# 연결사회의 미래

신재균

## 듣는 대로 믿는 세상

얼마 전에 '국민사형제도'라는 TV 시리즈가 방영된 바 있다. 악질범들을 대상으로 전국민이 참여하는 사형투표를 진행하고, 찬성률이 더 높으면 사형을 집행한다는 것이다. 이때 투표를 단 한 시간이라는 제한 시간 안에 온라인으로 실시한다는 것이 흥미로운 점이었다. 지극히 짧은 시간에 전 국민을 상대로 전수 여론조사한다는 아이디어가 그럴듯한 이야기로 들리는 것은 우리가 스마트폰 시대에 살고 있기 때문일 것이다. 동 드라마에 나오는 한 흉악범의 경우 찬성률이 70%를 넘어 사형대상이 되고, 주관자에 의해 살해당한다. 여기서 한 가지 질문은 어떻게 70 몇 %라는 찬성률이 나왔을까 하는 점이다. 내용상 대부분의 사람은 그 흉악범을 직접적으로 겪었거나, 범행현장을 목격하지도 않았을 것이고, TV 뉴스를 통해 보거나 모두 다른 사람들에게서 전해 들은 것이 전부일 텐데 말이다. 왜 나머지는 찬성하지 않았을까? 결과적으로 왜 그런 '여론'이 형성되었을까?

물론 이러한 질문은 통상적인 여론조사의 결과에 대해서도 마찬가지로 성립한다. 우리나라에는 수십 개의 여론조사기관이 있고, 매주 여러 기관에서 정기적으로 여론조사 결과를 발표하고 있다. 앞의 사례에서도 던진 질문이지만 도대체 여론이란 것은 어떻게 형성되는 것일까? 사람들 사이에 여론이 형성되는 과정을 연구하는 학문이 여론동역학이다. '여론'에 '동역학'이란 어쩌면 생소할 수 있는 단어가 합성되어 있다. 본래 역학이란, 힘을 받는 물체의 거동을 연구하는 학문 분야이며, 그 세부 분야의 하나인 동역학은 그 물체의 위치나 상태가 시간에 따라 변하는 경우를 다룬다. 여론동역학이란 결국 여론이 시간에 따라 어떻게 변해가는가를 다루는 학문 정도로 생각하면 좋을 듯하다.

여론동역학에서 다루는 가장 기초적인 질문은, 어떤 안건에 대해 두 가지 의견이 대립할 때 집단 전체가 하나의 의견으로 일치(consensus, unanimous)해 가는가 아니면 집단 내부에 두 가지 의견이 공존(coexistence, disagree)하게 되는가 하는 것이다. 이러한 문제에 답하기 위한 여러 가지 모델이 제시되었다. 가장 단순한 투표자모델을 살펴보자(Sîrbu, 2017). 예를 들어 100명으로 구성된 집단이 있고, 이 집단은 '지구는 둥글다'라는 A안과 '지구는 사각형이다'라는 B안을 두고 논쟁을 벌인다고 하자. 중요한 것은 그 집단 내 사람들끼리는 서로 의견교환을 통해 상호작용을 하며, 각자 자신의 의견을 조정해 나간다는 것이다. 누구와 어떤 방식으로 상호작용을 하는가와 각 개인이 어떤 기준으로 자신의 의견을 조정해 가는가 하는 것은 여론 동역학 모델들 간에 차이를 보인다. 투표자모델을 기술하면 다음과 같다. 어떤 시점에 집단 내에서 임의로 한 사람 I를 고른다. I는 또 다른 사람 N(이웃)을 임의로 선택하여 그 사람의 의견을 그대로 자기 의견으로 삼는다. 개인들은 집단 내에서 무작위로 선택된 이웃의 의견을 자신의 의견으로 받아들인다는 것이다. 개인들이 그러한 방식으로 상호작용을 계속하면, 초기에 A, B 안에 대한 집단 내의 지지율이 비슷하여도, 최종적으로는 어느 하나의 의견으로 일치하여, 소위 의견일치 모드로 귀결된다는 것이 투표자 모델의 결론이다. 물론 A, B 두 개의 의견 중 어느 쪽으로 귀결되느냐는 초기 조건에 따라 다르겠지만, 초기 지지율이 비슷하면, 둘 중 어느 하나로 귀결될 확률도 반반이 된다.

또 하나의 모델인 다수결모델에서는 개인이 한 사람이 아니라 여러 명의 이웃들의 의견을 참조한다. 이때 개인들은 바둑판 모양의 격자점 속에 존재하며, 각각 8명의 고정된 숫자의 이웃을 갖게 된다. 어느 순간에 개인 I는 8명의 이웃들 사이에서 다수결을 차지한 의견을 자신의 의견으로 받아들인다. 모든 개인이 자신의 의견을 계속해서 그런 방식으로 조정해 간다. 투표자모델이나 다수결모델의 결과는 대동소이하다. 초기에 A, B 두 가지 안을 지지하는 비율이 비슷하면, 전체 집단이 A, B 둘 중 어느 한쪽으로 의견일치가 되는 비율도 반반이다.

전술한 두 가지 단순한 모델은 사람들 사이에 의견이 형성되는 구체적인 방법을 제시했다는 측면에서 의미가 있지만, 집단이 전원일치 모드로 수렴해 갈 것임은 어느 정도 예측 가능하다는 점에서 적어도 그 결과는 흥미롭지 못하다. 그런데, 투표자모델에 소위 맹신자(inflexible)라는 개념을 도입하면 재미있는 결과가 나온다(Galem and Jacobs, 2007). 기본적인 투표자 모델에서는 모든 개인은 완전히 열린 태도로 타인의 의견을 받아들이므로, 현재 자신의 의견이 A를 지지하더라도, 참조인의 의견이 B이면 자신도 무조건 B로 변경한다. 그러나 맹신자는 자신이 A안을 지지하는 경우 참조인의 의견이 A이든 B이든 상관 없이 원래안인 A안을 고수한다. 모집단에서 A안 맹신자만 일정 비율 존재하고, B안 맹신자가 없으면 당연히 집단전체가 A안으로 수렴할 가능성이 높아질 것이며, A안 맹신자의 비율이 높을

수록 그 가능성은 더 높아질 것임은 쉽게 짐작할 수 있다. 흥미로운 사실은 그러한 A안 맹신자의 비율이 17%를 넘으면, 초기 상태와 관계없이 계는 항상 A안으로 수렴한다는 것이다. 이러한 맹신자의 존재는 민주적인 여론 수렴에 방해가 될 수 있다는 것이다. 사안에 따라 판단하는 것이 아닌, 지지정당에 따라 판단하는 사례가 여기에 해당한다.

투표자모델이나 다수결모델은 한 개인의 의견을 A 아니면 B 등 유한한 개수의 상태로 정의하는 정수형 모델이지만, 개인의 상태를 연속적인 수치로 표현하는 실수형 모델도 있다. 실수형 모델에서는 어떤 의견에 대한 지지도의 강도를 표현할 수 있다. 예를 들면, "지구온난화가 과학적인 근거가 있다고 보는가?"라는 질문에 대해 절대적인 신봉자는 1.0, 약간의 긍정적인 지지자는 0.3, 대단히 신봉하지 않는 사람은 -0.9 등으로 표현할 수 있다. 실수형 모델의 한 예인 데퓌앙 등의 모델(Deffuant et al, 2000)에서는 개인이 항상 자신과 상호작용하는 모든 사람의 의견을 그대로 혹은 일부라도 수용하는 것이 아니라, 자신의 현재 의견과 비슷한 사람들의 의견만 반영해 자신의 의견을 조정하는 반면 현재 자신의 의견과 너무 다른 의견은 무시한다.

여론동역학에서는 이처럼 개인의 상태를 표현하는 방식, 의견을 조정해가는 상대를 고르는 방식, 상호작용의 결과 개인이 참조인의 의견을 반영하는 방식 등의 차이에 따라 다양한 모델들이 존재한다. 그러나, 여론동역학의 모든 모델들이 공통으로 바탕에 깔고 있는 전제조건이 존재한다. 그것은 사람들이 남들과의 상호작용을 통해 자신의 의견을 조절해 간다는 것이다. 모델에 따른 차이가 존재하겠지만, 특히 투표자모델이나 다수결모델에서 개인은 스스로 생각하여 자신의 아이디어를 결정하는 것이 아니라, 다른 사람들의 아이디어를 단순히 받아들이는 빗물통과 같은 존재이다. 이들 두 모델뿐만 아니라, 대부분의 여론동역학의 모델들에 의하면 '나는 곧 내가 듣는 것'이 된다. 사람은 자신이 듣는대로 믿는다는 것이다. 현실을 단순화한

'모델'에서의 이야기이지만 그렇다고 해서 전혀 현실과 상반된 얘기는 아니라고 본다.

## 세상은 6단계

초기의 여론동역학 모델들은 그 나름대로 흥미로운 결과를 얻었지만, 한 가지 중요한 한계점을 갖고 있었다. 그것은 이들 모델들이 실제적인 '이웃'의 구조를 생각하지 않는다는 것이다. 앞에서 본 투표자모델은 임의로 선택한 사람을 참조한다. 그러나 현실사회에서 우리는 길가는 사람 아무나 붙잡고 그 사람과 의견을 교환하지는 않는다. 즉, 사람들은 의견을 나누고 참조할 상대를 무작위로 선택하지는 않으며, 오히려 자기와 잘 아는 가족이나 친구 혹은 회사동료 등 광의의 '이웃'들과만 접촉한다. 사람들이 접촉하는 이러한 이웃은 무작위적이지 않고 오히려 시간적으로 고정되어 있다고 보는 것이 현실과 가까울 것이다. 다수결모델에서는 이러한 이웃을 설정하고 있으나 모든 사람의 이웃의 구조가 동일하여 현실성이 결여되어 있다.

개인들과 각 개인의 이웃들과의 관계는 네트워크 구조로 도식화 할 수 있다. 네트워크는 개인들을 나타내는 점 혹은 노드(node)와 개인들의 이웃들 간을 연결하는 연결선 혹은 에지(edge)로 이루어진다. 두 노드 사이에 선이 존재한다는 것은 그 두 노드가 서로 이웃이라는 의미이며, 이웃 간에는 의견교환과 같은 직접적인 상호작용을 할 수 있다고 본다. 네트워크는 개인과 이웃의 관계를 나타낼 수 있을 뿐 아니라, 도시와 도시 간의 도로망이나 항공망, 세포와 세포 사이의 연결망 등 다양한 분야에서 개체들 간의 상호연관성을 표현하는 데 적용된다.

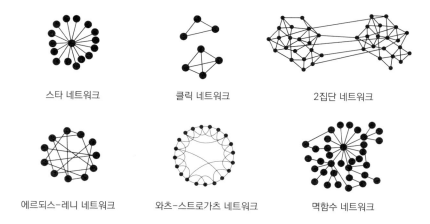

스타 네트워크               클릭 네트워크               2집단 네트워크

에르되스–레니 네트워크       와츠–스트로가츠 네트워크      멱함수 네트워크

　네트워크는 그 속에 포함된 노드의 수가 10개 미만인 소규모인 것에서
부터 페이스북이나 현대적인 SNS의 네트워크처럼 노드의 수가 수억 개를
넘어서는 대규모인 것들도 있다. 네트워크에서 한 노드가 갖는 이웃 노드
의 수 혹은 연결선(edge)의 수를 연결도(connectivity)라 부른다. 예를 들어,
이웃이 셋인 노드는 3개의 연결선을 갖게 되며, 그 노드의 연결도는 3이다.
네트워크의 규모와는 별개로 네트워크의 특성을 결정하는 가장 중요한 요
소 중 하나는 노드들이 갖는 연결도의 분포이다.

　〈그림 6-1〉에 연결도의 분포에 따른 여러 종류의 네트워크들을 예시하
였다. 스타(star) 네트워크는 중앙에 있는 한 개의 노드에 주변의 많은 노드가
연결되어 있다. 중앙의 스타 노드는 연결도가 높은 반면, 주변의 노드들은
모두 연결도가 1이다. 스타와 팬의 관계를 나타낼 수 있다. 클릭(clique) 네
트워크에서는 그 네트워크에 포함된 모든 노드가 서로서로 연결되어 있다.
나의 이웃이 곧 너의 이웃인 가족관계나 친목계 등에서 나타나는 관계도이
다. 〈그림 6-1〉의 나머지 네트워크들은 필요할 때 설명하고자 한다. 어쨌거
나, 네트워크는 노드들의 연결도 분포에 따라 다르게 분류됨을 볼 수 있다.

네트워크란 개념은 이미 17세기부터 존재하였으나, 현대적인 네트워크의 시초는 에르되스 레니(Erdos-Renyi)의 무작위 네트워크(〈그림 6-1〉참고)라고 한다. 에르되스 레니(이하 ER)의 네트워크는 임의의 두 노드 사이에 연결선이 존재할 확률이 일정한 네트워크를 말한다. 그러나, 현대적인 네트워크의 개념이 유명해진 것은 2000년을 전후하여 발표된 두 개의 네트워크 때문이었다. 그들은 각각 작은세상(small-world) 네트워크와 멱함수(power-law) 네트워크이다.

와츠와 스트로가츠에 의해 제안된 작은세상 네트워크(이하 WS 네트워크)는 세상에 임의의 두 사람은 6단계의 친구관계를 지나면 연결된다는 소위 '6단계 분리설'을 이론적으로 계산해 보여서 유명해졌다(Watts and Strogatz, 1998). WS 네트워크는 무작위 네트워크인 ER 네트워크에 클러스터링(Clustering)이란 개념을 도입함으로써 인간사회를 보다 잘 묘사할 수 있었다. 현실 사회에서 임의의 두 사람 간의 연결 여부는 얼핏 ER에서처럼 무작위적으로 보이기도 하지만 실상은 그렇지 않을 것임은 금방 알 수 있다. 예를 들면 나의 친구들끼리는 서로 친구일 가능성이 무작위인 경우에 비해 월등히 높다. 이를 네트워크로 표현하면 부분적으로 노드들이 뭉쳐 있는 덩어리들이 나타나는데, 이를 클러스터링이라 부른다. 이런 덩어리들은 〈그림 6-1〉에 보인 클릭(clique)의 형태를 띠는데, 현실적인 네트워크에서는 이런 클릭들이 무작위적인 ER 네트워크에 비해 훨씬 빈번하게 나타난다는 것이다.

네트워크에서 두 노드 사이의 거리는 그 두 노드 사이를 이동하기 위해 거쳐야 하는 최소한의 연결선의 개수로 정의된다. 네트워크의 평균거리는 네트워크에 존재하는 모든 노드들 사이의 거리를 평균한 것이다. 전 세계 사람들이 6단계의 친구관계를 거치면 연결된다는 소위 6단계 분리이론을 네트워크 개념으로 설명하면, 전 세계 사람들로 이루어진 네트워크의 평균

거리가 6이 된다는 이론이다. 지구상의 사람들 사이를 가까운 이웃끼리만 연결된 규칙적인 네트워크로 생각할 때는 평균 거리가 6보다 훨씬 더 크게 나타난다. WS는 그러한 규칙적인 네트워크에다 가끔씩 멀리 있는 이웃과의 연결을 도입함으로써 네트워크의 평균 거리가 급격히 가까워짐을 보였다. '다수의 가까운 이웃과 소수의 멀리 있는 이웃의 존재'를 반영한 네트워크가 WS의 작은세상 네트워크이다. 내가 사는 동네 부근에 많은 이웃(친구)이 있지만, 가끔씩은 멀리, 심지어는 외국에도 친구가 있는 것을 생각하면, WS의 작은세상 네트워크는 현실을 잘 반영한다고 볼 수 있다.

WS가 제안한 작은세상 네트워크의 특징 중 하나는 연결도의 분포가 균일하다는 것이다. 즉, 모든 노드가 동일한 개수의 이웃을 갖는다. 사람들 사이의 친구관계에 적용하면, 모든 사람들이 동일한 수의 친구를 갖는 경우에 해당한다. 바라바시 등은 현실에서 발견되는 다양한 네트워크에서 노드들의 연결도가 균일하지 않고, 특히 멱함수 법칙(power-law)에 따른 특이한 분포를 가진다는 것을 보였다(Barabasi et al, 1999). 노드들의 연결도가 멱함수법칙을 따르는 바라바시의 네트워크에서는, WS의 네트워크나 ER의 네트워크에서는 존재하지 않던 연결도가 대단히 큰 허브(hub) 노드가 존재하였다. 예를 들어 도시 간의 도로망에서 연결도는 정규분포와 유사한 형태를 띠는 반면, 도시 간의 항공노선은 멱함수법칙을 따른다는 것이다. 도로망에서는 수백 개의 도시와 연결되어 있는 허브도시가 존재하지 않지만, 항공망에서는 그런 허브공항이 존재한다. 이러한 허브노드의 존재는 네트워크상의 거리를 좁혀 주는 역할을 한다.

멱함수 네트워크는 흔히 '척도 없는 네트워크'라고 불린다. 성인의 키의 사례처럼 정규분포를 보이는 어떤 통계량은 잘 정의된 평균치가 존재하며, 그 통계량의 최대치와 최소치의 비도 그리 크지 않다. 그러나 멱함수 법칙를 따르는 경우에는 평균이라는 개념을 적용하기 어렵고, 최대치와 최소치의 비도 상당히 커진다. 정규분포를 보이는 사람 키의 평균치는 대략 170cm라 치면, 가장 키가 큰 사람과 가장 작은 사람의 비도 4~5를 넘기 어렵다. 그러나 멱함수 법칙을 따르는 항공노선의 경우, 한산한 소규모 공항의 항공노선 수가 한두 개일 수 있는 반면, 허브 공항의 항공노선 수는 수백 개일 수 있다. 알파벳의 빈도수나 한 나라의 도시의 크기분포 등에 관한 지프(Zipf)의 법칙도 멱함수 법칙의 잘 알려진 사례이다. 어떤 공항의 항공노선이 대략 몇 개인가 하는 질문이나 평균적으로 도시의 인구는 대략 몇 명인가 하는 등의 질문에 대해서는 사람의 키는 대략 얼마인가 하는 질문에서와는 달리 쉽게 떠오르는 숫자가 없다. 이러한 특성 때문에 사람의 키는 한 길 두 길하는 깊이의 척도(scale)로 사용되기도 하지만, 공항의 개수에 대해서는 그러한 척도가 없다는 의미에서 멱함수 네트워크는 척도 없는 네트워크라고 불리는 것이다.

현실에서 많은 종류의 멱함 수네트워크가 발견되었는데, 멱함수 네트워크는 네트워크상의 거리가 비교적 짧아서, WS의 네트워크에서 보이는 작은세상 네트워크의 특성을 갖고 있다. 네트워크의 거리가 짧을수록, 네크워크상에서 소문이나 질병 등이 더 빨리, 더 많은 사람들에게 전파될 수 있다는 것을 의미한다. 평균 거리가 6인 네트워크에서는 내가 퍼트린 소문이나 질병이 평균적으로 6단계를 거치면 네트워크 내부의 대부분 혹은 적어도 과반수의 사람에게 전달될 수 있다는 의미이다. WS의 작은세상 네트워크가 6단계 가설을 이론적으로 증명하는데 사용되었지만, 오늘날 SNS 네트워크상의 평균 거리는 6단계보다 더 가깝다는 연구결과도 있다. 예를 들어 2016년 페이스북에서는 수억 명의 사용자 간의 거리가 3.5라는 연구결과가 발표되기도 하였다. 그만큼 세상이 더 좁아져 가는 것은 분명한 사실이다.

# 정보확산도와 더 작아지는 세상

네트워크상의 거리를 이야기할 때, 사람들 사이의 네트워크 구조를 고정된 것으로 보는 것은 타당하지 않아 보인다. 예를 들어, MERS와 COVID-19가 전파됐을 때 감염자 수나 감염 속도 등에서 많은 차이를 보였는데, 그것은 MERS가 퍼질 때와 COVID-19가 전파될 때 사람들 사이의 네트워크가 크게 달라져서 얻어진 결과는 아닐 것이다. 그보다는 사람과 사람 사이의 전염률이 달라서 그렇다고 보는 것이 합당할 것이다. 여기서 두 가지 개념의 네트워크를 생각해 볼 수 있다. 첫 번째는 감염도가 무한대로 높아 모든 이웃을 감염시키는 경우 결과적으로 얻어지는 감염자들 사이의 네트워크이고, 두 번째는 COVID-19나 MERS에서처럼 한 사람이 모든 이웃을 감염시키지는 않고, 평균 R명의 이웃을 감염시키는 경우 최종적으로 감염된 사람들로 구성된 네트워크이다. 감염자 1명이 평균적으로 감염시키는 이웃의 수인 R은 보통 재생산지수(reproduction number)라고 부른다.

재생산지수가 높을수록 감염자의 수가 많아질 것이다. 결과적으로 감염된 사람들만 나타낸 네트워크를 생각할 때, R의 값이 클수록 네트워크에 포함된 노드의 수나 연결선의 수도 많아질 것이다. 〈그림 6-2〉에는 R의 값에 따라 결과적으로 얻어지는 감염자 네트워크를 설명하였다. 먼저 〈그림 6-2〉의 a)에는 단순히 이웃관계를 표시한 네크워크를 나타내었다. 중앙의 S에서 시작하여 질병이 전파되는데, 감염자가 자신의 모든 이웃에게 질병을 전파하는 경우(〈그림 6-2〉의 b))와 평균 1명의 이웃에게 전파하는 경우(R=1)에 얻어지는 감염자 네트워크(〈그림 6-2〉의 c))를 비교하였다. 평균 1명에게 전파하는 경우에, 어떤 감염자는 2명 이상의 이웃에게 전파하지만 다른 감염자는 전파하지 않기도 하므로 전체 네트워크에 전파되기 훨씬 이전에 질병의 전파는 종료되고, 감염자 네트워크도 성장을 멈추게 된다. 〈그림 6-2〉에서 원 안의 숫자는 S와 해당 노드 간의 대략적인 거리를 나타내었다. R의 값이 바뀜에 따라 S와 A사이의 거리가 3(〈그림 6-2〉의 b))에서 5(〈그림 6-2〉의 c))로 바뀌었음을 관찰할 수 있다. 〈그림 6-2〉에서 보듯이 R이 크면 네트워크에는 더 많은 연결선이 생기며, 결과적으로 얻어지는 네트워크상의 거리가 가까워진다. 예를 들어 MERS의 경우 R=0.5이고, COVID-19는 R=2.9 정도라고 한다(basic reproduction number, Wikipedia). COVID-19나 MERS의 사례에서 보듯이 R이 크면 더 많은 사람에게, 더 빨리 질병이 전파된다.

● **그림 6-2  재생산지수(R)에 따라 달라지는 네트워크**

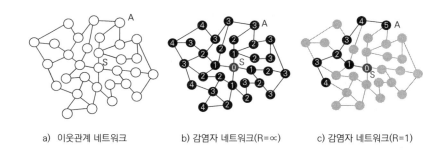

a) 이웃관계 네트워크    b) 감염자 네트워크(R=∞)    c) 감염자 네트워크(R=1)

R의 값이 얼마 이상이면 사회 전체에 질병이 전파되고, 많은 사람(예를 들면, 전체의 50% 이상)이 감염될 것인가? 관련된 임계수치는 흔히 침투임계치(percolation threshold)라고 부른다. 여기서 침투라는 것은 어떤 현상이 계 혹은 사회 전체에 퍼지는 것을 의미한다. 예를 들어 산불이 숲 전체에 광범위하게 퍼질 때, 소문이 사회 전체에 퍼질 때 침투가 일어났다고 말한다. R=1인 경우처럼 한 사람이 평균적으로 이웃 1명을 감염시키면 그 과정이 연속적으로 일어나고, 결국 계의 모든 사람이 감염될 것처럼 보인다. 하지

**제2부 ·** 사회환경 시스템의 미래

만, 실제의 경우 침투임계치는 보통 R>1에서 일어난다. 침투임계치는 네트워크의 종류에 따라 달라지지만, 분명한 사실은 R의 값이 클수록 더 많은 사람이 감염될 뿐만 아니라, 전파 속도도 더 빠르다는 것이다. 예를 들어, 10만 명이 평균거리가 4인 ER 네트워크를 구성하고 있다고 하자. 이때 평균거리의 의미는 감염된 모든 사람이 각자의 모든 이웃에게 질병을 퍼트릴 때 얻어지는 네트워크에서의 평균 거리를 말한다. 여기서 만약 한 사람이 평균 1명의 이웃에게 질병을 퍼트릴 때(R=1), 전체의 2%인 대략 2,000명이 감염되고 이들 감염자들 간의 네트워크에서의 평균 거리는 10 정도이다. 한 사람이 평균 3명을 감염시키면(R=3), 전체의 60%인 약 6만 명의 사람이 감염되고, 네트워크의 평균 거리는 5.2가 된다. R=1인 경우 침투가 일어났다고 말하기는 어려워 보이지만, R=3인 경우 확연히 침투가 일어났다고 말할 수 있다. R의 값에 따른 감염자의 수를 그래프로 그리면, 감염자의 수가 급격히 변화하는 점이 관측되는데, 그 점에서의 R값을 임계침투치로 정의할 수 있을 것이다.

여론이나 뉴스의 경우 침투 여부는 배경에 깔려 있는 이웃관계 네트워크의 구조도 중요하지만, 어떤 뉴스가 얼마나 확산성을 가지고 있는가와 관련하여 R값에 보다 크게 의존한다고 볼 수 있다. 그래서 정보확산도가 증가할수록 R값이 증가하여, 더 많은 사람에게 소문이 전달되고, 임계치를 넘으면 마침내 계 전체로 전달되는 침투현상이 일어난다. 여기서 정보확산도란 한 사람이 평균 몇 명의 이웃에게 소문을 퍼트리는가를 나타낸다고 보면 좋을 것이다. 정보확산도가 임계치를 넘어 더욱 증가하면 더 많은 사람들에게 더 짧은 시간 안에 전달된다. 정보확산도가 증가하면 네트워크의 평균 거리가 작아지며, 세상은 점점 더 작아진다.

# 자기편 이야기만 듣는 세상

    오늘날 인터넷이나 휴대전화 등의 보급으로 인해 정보확산도가 획기적으로 증가하였고, 그 결과 예전에 비하여 더 많은 뉴스가 침투임계치를 넘어 사회적인 이슈가 된다. 한국이나 미국 같은 나라에서는 정치적인 이슈에 대한 대립이 심화되어 국가나 사회가 정치적으로 양분화되는 현상이 나타나기도 하였다. 네트워크 관점에서 이러한 양극화된 사회는 2개의 공동체(community)를 갖는 2집단(two-community) 네트워크로 모델화할 수 있다. 100명으로 이루어진 한 집단(community)은 보수정당을 지지하는 사람들로 구성되어 있고, 또 다른 100명의 집단은 진보정당을 지지하는 사람들로서 구성되었다고 하자. 이때, 같은 집단 내 사람들끼리의 연결도가 서로 다른 집단에 소속된 사람들 사이의 연결도보다 높을 때, 〈그림 6-1〉에 보인 2집단 네트워크가 성립된다.

    이러한 2집단이 존재하는 계에 대해 여론동역학적인 방법을 적용한 연구사례도 있다(Shin and Lorenz, 2010). 여기서 다루는 문제는 앞에서 여론동역학과 관련하여 소개한 바 있다. 즉, 두 가지 가능한 안건에 대해 두 집단이 의견일치를 보일 것인가 아니면 두 집단이 서로 다른 의견을 지지하는 대립모드로 귀결될 것인가 하는 것이다. 동 연구에서 주장하는 가장 핵심적인 결론은 사람들 사이의 정보확산도가 증가할수록 두 집단이 대립모드에 들어갈 가능성이 더 증가한다는 것이다. 정보확산과정과 관련된 다소 추상적인 모델을 바탕으로 하고 있기는 하지만 오늘날 사회가 양극화되어 가는 가능한 이유의 하나로 정보확산도를 지적하고 있다는 점에서 흥미로운 연구결과이다. 앞에서 투표자모델이나 다수결모델이 이웃의 구조를 갖지 않아 비현실적이었음을 언급하였는데, 여기서의 2집단 문제는 여론동역학에서 네트워크 개념으로 이웃을 고려한 한 사례들 중의 하나이다.

　정보확산도가 증가함으로써 미국이나 일부 국가의 정치지형에서처럼 양분화가 심화되는 사례와는 정반대로 두 개의 집단이 하나로 합쳐지는 것도 가능하다. 애초에 집단 간의 연결이 없던 시절에 각 국가나 종족은 고유의 언어를 유지하고 살았다. 교통 통신의 발달로 국가간 혹은 종족 간의 왕래가 빈번해지면서 언어 집단 간의 상호작용이 증가하게 되고, 그 결과 두 나라의 언어가 어느 하나로 통합되는 의견일치영역으로 이동해 갈 수 있는 조건이 형성되고 있다. 그 결과 전 지구적으로 가까운 장래에 수많은 언어가 도태될 것이라고 한다. 물론 현재의 스위스에서처럼 여러 개의 언어가 공존하는 상태에 머물러 있을 수도 있을 것이다.

　양극화가 심해질수록 정보는 같은 그룹 내에서만 통용되며, 이러한 현상은 흔히 메아리방(echo chamber)이라는 말로 표현된다. 자신이 한 이야기가 메아리처럼 되돌아 오는 현상을 말한다. 결국 사람들은 자신들이 지지하는 성향의 정보만 유통시키게 된다. 공화당 지지자는 친공화당 언론사만 구독하거나 친공화당 유튜브만을 보고, 반대로 민주당 지지자들은 자신들이 선호하는 언론사나 유튜브 채널들을 구독한다. 그리하여 거의 모든 정치적인 이슈에 대해 서로 의견대립을 보이게 된다. 어떤 사안에 대해 이성적이거나 과학적으로 판단하기보다 네 편 내 편이 무엇보다 우선하는 판단 근거가 된다. 그 결과 동일한 사안에 대해 정반대의 해석이 내려지기도 한다. 예를 들어, 미국에서 공화당 지지자들은 민주당 지지자들보다 오바마의 피부 빛깔을 더 검게 보고 있다는 조사 결과도 있다. 심지어는 자기편인가 아닌가가 선악을 판단하는 기준이 되기도 한다. 극단적인 사례는 트럼프의 발언에서 볼 수 있다. 트럼프는 "내가 공개된 장소에서 사람을 쏘아 죽여도 공화당 지지자들은 나를 찍을 것이다."라고 장담하였다고 한다(Iyengar and Krupenkin, 2018).

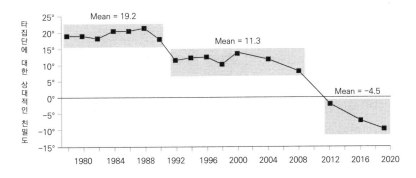

● 그림 6-3 미국에서의 집단 혐오도의 증가현상(Druckman, 2020)

양극화가 심화되면 진영 간 의견 대립이 극한으로 치달아 사회분열과 갈등이 증가하고, 단순한 의견대립을 뛰어넘어 타진영 사람들에 대한 증오심이 증가한다. 미국에서 조사한 사례에 따르면(〈그림 6-3〉 참고), 1990년 대부터 최근에 이르기까지 시간이 갈수록 정치성향이 다른 타진영 사람들에 대한 증오심이 증가함을 볼 수 있다(Druckman 2020). 〈그림 6-3〉은 연도별로 (자기 진영 사람들에 대한 친근감)-(타진영 사람들에 대한 증오심)을 조사한 그림이다. 이 값이 감소한다는 것은 타진영 사람들에 대한 증오심이 증가한다는 것으로 해석할 수 있다. 조사가 시작된 1970년대 후반부터 2010년대 후반까지 증오심이 지속적으로 증가함을 보여 준다. 이는 양극화 경향이 심해진다는 것으로 해석할 수 있다. 그런데 〈그림 6-3〉을 보면 양극화가 급격히 심해지는 두 개의 시점을 볼 수 있다. 하나는 1990년 도 전후이고 다른 하나는 2010년도 전후이다. 1990년도 전후는 인터넷이 처음으로 보급된 시기이며, 2010년도를 전후 해서는 스마트폰이 처음으로 보급되었다. 인터넷이 처음 개통되면서 이메일을 쓸 수 있게 됐고, 스마트폰 보급으로 문자뿐만 아니라 동영상이나 기사 등을 전파하는 것이 가능해졌다. 두 사건 모두 정보확산도의 획기적인 증가를 가져왔다고 볼 수 있다.

정보확산도의 증가로 인하여 개인 간의 거리가 가까워지고, 그것이 2집단 네트워크의 형태에 반영되면서 의견대립 모드로 들어갈 가능성이 커진 결과로 볼 수 있다.

## 집단사고냐, 집단지성이냐?

점점 속도가 빨라지는 스마트폰을 위시한 정보기술의 획기적인 발전은 현재에도 진행 중이므로, 개인간의 정보확산도가 앞으로도 계속 더 증가해 갈 것임은 부인할 수 없을 듯하다. 정보확산도가 점점 더 증가하여 거의 이심전심으로 사람들 사이의 정보소통이 이루어지면 어떤 일이 일어날 것인가? 〈그림 6-3〉에서 보는 것처럼 집단간의 증오가 점점 더 심각해져서 사회는 최악의 사태를 맞을 것인가?

오랜 기간을 통해 지구상의 생명체는 단세포에서 다세포로, 식물에서 동물로 진화하였을 뿐만 아니라, 급기야는 개미나 꿀벌처럼 여러 개체가 하나의 거대한 초생명체를 이루기까지 진화해 왔다. 말레이시아 폭발개미는 적들에게 둘러싸였을 때 자신을 폭파시켜 적들에게 독액을 내뿜고 죽음으로써 집단을 구한다고 한다. 다른 일개미들한테 먹이를 제공하기 위해 크게 부풀어 오른 복부에 꿀을 저장하는 꿀단지개미나 다른 병정개미보다 훨씬 큰 머리로 개미집의 입구를 틀어막고 보초를 서는 문지기개미의 존재는 개미집단 전체가 하나의 거대한 다세포 유기체를 이루고 있다는 것을 보여준다. 개미나 꿀벌은 기본적으로 '개체 간의 협력'에 바탕을 두고 초생명체를 이루었으며, 그러한 초생명체가 개체나 집단의 생존에 유리하게 작용하였다는 것이다. 이러한 동물이나 우리 인간같은 소위 '사회적인 동물'은 이른

바 '협력의 유전자'를 가지고 있다고 한다. 인류가 지닌 협력의 유전자와 관련하여 '할머니의 발명'을 예로 들 수 있다고 한다(김정아, 2022). 다른 동물과 달리 사람의 여성은 자신의 딸이 성장하여 출산을 할 때쯤이면 자신이 출산을 멈추고 손자, 손녀의 양육을 도울 수 있도록 폐경이라는 유전자를 발명하였다는 것이다. 후손을 잘 양성하는 것이 인류가 번성하게 된 핵심적인 이유라는 것이다.

그런데 이런 협력의 유전자는 인류를 포함한 사회적인 동물이 성공하는 데 가장 큰 요소이지만, 동시에 가장 큰 위협요소로 작용할 수도 있다고 한다(김정아, 2022). 예를 들어 암은 그러한 협력이 위험이 되는 사례이다. 암을 일으키는 종양은 하나의 유전자를 가진 세포집단이 아니라 서로 도우며 번성하는 다양한 하위세포집단으로 구성된 군집이다. 예를 들면, P형 하위집단 세포는 Q형 하위집단 세포의 성장을 돕고, 그 대가로 P형 세포는 Q형 세포가 성장억제 신호에 반응하지 않도록 막아준다. 이러한 암조직이 성장하기 위해서는 자체적인 성장신호를 만들고 종양에 자원을 공급할 혈관을 확보하여 원래는 정상세포에 사용되어야 할 자원을 가로채야 하며, 또한 세포 밖에서 발생하여 세포의 성장을 제한하는 신호를 무시하여야 한다는 것이다. 결국 암세포는 자체적인 신호를 만들고, 외부에서 오는 신호를 무시하는 등 세포들 간의 정상적인 의사소통이 이루어지지 않을 때 발생한다. 정상세포와 암세포는 서로 다른 커뮤니티를 형성하는 네트워크 구조를 갖게 된다고 볼 수 있다.

암세포가 이루는 커뮤니티 네트워크가 오늘날 정치적인 양극화가 심하게 나타나는 국가의 정치사회에서 나타나는 네트워크와 유사하다는 생각은 지나친 것일까? 의사소통이 활발해지면 앞의 2집단 문제에서 보았듯이, '협력의 유전자'가 집단 내부에서만 발휘되어 집단간의 고립이 더 심화되고, 그 결과 내부에 암이 발생한 숙주처럼 전체 사회가 위협을 받을 수도 있을 것이다. 협력의 유전자가 이롭게 전개되느냐, 아니면 해롭게 전개되느냐 하는 것이 문제일 수 있다. 이를 이미 잘 알려진 다른 말로 하면, 이러한 협력의 유전자를 통하여 어떤 사회에서 집단지성이 발휘되느냐, 아니면 집단사고의 위험성에 빠지느냐의 두 가지 가능성이 존재한다는 것이다.

집단사고(group thinking)란 한 그룹의 사람들이 의사결정을 할 때, 개인들의 개별적인 의견이나 아이디어를 억누르고 그룹의 일반적인 의견에 따라 생각하거나 행동하여 한 방향으로 일치된 결정을 내리는 것을 의미한다. 이는 독립적인 사고와 창의성을 억제할 수 있으며, 다양한 대안적인 관점을 간과할 수 있고, 그 결과 그룹의 편향된 판단이나 결정을 초래할 수 있다. 앞에서 얘기한 메아리방 현상이나 정치적인 양분화 등은 집단사고의 한 결과라고 보고 있다. 집단사고의 또 다른 잘 알려진 사례는 1990년대 후반의 닷컴 버블 및 2000년대 중반의 주택 시장 버블과 같은 다양한 금융시장의 거품을 들 수 있다. 이러한 거품의 발생은 투자자, 분석가 및 금융 기관 사이에서 집단사고가 작동한 결과이다. 많은 사람들이 단순히 다른 사람들의 흐름을 따르며, 고평가되고 지속할 수 없는 자산에 투자하는 경향이 있었으며, 이로 인해 심각한 시장붕괴가 발생했다는 것이다.

집단사고와 반대되는 개념으로서 집단지성(collective intelligence)은 그룹 내 다양한 개인의 아이디어, 경험, 지식 등을 조합하여 더 나은 결정과 해결책을 찾을 수 있게 해준다. 개인이 각자의 강점을 발휘하고 협업하여 그룹 전체가 합리적인 결과를 도출할 수 있게 한다. 흔히 인류가 천연두를 박멸한 것을 집단지성이 발휘된 최초의 사례로 꼽는다. 오늘날 집단지성이 발휘되고 있는 프로젝트의 대표적인 사례의 하나로 위키피디아(Wikipedia)를 들 수 있다(송연석, 2008). 위키피디아는 누구나 자유롭게 콘텐츠를 편집하고 공유할 수 있는 다양한 주제의 온라인 백과사전이다. 브리태니커 백과사전에 대항하고자 2000년에 시작된 최초의 온라인 백과사전 뉴피디아

(Nupedia) 프로젝트가 위키피디아의 전신이라 볼 수 있다. 뉴피디아는 주로 전문가와 학자들을 대상으로 한 내용을 다루면서, 일반 사용자들의 참여를 억제하고, 다양한 주제에 대한 정보를 포함할 수 없게 되어 있었다. 뉴피디아가 지지부진하자 2001년에 지미 웨일스 등은 위키피디아를 설립하였는데, 뉴피디아와 달리 이 사이트에서는 누구나 계정을 만들고 문서를 편집하거나 새로운 글을 작성할 수 있다. 사용자들은 각자의 전문 분야나 흥미 있는 주제에 대한 지식을 기여하고, 이를 통해 위키피디아는 수많은 주제에 대한 포괄적이고 다양한 정보를 제공하고 있다. 위키피디아는 열린 협업과 사용자 중심의 참여를 통해 지속적으로 성장하면서, 뉴피디아에서의 실패를 극복하여 현재의 성공을 이루어 내었다. 2001년 최초로 개발되던 해에 전체 2만 개의 항목이 수록되었는데, 2024년도 현재에는 전체 670만 개 항목에 거의 6천만 페이지에 달한다고 한다. 브리태니커 백과사전이 13만 개의 항목을 포함하는 것과 비교해 볼 수 있다. 그 결과 최근 통계에 따르면 위키피디아는 방문자가 가장 많은 웹사이트 중 7위이며, 구글, 페이스북 등 상업적인 웹사이트를 제외한 비 상업적인 사이트 중에서는 1위를 차지하고 있을 만큼 성공적이다.

사람들 간의 전례 없는 의사소통의 결과로 전보다 훨씬 더 큰 규모에서의 협력이 이루어지고, 두 가지의 상반된 가능성이 존재하는 경우에, 인류는 혹은 사회나 국가는 어떻게 하면 집단사고에 빠지지 않고 집단지성을 발휘할 수 있을까? 사실 정보확산도가 증가한다고 해서 모든 국가에서 정치적인 적대감이 증가하는 것도 아니다. 한 연구에 의하면, 지난 40년 동안 미국이나 캐나다에서는 적대감이 증가하였지만, 독일이나 영국 등의 나라에서는 오히려 사회적인 적대감이 감소하고 있는 것으로 조사되었다(Boxell, 2021). 한국의 경우 조사대상에 포함되지 않아 아쉽기는 하지만, 조사되었다면 적대감이 증가한 나라에 포함되지 않았을까 추측해 본다. 왜 어떤 나라에서는 적대감이 증가하고, 어떤 나라에서는 그 반대 현상이 나타날까? 미국의 경우에는 정치적으로 양당제이기 때문에 그렇다는 주장도 그 럴싸하게 들린다. 어쨌거나 정보 확산도의 증가는 이러한 현상을 어떤 방향으로든 가속화하는 것으로 해석할 수 있을 것이다. 각 국가 간의 차이를 연구하고, 해결책을 연구하는 것은 중요한 의미가 있을 것이다.

국가 간의 비교 연구는 아니지만, 그룹에서 집단사고가 아닌 집단 지성이 발휘되기 위한 조건들을 연구한 여러 연구 사례들도 있다. 유사한 목적으로 시행된 이들 연구에서 공통적으로 제안되는 방법은 어떤 집단 내에서 주도적인 한두 사람이 아닌 많은 사람이 골고루 자신의 의견을 피력할 기회를 만들라는 것이다. 경쟁이 아닌 협력의 장을 만들고, 서로 의견이 다른 그룹 간의 의미있는 만남을 장려하며, 사람들이 자신의 의견을 나눌 수 있는 안전한 환경을 만들라는 것이다.

주도적인 사람들의 의견이 지배하고, 다수의 개인이 자신의 의견을 피력할 기회가 없는 현실의 환경은 사람들 사이에서 정보가 유통되는 구조와도 관련이 있다고 생각한다. TV나 신문 등 전통적인 언론매체에서는 '말하는 사람'과 '청취자' 역할이 대체로 고정되어 있다. 말하는 사람은 소수의 유명인이나 권력자일 가능성이 크며, 다수의 대중은 듣는 역할에 국한된다. SNS에서도 특히 개인사가 아닌 사회적인 이슈에 대한 정보의 소통구조는 이와 유사하다. 인플루언서인 팔로이(followee)와 보통사람들인 팔로워(follower)의 구조로 도식화해 볼 수 있는 이런 구조에서 여전히 말하는 인플루언서는 소수이다. 인터넷이 발달한 현대에 와서는 영향력 있는 유튜버나 블로거가 될 길은 누구에게나 열려 있고, 그 결과 예전보다 소통구조가 다양해졌지만, 어떤 사회적인 논제에 대해 다수의 개인이 말하는 입장으로 참여하는 길은 여전히 제한적이다. 우리지역의 신공항 후보지를 결정하는 과정에서 잠정적인 고객으로서 나는 내 의견을 피력할 기회가 있었으며, 그 결과 내 의견은 제대로 반영되었는가? 혹시 뉴피디아에서처럼 전문가에게만 편집권을 맡겨, 위키피디아의 출현을 막고 있는 형상은 아닐까?

앞으로도 사회적인 이슈에 대해서는 전문가나 소수의 인플루언서에 의존하는 소통방식이 여전히 대세를 이룰 것으로 보인다. 이러한 방식을 완전히 대체하는 것은 불가능하며 또한 바람직하지도 않을 것이다. 그러나, 완전히 대체하지는 못할지라도, 보완하여 누구나 비슷한 지분을 갖고 참여하는 소통방식은 가능할까? 지금은 X로 사명을 바꾼 트위터(Twitter)를 예로 들어 보자. 어떤 사람의 트윗(tweet)은 일차적으로 그 사람의 팔로워에 전달된다. 만약에 리트윗이 없으면, 그 사람의 트윗은 그 사람의 친구들에게만 전달되는 선에서 끝날 것이다. 그러나 그 사람의 팔로워 중 누군가 리트윗을 하면, 이제는 그 사람의 친구의 친구들에게도 전달된다. 그 사람의 트윗은 자신이 모르는(일차적인 팔로워가 아니라는 의미) 사람들에게도 전달될 수 있다. 리트윗은 유명인이 아닌 보통 사람의 의견도 자신의 친구가 아닌 대중들에게 전달될 수 있는 하나의 통로일 것이다. 하나의 트윗에 대해 리트윗이 연쇄적으로 일어나면, 그 메시지는 네트워크속으로 널리 전파될 수 있다. 그러나 리트윗은 트위터에서 그렇게 많이 일어나지 않는다. 어떤 경우에는 하나의 트윗에 대해 리트윗이 최고 11단계에 걸쳐 일어나기도 하지만, 96%의 경우 리트윗은 한 단계에서 끝났다는 조사 결과가 있다(Kwak, 2010). 리트윗은 '다수의 참여'라는 기대에 미치지 못하는 수단으로 볼 수 있다.

## 단체대화방 속의 네트워크

이웃의 정보를 연쇄적으로 퍼 나르는 또 하나의 플랫폼으로써 단체대화방을 생각할 수 있다. 다수의 사람들이 온라인 상에서 모여 정해진 시간에

토론을 하기 위한 단체대화방이 아닌, 즉석 메시지 앱(instant messaging apps)에서의 단체대화방을 이야기한다. 다음의 카카오톡이나 네이버의 라인, 미국의 스냅챗, 중국의 위챗 등은 모두 비슷한 개념의 단체대화방을 가지고 있다. 어떤 사람이 한 단체대화방에 특정 메시지를 올리고, 그 방의 친구들 중 몇 명이 각자가 참여하고 있는 다른 단체대화방에 그 메시지를 옮기기를 반복하면, 그 메시지는 자연스럽게 널리 퍼져나갈 수 있을 것이다. 같은 단체대화방에 소속된 개인들은 서로서로 팔로워(follower)이면서 팔로이(followee)라는데 암묵적으로 동의한 그룹을 형성하고 있다는 점은 다른 SNS에서의 팔로워-팔로이 구조와는 분명히 다르다. 인플루언서(influencer)일수록 더 많은 팔로워를 갖는 구조와 달리 단체대화방의 구성원들은 적어도 그 방 안에서는 동일한 수의 팔로워-팔로이를 갖는다는 뜻이다. 단체대화방에서는 위키피디아에서처럼 모든 개인이, 적어도 그 출발점에 있어서는, 비슷한 정도의 영향력을 가지고 있다고 볼 수 있다. 양극화를 해소하는 등 집단지성이 발휘되기 위한 조건으로 앞에서 언급하였던 '다수개인의 참여, 다른 집단 간의 의사소통' 등을 해결하는 한 수단으로 기능할 수 있다.

● 그림 6-4  단체대화방에서의 네트워크

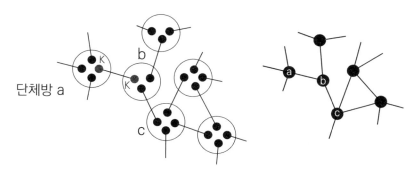

특히, 단체대화방을 통한 메시지 소통이 상당히 효율적일 수 있음은 쉽게 알 수 있다. 〈그림 6-4〉에서 단체대화방이 구성하고 있는 네트워크를 설명하였다. 〈그림 6-4〉에는 구성원이 3~4명인 단체방에 각 개인이 각자 2개씩의 단체대화방에 가입한 경우를 예로 들어 설명하였다. 예를 들어 개인 K는 2개의 단체대화방 a, b에 참여하고 있다. 이때, 각 개인이 아니라 단체방을 하나의 노드로 보면, 〈그림 6-4〉의 오른쪽 그림과 같은 네트워크가 성립한다. 단체방인 노드 a, b 사이에는 그 2개의 방에 공동으로 참여한 개인 K 때문에 연결선이 존재한다. 단체방을 노드로 본 네트워크에서 어떤 방의 연결도는 그 방에 참여한 사람의 수와 동일하다. 단체대화방은 3명에서부터 수백 명에 이르기까지 그 크기가 다양하다. 특정 플랫폼에서 단체대화방의 크기분포를 조사한 사례는 찾을 수 없지만, 멱함수 법칙을 따르지 않을까 추측해 볼 수 있다. 10명 이하의 단체방이 대부분이겠지만, 드물게 수백 명이 참여하는 단체대화방도 존재한다는 사실 때문이다. 방의 크기분포가 멱함수법칙을 따를 때, 단체대화방이 이루는 네트워크는 작은세상 네트워크의 특성을 갖기 때문에, 네트워크상에서 방과 방 사이의 거리가 비교적 가까워 메시지 전파가 쉽게 일어날 수 있다. 예를 들면, 전체 1,000만 명이 이러한 단체대화방을 구성하고 있는 경우, 평균적으로 2~3명 중의 한 사람이 메시지를 전달하면, 10단계 전에 전체대화방의 과반수 인원에게 메시지가 전달될 수 있을 것으로 추정된다. 즉 침투현상이 일어나는 것이다. 한 방에서 2~3명이 메시지를 전달하면 침투현상이 일어날 수 있다는 사실은 단체대화방에서의 메시지 전달에 드는 노력이 상대적으로 절감됨을 의미한다. 개인 간의 네트워크라면 한 사람이 2~3명의 친구에 메시지를 전달하여야 침투가 일어날 수가 있지만, 단체대화방에서는 두 사람 혹은 세 사람 중 한 명만 메시지를 전달하여도 동일한 효과가 난다는 것이다.

이처럼 단체대화방은 유명 인플루언서가 아닌 나도 하루아침에 모든 사람에게 내 의견을 전달하는 통로가 될 수 있다. 예를 들어 누구나 단체방에 기사를 올림으로써 누구나 기자가 되고, 메시지 전달에 참여하여 국민 모두가 참여하는 언론기관으로서 가능할 수 있지 않을까 생각한다. 물론, 그러한 가능성은 존재한다고 하더라도 현실적으로 단체대화방은 이러한 의사소통의 경로로서 활성화되기는 쉽지 않아 보인다. 사람들은 단체대화방 속에서 퍼 나르기에 익숙하지 않아 보이기 때문이다. 내가 공감하는 기사라도 그것을 퍼 나르는 행동에 이르기까지에는 여전히 장벽이 존재하는데, 퍼날라야 할 만큼 절실하지 않거나 같은 방의 동료들이 나의 퍼 나르기를 어떻게 볼까 하는 염려도 존재할 것이다. 퍼 나르기를 활성화 하기 위해서는 퍼 나르기에 대한 사회적인 공감대를 만들거나, 아니면 일부 SNS에서처럼 퍼 나르기에 대한 장려책을 생각해 볼 수 있다. 예를 들면, 스팀잇(Steemit)라는 소셜 미디어 웹사이트에서는 콘텐츠를 올리는 사람이나 퍼 나르는 사람에게 스팀(Steem)이라는 암호화폐로 보상하는 체계를 갖고 있으며, 퍼블리시(Publish)라는 우리나라 기반의 언론사도 독자가 뉴스 콘텐츠를 소비하거나, 생산적인 댓글을 달고 해당 콘텐츠를 공유하는 활동 등에 대해 뉴스(News)라는 토큰을 보상해 준다.

## 정치적 양극화 사회의 미래

앞에서 단체대화방이 기존의 언론을 보완하여 양극화 해소에 기여할 플랫폼으로 활용될 수 있을 가능성을 엿보았다. 정치적 양극화가 심한 미국의 경우에는 양극화 해소를 위한 노력이 몇몇 비영리단체를 중심으로 진행되고 있다. 머지않아 미국은 내전 상태에 들어갈 것이라는 전망이 있을 정도로 미국사회의 정치적 양극화는 심각하다. 2024년 초에 나온 한 기사에 의하면, 미국 내 강성 공화당 지지자의 54%, 강성 민주당지지자의 40%가 향후 10년 내에 미국에 내전이 발생할 것이라고 생각하고 있다고 한다(Stokes, 2024). 한 술 더 떠 그 내전의 형태가 남북전쟁과 같은 대규모 전쟁이 아니라 국지적 게릴라전 형태일 것이라는 구체적인 전망도 나오고 있는 실정이다. 이렇게 양극화가 계속 증폭되어 전쟁의 형태로까지 치달을 것이라는 부정적인 전망이 존재하는 한편, 노력 여하에 따라 양극화가 해소될 수도 있을 것이라는 믿음을 가능케하는 긍정적인 신호도 존재한다. 그것은 많은 사람들이 양극화된 정치 상황에 대해 염증을 느끼고 있다는 조사결과에서 확인된다. 양극화 해소를 위한 몇몇 비영리단체들의 움직임은 이런 긍정적인 신호에 의존한다. 예를 들면 "Starts With Us"라는 비영리단체(https://startswith.us)는 87%의 미국민이 양극화에 지쳐 있다는 조사결과를 바탕으로 양극화 해소를 위한 사회운동을 전개하고 있다. 이들은 미국의 복잡한 문제를 풀기 위해서는 모두가 함께 일해야 한다는 점을 강조하며, 호기심(Curiosity), 열정(Compassion), 용기(Courage)라는 3C 운동에 참여할 것을 독려하고, "양극화 해독 운동(Polarization Detox Challenge)"이라는 4주 동안 하루 5분씩의 시간을 투자하는 구체적인 행동방안도 제안하고 있다. 2017년에 시작된 "먼저 듣기 연합(Listen First Coalition)"이라는 또 다른 비영리단체(https://www.listenfirstproject.org/listen-first-coalition)은 점점 더 심화되는 극단적 양극화의 위기를 해결하기 위해서는 사람들이 함께 협력하여 문제를 해결하는 것이 최고의 방법이라고 믿고, 서로의 의견을 경청하고 이해하며 공통점을 찾기 위해, 미국 전역에서 활동하는 500개 이상의 조직을 하나로 모으고 있다고 한다. 양극화 해소를 위한 동 연합의 목표는 다음과 같다: 서로 다른 의견을 가진 사람들 간의 대화를 촉진하고, 경청과 이해를 통해 공통의 목표를 찾으며, 다리 역할을 하는 노력이 표준이 되도록 만든다. 양극화 해소를 위한 전술한 비영리단체들은 사람들이 어느 한 쪽의 이야기만 듣지 않고 양쪽의 이야기를 골고루 들으며 서로 대화하는 환경을 만들어 가는 것을 목표로 사회운동을 전개하는데, 그러한 운동이 가능한 것은 양극화에 지친 많은 사람들이 존재하기 때문이라는 것이다.

그렇다면 이러한 노력의 결과로 양극화는 해소될 수 있을 것인가? 2020년에 나온 양극화된 미국 사회의 미래에 대한 전망은 여전히 '잘 알 수 없음'인 것으로 보인다(Heltzel, 2020). 상대방에 대한 오해와 상대를 기피하는 경향이 증폭되어 더 심화될 것이란 전망과 이미 정점에 도달하였기 때문에 완화될 것이라는 전망이 공존하고 있다. 이러한 상반된 전망이 공존하는 가운데 전술한 사례와 같은 비영리단체들의 노력은 중요한 의미를 갖는다고 생각된다. 특히, 미국의 사례이긴 하지만, 양극화에 지친 사람들이 많다는 것은 양극화 해소를 위한 중요한 출발점이 될 수 있을 것이다. 우리나라의 경우에도 거대 양당 지지자 외에도 중도층이 존재하며, 중도층이 아니라도 양극화의 폐단에 지쳐있는 사람들이 많을 것이라 추측된다. 미국의 사례에서처럼 이런 사람들이 힘을 효과적으로 모을 수 있다면, 점점 심각해져 가는 한국 사회의 양극화를 완화시킬 수도 있을 것으로 생각된다.

본책에서는 기술의 발전이 가져오는 정보확산도의 증가가 사람들 사이의 거리를 좁히고, 그 결과 세상이 점점 더 작아지는 현상을 네트워크의 개념으로 살펴 보았고, 특히 2그룹 네트워크로 표현되는 양극화 사회의 등장과 폐단 및 이를 완화하기 위한 노력들을 살펴보았다. 앞으로도 기술의 발전은 계속 될 것이며 정보확산도는 점점 더 커져서 시간이 갈수록 사람들 사이의 연결세계는 점점 좁아져 갈 것이다. 그 결과 인간사회는 마치 하나의 거대한 두뇌처럼 기능을 하게 될 것이다. 그런 거대한 두뇌가 암세포처럼 자신이 속한 소그룹의 이익만을 좇지 않고, 사회 전체의 이익을 위한 해결책을 찾는 집단지성으로 기능하게 되는 미래를 기대해 본다.

김정아 옮김, 협력의 유전자, Nichola Raihani 원저, 한빛비즈, 2022.

송연석 옮김, 끌리고 쏠리고 들끓다, Clay Shirky 원저, 웅진씽크빅, 2008.

Barabási, A. L. and R. Albert, "Emergence of Scaling in Random networks", *Science* 286, 1999.

Boxell, L. et al, "Cross-country trends in affective polarization", NBER working paper 26669, http://www.nber.org/papers/w26669, 2021.

Deffuant, G. et al., "Mixing beliefs among interacting agents", *Advances in Complex Systems* 3, 2000.

Druckman N. et al., "Political sectarianism in America", *Science* 370 (6516), 2020.

Galam, S. and F. Jacobs, "The role of inflexible minorities in the breaking of democratic opinion dynamics", *Physica A: Statistical Mechanics and its Applications* , Vol. 381, 2007.

Heltzel, G. et al, "Polarization in America: two possible futures", *Current Opinion in Behavioral Sciences* , Vol. 34, 2020.

Iyengar, S. and M. Krupenkin, " The Strengthening of Partisan Affect", *Advances in Political Psychology,* Vol. 39, 2018.

Kwak, H. et al., "What is Twitter, a Social Network or a News Media?", WWW 2010, Raleigh, NC, USA, 2010.

Shin, J. and J. Rolenz, "Tipping diffusivity in information accumulation systems: more links, less consensus", *Jounal of Statistical Mechanics*, P06005, 2010.

Sîrbu, A. et al., "Opinion dynamics: models, extensions and external effects", *Participatory sensing, opinions and collective awareness*, Springer, 2017.

Stokes, B., "Could the United States be headed for a national divorce?", https://www.chathamhouse.org/2024/02/could-unitedstates-be-headed-national-divorce, 2024.

Watts, D. J. and S. H. Strogatz, "Collective dynamics of 'small-world' networks", *Nature* 393 (6684), 1998.

# 과학혁명과 기술혁신의 미래

# 제7장

# 로보 사피엔스

이석규

## 로봇의 현재

　인간은 오래 전부터 편안한 삶을 추구하며, 이를 기계 인간의 도움으로 실현하고자 많은 노력을 기울여 왔다. '로봇(robot)'이라는 단어의 어원은 체코어로 '강제 노동(forced labor)'을 의미하는 '로보타(robota)'에서 유래했으며, 이는 1921년 체코슬로바키아의 극작가 카렐 차페크(Karel Capek)가 그의 풍자적인 희곡 「로섬의 만능 로봇(R.U.R: Rossum's Universal Robots)」에서 처음 사용하였다. 이 희곡은 로봇들의 반란으로 인한 인류의 종말을 그렸으며, 이는 현재 인간이 우려하고 있는 인간에 대한 로봇의 지배를 예견했을 지도 모른다.

로봇의 역사는 고대 이집트 등에서 사용된 일종의 기계 장치와 같은 것을 포함하기도 하지만, 일반적으로 로봇의 시초는 1960년대 미국의 유니메이션사에서 제작하여 제너럴 모터스의 자동차 부품 공장에 설치 사용한 산업용 로봇 '유니메이트'로 볼 수 있다. 현재 로봇은 카페에서 드립 커피를 내리거나, 식당에서 조리 보조, 음식 서빙 등의 용도로 우리 주변에서 쉽게 볼 수 있을 정도로 지속적인 진화를 거듭하고 있다. 또한 미세 전자기계 시스템(MEMS: Micro Electro Mechanical Systems), 인공지능(AI: Artificial Intelligence), 나노(Nano) 등의 기술을 이용한 초소형 로봇에서부터 해저 및 우주 탐사용 로봇 등과 같은 다양한 분야에서 새로운 로봇이 개발되어지고 있다. 한편으로는 현재와 같은 급속한 기술 발전은 로봇의 미래 혹은 인간의 미래에 대한 예측을 매우 어렵게 하고 있기 때문에 로봇의 발전에 따라서 발생할 수 있는 인간의 존재 문제를 포함한 많은 문제가 발생할 것이다. 향후 로봇과 인간의 관계는 인간을 위한 로봇, 인간과 공존하는 로봇, 인간을 지배하는 로봇으로 분류할 수 있으며, 이에 따른 제반 문제에 대한 대책을 수립하는 것이 매우 시급한 실정이다. 미래에는 인간이 과학기술을 이용하여 새로운 종으로 진화할지, 또 다른 종인 로봇이나 새로운 존재가 출현할지 예측하기 어렵다. 많은 과학자들은 인간의 의식과 로봇의 몸을 첨단공학으로 결합해 인간이 로봇화되는 시대가 올 것이라고 예견하고 있기도 하다. 이러한 로봇의 발전은 안전 문제, 사이버 보안 문제, 윤리적인 문제뿐 아니라 인간의 존재에 대한 심각한 우려를 동반하고 있다. 따라서 로봇 기술의 발전이 인간의 생활 혹은 존재에 대하여 긍정적인 면만 있지 않다는 데 문제의 심각성이 있다.

## 로봇의 용도 및 로봇 산업 전망

　과거에 로봇은 인간 대신 어렵거나 위험한 작업, 열악한 환경에서의 작업, 정밀한 작업, 지루하고 반복적인 작업을 위해 개발되었다. 그러나 기술의 진보와 사회적 요구의 변화에 따라, 로봇의 활용 범위는 단순한 생산성 개선을 넘어 우주, 군사, 교육, 의료, 가정 등 다양한 분야의 지능 로봇으로 확대되고 있다. 특히 AI 기술의 발전은 로봇에게 경험 학습, 새로운 작업 적응, 독립적인 의사 결정 등의 능력을 부여하고 있으며, 이로 인해 로봇이 인간의 삶을 근본적으로 변화시킬 잠재력을 갖추게 되었다. 로봇 기술의 주요 응용 분야는 다음과 같다.

## 산업용 로봇

　산업용 로봇은 다양한 분야에서 활용되고 있으며, 용접, 조립, 도장, 검사, 물류, 기계 공작, 창고 관리 등의 작업에 폭넓게 적용되고 있다. 최초의 산업용 로봇은 1959년 유니메이션사에서 조지 데볼(George Devol)과 조셉 엥겔베르거(Joseph Engelberger)에 의해 개발되어 단순 반복 작업에 사용되었다. 그러나 최근에는 센서 기반의 인식 기능을 탑재하여, 인간과 로봇이 협력하여 작업을 수행하는 협업 로봇이 도입되어 생산성을 크게 향상시키고 있다. 이러한 발전은 로봇 기술의 진화뿐만 아니라 작업 환경에서의 인간과 로봇 간의 상호작용 방식에 있어서도 혁신적인 변화를 가져오고 있다.

## 운송용 로봇

운송용 로봇은 초기에 단순한 물품 이송 역할을 수행했으나, 그 활용 범위가 점차 확대되어 현재는 인적 및 물적 자원을 육상, 해상, 공중에서 이동시키는 수단으로 발전하고 있다. 자율 주행 차량과 해상 및 공중 드론은 실용화 단계에 접어들고 있으며, 이들 기술은 인간의 생활 방식에 근본적인 변화를 가져올 것으로 기대되고 있다. 특히 지상의 자율 주행 차량과 공중 드론은 물류와 운송 분야에서 혁신을 가속화하며, 효율성과 접근성을 대폭 향상시킬 전망이다. 이러한 발전은 교통 시스템의 안전성과 지속 가능성을 높이는 동시에 인간의 삶의 질을 개선하는 새로운 기회를 제공할 것으로 전망된다.

## 의료용 로봇

의료용 로봇은 환자 진단, 간호, 수술 관리, 약물 개발, 심리 치료는 물론 원격 상담을 위한 텔레메틱 로봇, 노인 도우미 로봇 등 다양한 형태로 활용되고 있다. 미세 전자기계 시스템, 바이오 기술, 나노 기술과 같은 첨단 기술의 발전은 초소형 의료용 로봇 개발을 가능하게 하여 인체 내부에서의 약물 전달과 수술을 통해 질병 부위의 정밀 진단 및 치료를 보다 간편하게 수행할 수 있게 만들었다. 뇌파를 이용한 의료용 휠체어, 인공 팔다리, 웨어러블 로봇의 개발은 장애인들의 사회생활 향상에 크게 기여하고 있다. 진단 분야에서는 아이비엠(IBM)의 AI 컴퓨터 '왓슨(Watson)'과 같이 빅데이터와 AI를 활용하여 환자 데이터를 분석함으로써 보다 정확한 진단을 내리고, 치료 효과를 극대화하고 있다. 수술용 로봇, 예를 들어 다빈치 로봇은 작은 절개를 통해 수술을 가능하게 하여 출혈과 통증을 최소화하고, 환자의 빠른 회복을 돕고 있다. 또한 수술자의 손 떨림을 수술 부위에 전달하지 않아 높은 정밀도가 요구되는 수술에서 안전하고 섬세한 수술을 수행할 수 있게 하고 있다.

## 가정용 로봇

가정용 로봇은 가사, 청소, 조리, 양육, 노약자 돌봄, 여가 생활 지원 등 가정 내에서 다양한 역할을 수행하며 인간의 생활을 편리하게 만들어주고 있다. AI 기술의 발전은 로봇이 인간과의 상호작용과 감정 교환을 가능하게 하여 애완용 로봇이 실제 애완동물을 대체할 가능성이 있으며, 이러한 로봇은 청결 유지가 쉽고 관리가 편리하다는 장점을 가지고 있다. 특히 감성 로봇은 고령화 사회에서 중요한 역할을 하고 있다. 독거 노인 등이 이러한 로봇을 동반자로 삼음으로써, 외로움을 덜고 심리적 안정감을 얻을 수 있다. 이는 심리 치료 분야에서도 효과적으로 활용될 수 있어 인간의 정서적 욕구를 충족시키는 데 기여하고 있다. 가정용 로봇의 이러한 진화는 기술이 단순한 물리적 도움을 넘어서 정서적, 사회적 지원까지 제공할 수 있음을 보여주고 있다.

## 교육 및 연구용 로봇

　교육 및 연구용 로봇은 로봇 관련 연구 및 전문가 교육에 중추적인 역할을 수행하고 있다. 즉 프로그래밍, 공학, 심리학, 생물학 등 다양한 학문 분야에서 교육 도구로서의 역할을 하고 있는 이 로봇들은 학생들이 복잡한 이론을 실질적으로 적용해보고, 문제 해결 능력과 창의적 사고를 발전시키는 데 도움을 주고 있다. 실습과 실험을 통해 직접적인 학습 경험을 제공하는 교육 연구용 로봇은 학생들이 이론과 실제 사이의 연결을 이해하고, 해당 분야의 구체적인 지식과 기술을 습득하는 데 기여할 뿐 아니라, 학생들에게 새로운 기술 탐구와 혁신적인 아이디어 실현을 위한 동기를 제공할 수 있기 때문에 교육 연구용 로봇은 미래의 로봇 공학자와 기술자 양성에 있어서 필수적인 자원이라 할 수 있다.

## 환경 감시 및 보호용 로봇

　환경 감시 및 보호용 로봇은 환경 보호 및 관리 분야에서 점점 중요한 역할을 맡고 있다. 이들 로봇은 대기 오염 감시, 수질 모니터링, 지질학적 및 생태학적 조사와 같은 다양한 환경 감시 활동에 활용되며, 쓰레기 수거 및 정화, 산림 관리, 해양 보호, 지표면 보호 등의 환경 보호 작업에도 기여하고 있다. 특히, 환경 보호에 대한 전 세계적인 관심이 증가함에 따라 이러한 로봇들의 사용은 더욱 확대될 전망이다. 이 로봇들은 접근하기 어려운 지역에서도 정밀한 데이터를 수집할 수 있고, 인간이 수행하기 어려운 작업을 대신하여 환경의 지속가능한 관리와 보호를 실현할 수 있는 잠재력을 가지고 있을 뿐 아니라, 실시간 데이터 수집 및 분석을 통해 환경 변화를 신속하게 감지하고 대응할 수 있는 능력을 제공함으로써 환경 보호 및 재난 예방에 크게 기여할 수 있을 것이다.

## 우주 탐사 및 해양 탐사용 로봇

육지 자원의 한계를 극복하기 위한 대안으로, 우주와 해저 탐사가 로봇 기술을 활용해 활발하게 진행되고 있다. 여러 국가들이 북극해와 심해 탐사를 위해 해저 탐사용 로봇을 개발 중이며, 2020년에 발사된 화성 탐사 로봇 '퍼서비어런스 로버(Perseverance Rover)'는 화성에서 생명체의 흔적을 찾는 데 중요한 역할을 하였다. 특히 우주 탐사는 극심한 온도, 진공, 방사능, 미세 중력, 그리고 장거리 탐사 등 가혹한 환경으로 인해 인간의 직접적인 탐사가 어렵고 위험한 작업이기 때문에 우주 탐사용 로봇은 특수한 극한 기술을 필요로 하고 있다. 이러한 로봇들은 고도의 자율성, 내구성, 그리고 고정밀 센서와 통신 시스템을 갖추고 있어 인간이 도달하기 어려운 지역에서도 탐사와 연구를 가능하게 하고 있다. 우주 및 해저 탐사용 로봇의 개발과 활용은 인류가 지구 밖의 환경을 이해하고, 잠재적인 자원을 발견하는 데 있어 필수적인 도구가 되고 있으며, 이를 통해 우리는 우주 공간의 비밀을 풀어내고, 지구 내부의 미지의 세계를 탐험하여 인류의 지식을 확장시키고 있다.

## 농업 및 목축용 로봇

　농업용 로봇은 현대 농업의 혁신을 주도하며, 농약 살포, 수확, 모니터링, 파종, 접목, 이식 등 다양한 농작업에서 중요한 역할을 수행하고 있다. 특히 5G와 사물인터넷(IoT)과 같은 고속 통신 네트워크 및 다양한 센서를 통해 온도, 습도 등의 생육 데이터를 실시간으로 수집하고, 이를 AI가 분석하여 작물의 상태를 정밀하게 파악하고, 이러한 정보를 기반으로 로봇은 농작물의 생육을 자동으로 관리하며, 최적의 성장 조건을 제공하여 생산성과 효율성을 극대화하고 있다. 목축 분야에서도 로봇 기술의 적용이 확대되고 있다. 가축 관리, 우유 짜기, 양털 깎기 등의 작업을 자동화하는 목축용 로봇은 농장 운영의 효율성을 높이고, 노동 부담을 줄여주며, 가축의 건강 관리를 개선하는 데 기여하고 있다. 이러한 로봇 기술의 발전은 농업과 목축 산업의 지속 가능한 발전을 위한 중요한 도구가 되고 있으며, 미래 농업의 패러다임을 변화시키고 있다.

## 건설용 로봇

　건설 산업에서 로봇 기술의 활용은 근로 환경의 열악함과 인력 부족 문제를 해결하는 중요한 방법 중 하나로 자리 잡고 있다. 이러한 로봇들은 대형 구조물의 외벽 작업, 터널 유지 보수, 관로 매설 및 검사·보수 작업, 콘크리트 평면 타설, 바닥 마감, 조선 선박의 배관 및 탱크 검사, 도로 점검 등 다양한 분야에서 활용되고 있다. 로봇 기술의 도입은 작업의 효율성을 높이고, 위험한 작업 환경에서 인간 근로자의 안전을 보장하는 데 큰 기여를 하고 있다. 건설 로봇은 높은 정밀도와 반복성으로 작업을 수행할 수 있으며, 특히 인간에게 위험하거나 접근이 어려운 환경에서의 작업 수행 능력은 건설 산업의 안전성과 생산성을 대폭 향상시키고 있을 뿐 아니라, 고급 센서와 AI 기술을 통해 작업 환경을 실시간으로 분석하고 최적의 작업 방법을 도출할 수 있어, 건설 프로젝트의 품질 관리와 시간 단축에도 기여하고 있다. 이처럼 건설 로봇의 발전은 건설 산업의 미래를 혁신적으로 변화시키는 중요한 역할을 하고 있다.

## 군사용 로봇

군사용 로봇의 발전과 적용은 현대 군사 전략에 있어 핵심적인 요소로 자리매김하고 있다. 특히 전투, 감시, 폭발물 처리 등의 작업을 인간 대신 수행함으로써 이들 로봇은 전쟁의 결과에 결정적인 영향을 미칠 수 있는 잠재력을 지니고 있다. 이는 위험한 임무를 로봇이 수행함으로써 군인들의 안전을 보장하고 작전의 성공률을 높이는 등 아군의 피해를 최소화하며 군사 작전의 효율성을 증진시키는 데 기여하고 있다. 여러 전장에서 보듯이 전장에서 사용되는 드론 등과 같은 군사용 로봇은 현대 전쟁의 패러다임을 바꾸고 있다. 그러나 군사용 로봇의 개발과 활용은 윤리적, 법적, 그리고 안보적 측면에서 복잡한 논란을 야기하고 있다. 즉 자동화된 전투 시스템의 잘못된 판단은 민간인 피해와 같은 비극적 결과를 초래할 위험이 있으며, 전쟁의 본질과 국제 규범에 대해 새로운 질문을 제기할 수 있다. 또한 전투 로봇의 사용이 군사적 충돌의 가능성을 높이고, 국제안보 환경에 대한 불확실성을 증대시킬 수 있다는 우려가 있기 때문에 군사용 로봇의 개발과 사용에 있어 윤리적, 법적, 안보적 고려사항을 충분히 반영하는 것이 매우 중요하다. 국제 사회는 이러한 기술의 발전이 인류의 평화와 안전을 증진시킬 수 있는 방향으로 이루어지도록 국제적 협력과 투명한 기술 관리, 그리고 국제 규범의 발전을 통해 실현할 필요가 있다.

## 기타 용도의 로봇

로봇 기술의 발전과 응용 범위 확장은 다양한 분야에서 로봇의 활용을 증가시키고 있다. 예를 들면 화재 방재, 건물 경비, 원자력 발전소에서의 방사능 물질 처리 등은 로봇이 인간의 안전을 보장하고 효율성을 높이는 데 기여하고 있다.

앞으로 로봇 기술의 발전은 로봇의 용도를 현재보다 훨씬 넓은 범위로 확장시킬 것이다. 보스턴 다이내믹스(Boston Dynamics)의 인간형 로봇 '아틀라스(Atlas)'나 중국 유니트리(Unitree)사의 4족 보행 로봇 'Go'와 같은 혁신적인 로봇들은 그 가능성을 잘 보여주고 있으며, 이러한 로봇들은 뛰어난 이동성, 유연성, 그리고 다양한 환경에서의 작업 수행 능력을 가지고 있어 다양한 분야에서 광범위하게 사용될 수 있을 것이다. 로봇 기술의 지속적인 진화는 앞으로도 인간이 직면한 다양한 도전과제를 해결하는 데 중요한 역할을 할 것으로 기대되고 있다.

로봇 기술의 발전과 적용 범위의 확장은 인류의 생활 방식과 산업 활동에 근본적인 변화를 가져오고 있다. 스마트 액츄에이터, 스마트 센서, 신소재의 사용과 3D 프린팅 기술의 결합은 로봇 제작을 더욱 저렴하고, 빠르며, 다양하게 하여 적은 비용과 시간으로 새로운 형태의 로봇을 개발할 수 있게 되었다. 로봇 산업은 AI, 초고속 통신, 2차 전지와 같은 첨단 기술의 급속한 발전과 함께 성장하고 있으며, 이러한 기술의 발전은 로봇이 스스로 주변 환경을 인식하고, 상황에 따라 판단하며, 자율적으로 작업을 수행할 수 있는 능력을 부여하고 있다. 인구 감소와 초고령화 사회와 같은 사회적 변화는 서비스 로봇과 물류 로봇의 수요를 증가시키며, 로봇 기술을 일상 생활에 더욱 밀접하게 만들고 있다. 로봇 산업은 컴퓨터 시장의 초기 폭발 적인 성장과 유사한 성장세를 보일 것으로 예상되며, 과학자들은 21세기에 인류의 생활을 변화시킬 10대 기술 중 하나로 로봇 기술을 꼽았으며, 머지 않은 미래에 각 가정이 여러 대의 로봇을 보유하게 될 것이라고 예측하고 있다. 이는 로봇이 생산성 향상, 인간 생활의 편의성 증대, 위험한 작업에서 의 안전성 향상 등 많은 이점을 제공할 것임을 시사하고 있다. 전문가들의 예측에 따르면 산업용 로봇 이외의 로봇 비중이 상대적으로 커지면서 세계 로봇 시장이 성장할 것이며, 이는 로봇 기술이 점점 더 우리 일상 생활에 통 합되어 인간과 로봇이 함께하는 미래로의 접근이 가속화되고 있음을 나타 내고 있다. 지금까지의 로봇 기술의 지속적인 발전은 사회 전반에 걸친 혁 신적인 변화를 이끌고, 인류의 삶을 더욱 풍요롭고 안전하게 만들어 왔다.

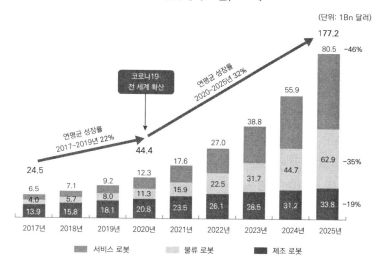

● 그림 7-1 세계 로봇 시장 성장 추이(현대차 그룹, 2021)

## 과학의 발달과 로봇 기술

　로봇 기술의 발전은 인간의 생활과 산업 전반에 걸쳐 광범위한 변화를 가져오고 있으며, 이는 정보기술(IT: Information Technology), 미세 전자기계 시스템, 나노 기술(NT: Nano Technology), 바이오 기술(BT: Bio Technology), AI, 가상현실(VR: Virtual Reality) 등 다양한 첨단 기술들과의 결합으로 인해 더욱 가속화되고 있다. 이러한 기술들의 발전은 로봇을 단순한 기계적 도구에서 감성과 지능을 겸비한 지능형 로봇으로 진화시키고 있으며, 이는 로봇이 인간 생활에 더욱 밀접하게 통합될 수 있는 기반을 마련하고 있다. 유전자 가위(CRISPR/CAS9)와 같은 생명공학 기술의 발전은 바이오 로봇 분야에서의 새로운 가능성을 열고 있으며, 이는 유전 질환 치료

뿐만 아니라 인간의 생물학적 문제 해결에도 혁신적인 접근을 가능하게 하고 있다. 클라우드 기술의 활용은 로봇에게 더욱 향상된 학습 능력과 작업 성능을 제공하며, 가상현실(VR)은 로봇 조작 및 훈련에 새로운 차원을 제공하고 있으며, 이러한 기술들의 발전은 로봇의 기계적 형태뿐만 아니라, 소프트웨어 형태에서의 존재까지도 포함하며 로봇의 개념을 확장시키고 있다. 또한 로봇에 의한 로봇의 대량생산이 가능해짐으로써 로봇 사용의 보편화가 예상되며, 이는 로봇 기술의 보다 빠른 발전과 사회 전반에 걸친 로봇의 적용을 가속화할 것으로 예상된다. 이처럼 로봇 기술은 인공 시각, 인공 청각, 인간 행동 이해, 인공 두뇌 개발 등 다양한 분야에서의 연구와 발전을 통해 인간의 신체적, 정서적, 지적 요구를 충족시키는 방향으로 진화하고 있다. 즉 고성능 센서의 개발은 로봇이 주변 환경을 더 정확하게 인식하고, 복잡한 동적 환경에서 자율적으로 작업을 수행할 수 있도록 지원하며, 새로운 재질과 스마트 액츄에이터의 활용은 로봇의 경량화, 내구성, 유연성, 안전성을 향상시켜 다양한 환경에서 로봇의 효과적인 활용을 가능하게 하고 있다.

미래의 로봇 기술 발전은 인간과 로봇의 관계를 근본적으로 변화시킬 것이며, 이는 인류의 생활 방식, 산업 활동, 그리고 사회 구조에 깊은 영향을 미칠 것이다. 로봇 기술의 지속적인 발전과 적용은 인간의 삶을 획기적으로 변화시킬 수 있을 것이다.

## AI와 로봇 기술

로봇의 성능을 가장 획기적으로 변화시키는 기술 중 하나인 AI는 로봇의 응용 분야를 획기적으로 확대하고 있다. 챗지피티(ChatGPT)와 같은 생성형 AI 기술은 기기, 서비스 등은 산업과 인간의 생활 패턴을 바꾸어 놓고 있으며, AI 기반의 로봇은 인간의 감정과 의도까지 파악하여 인간과의 소통이 가능할 것이다. 즉 인간이 로봇을 처음 개발할 당시에는 로봇이 인간의 생활 편리에 도움을 주는 존재만으로 생각하였으나, AI의 발달로 인하여 인간과 교감이 가능한 감성형 로봇이 개발되어 고령화 사회에서 독거 노인의 동반자가 되고 있다. 이는 고령화 사회의 문제를 로봇이 해결하는 데 도움이 될 수 있음을 보여주고 있다.

1950년경부터 개발되기 시작한 AI는 1980년대 개발된 머신러닝 기법을 거쳐 2010년 이후부터는 인간의 뉴런과 비슷하게 동작하게 정보를 처리하고 하는 발전된 머신러닝 기법인 딥러닝 기법으로 발전되고 있다. 이러한 딥러닝은 로봇 지능, 컴퓨터 비전, 음성 인식, 자연어 처리, 음성/신호처리 등 최첨단 분야에 이용되고 있다. 알파고의 발전 속도에서 알 수 있듯이 AI의 급속한 발전은 사회를 어떻게 변화할 것인지 예측하고 대응하기 어렵게 하고 있다. 또한 AI에 필요한 정보를 제공하면 AI가 우리가 원하는 로봇을 직접 설계·제작할 수 있을 정도로 기술이 발달되어 로봇 생산에 획기적인 전기를 마련할 수 있을 것이다.

AI 기술의 발전은 로봇의 성능과 응용 분야를 혁신적으로 확장하고 있으며, 이는 인간의 생활 방식과 산업 구조에 근본적인 변화를 가져오고 있다. 로봇이 단순히 물리적인 작업을 수행하는 도구에서 벗어나 인간의 감정과 의도를 이해하고, 적절히 대응할 수 있는 감성형 지능 로봇으로 진화하게 만들었으며, 이는 로봇이 인간과 교감하며, 고령화 사회에서 독거 노인의 동반자 역할을 수행할 수 있게 하여 사회적 문제 해결에 기여할 수 있는 가능성을 제시하고 있다.

인간 뉴런을 모방한 딥러닝 기법은 로봇 지능 개발, 컴퓨터 비전, 음성 인식, 자연어 처리 등 다양한 최첨단 분야에서 활용되고 있으며, 이를 통해 로봇은 인간과 유사한 방식으로 정보를 처리하고 학습할 수 있게 되었다.

또한 AI가 로봇 설계 및 제작 과정에 직접적으로 기여할 수 있을 정도로 기술이 발전함에 따라 로봇 생산에 혁명적인 변화가 예상되고 있다. 이는 로봇 기술을 더욱 빠르고, 유연하며, 효율적으로 만들어 다양한 분야에서의 로봇 활용을 촉진할 것이며, 이러한 AI 기반의 로봇 기술 발전은 인간의 생활 향상, 사회적 문제 해결, 그리고 새로운 산업 기회 창출에 중요한 역할을 할 것이며, 인간과 로봇이 공존하는 미래 사회의 모습을 형성하는 데 결정적인 기여를 할 것으로 기대되고 있다.

● 그림 7-2  AI, 머신러닝, 딥러닝의 비교

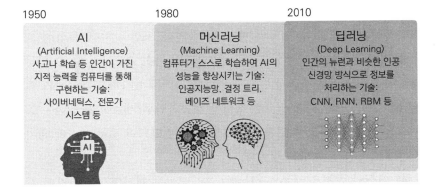

AI 기술이 제품 기획, 제작, 판매의 효율성을 혁신적으로 향상시키고 있어 전 세계 많은 기업들이 경쟁적으로 AI 개발에 투자하고 있으며, 국내에서도 여러 기업들이 대규모의 투자를 진행 중이다. 또한 AI 기술은 대량 데이터를 신속하게 처리하는 능력에 기반을 두고 있으며, 양자 컴퓨팅 기술의 발전이 이러한 처리 속도를 더욱 가속화시킬 것으로 기대된다. 양자 컴퓨터는 큐비트를 활용해 0과 1의 상태를 동시에 표현함으로써 복수의 연산을 병렬로 처리할 수 있는 능력을 갖추고 있기 때문에 계산 오류를 줄이면서 현재 슈퍼컴퓨터의 한계를 초월하는 성능을 가능하게 하고 있다. 이 외

에도 양자 통신, 양자 센싱 등의 기술은 AI의 발전을 가속화시켜 신약 개발, 우주 탐사 등 첨단 분야에 혁신을 가져올 것으로 예상된다. 또한 대규모 언어모델(LLM: Large Language Model)과 경량화 언어모델(sLLM: small LLM)을 통한 대화형 AI의 발전은 산업 및 일상 생활에 광범위한 혁신을 가져오고 있으며, 사용자 경험을 개선하고, 업무 효율성을 높이며, 새로운 서비스와 애플리케이션 개발을 가능하게 하고 있다. 이에 따라 고객 서비스, 교육, 건강 관리, 엔터테인먼트 등 다양한 분야에서 복잡한 데이터 분석과 의사결정 지원, 개인화된 교육 및 상담에 이르기까지 인간 언어의 깊은 이해와 활용을 통해 중요한 역할을 할 것으로 기대된다. 인간 중심 AI라는 새로운 패러다임은 AI의 발전을 인간 경험의 향상과 밀접하게 연결하며, 생산성 증가를 통해 AI의 실용성을 넘어서는 발전을 가능하게 할 것이다. 2022년 오픈에이아이(OpenAI)에 의해 개발된 챗지피티(ChatGPT)와 같은 대화형 인공지능 모델은 음성과 영상 정보를 분석하고 대응할 뿐만 아니라, 생성된 이미지의 수정을 가능하게 하여 다양한 산업 분야에 적용 가능하다. 실존 인물, 소설, 영화 캐릭터의 성격을 입힌 AI 개발은 AI 비서와 AI 친구 구현을 가능하게 하였으나, 이러한 성격 부여로 인해 부적절하거나 편향적인 행동을 할 가능성도 있어 대책 마련이 필요하다.

● 그림 7-3 AI와 로봇(KDI 경제정보센터, 2017)

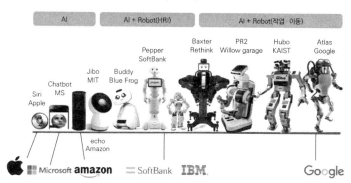

AI 기술은 로봇과 인간의 상호작용뿐만 아니라 예술 활동에도 적용되며, 인간의 창의성을 보조하고 확장하는 새로운 방식을 제시하지만 AI의 데이터 분석 및 패턴 인식 능력이 오판을 유발하거나, 자율적 결정의 책임 소재 문제, 데이터 편향으로 인한 공정하지 않은 결정 등 여러 우려할 만한 문제점을 내포하고 있다. 이러한 우려를 반영하여 2017년 미국 아실로마에서 열린 '이로운 AI 회의'에서 발표한 AI의 안전한 사용과 발전 방향에 대한 '아실로마 AI 원칙'은 기술의 발전이 인류에게 이로움을 가져다주면서도 잠재적 위험을 관리하기 위한 기준을 제시하고 있다.

AI 기술의 급속한 발달은 인류에게 많은 혜택을 가져다주지만, 동시에 새로운 도전과 책임을 요구하고 있다. 이처럼 AI의 윤리적 사용, 편향 문제 해결, 자율성과 책임 소재에 대한 명확한 가이드라인 설정을 통하여 AI 기술이 인류의 삶을 향상시키는 동시에 인간의 가치와 존엄성을 존중하는 방향으로 발전해 나가야 할 것이다.

## 4차 산업혁명과 로봇

4차 산업혁명이라는 용어는 2016년 스위스 다보스(Davos)에서 개최된 세계경제포럼에서 클라우스 슈바프(Klaus Schwab) 세계경제포럼 회장에 의해 화두로 제기되어 전 세계적으로 주목받고 있다. 4차 산업혁명은 물리적, 생물학적, 디지털적 세계를 빅데이터 등을 이용하여 산업 환경을 변화시키고 있으며, 모든 것을 연결하고 보다 더 지능적인 사회로의 진화를 표방하고 있다. AI, 로봇, 가상현실, 블록체인, 빅데이터와 클라우드 컴퓨팅, 사물인터넷을 비롯하여 양자 컴퓨팅, 나노 기술, 바이오 기술 등과 같은 기술들이 4차 산업혁명을 주도하고 있다. 또한 4차 산업혁명은 현실 세계의 모든 내용을 가상 세계에 연결하여 현실 세계에 적용할 수 있게 함으로써 공장의 생산성을 향상시킬 뿐 아니라 인간의 일상 생활을 크게 변화시키고 있다. 4차 산업혁명의 시대의 특징 중 하나인 초지능화 기술의 발전은 의료 분야, 자율 주행 자동차, 고객 서비스, 제조업 등에서 새로운 비즈니스 모델을 가능하게 할 것이다. 한편으로는 이러한 변화에 따른 실업 등과 같은 부작용에 슬기롭게 대처하기 위한 능동적인 대응으로 4차 산업혁명으로 인한 변화를 관리하고 사회적 이익을 극대화하기 위해 정책, 교육 등이 필요하다.

● **그림 7-4  4차 산업혁명**

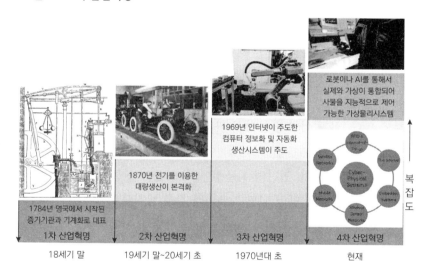

로봇은 4차 산업혁명의 핵심 요소 중 하나로서 로봇 기술은 대부분의 4차 산업 기술과 밀접한 관련이 있기 때문에 이러한 기술의 발전과 기술간의 융합은 로봇의 지능을 획기적으로 향상시켜 그 응용 분야를 더욱 넓힐

것이다. 즉 로봇은 자동화와 생산성 향상, 물류 및 운송, 의료 및 보건, 고객 서비스, 농업 및 식품 생산, 보안 및 감시, 교육, 환경 보전 등 다양한 분야에서 생산성 향상, 인간의 업무 부담 감소, 작업의 안전성 향상을 실현하는데 중요한 역할을 할 것으로 기대된다.

## 로보 사피엔스(Robo Sapiens)

사피엔스(sapiens)라는 말은 '지혜로운'이란 의미를 지닌 라틴어이며, '로보 사피엔스'는 인간처럼 지혜로운 로봇을 의미한다. 이는 미국의 TV 뉴스 연출자인 페이스 달루이시오(Faith D'aluisio)와 사진 작가인 피터 멘젤(Peter Menzel)이 2000년에 쓴 책인『새로운 종의 진화, 로보사피엔스』에서 처음으로 사용되었으며, 어떤 의미에서는 로보 사피엔스가 진화론적 시각에서 호모 사피엔스인 인간을 대체할 수 있다는 가능성을 함축하고 있다고 볼 수도 있다. 현재 다양한 분야의 과학자들에 의해서 로보 사피엔스의 가장 핵심적인 요소인 자율성, 자의식, 자유의지를 과학적으로 구현하려는 연구가 진행되고 있으며, 인간의 자율성이 뇌 활동의 산물일 수 있다는 뇌과학 연구 성과도 있다. 만일 뇌도 컴퓨터와 같은 방식으로 동작을 한다면 자의식을 표현할 수 있는 뇌의 시스템에 대한 수학적 모델링이 가능하며, 이에 따라 인간에 의해 새로운 존재인 자의식을 가진 로봇이 출현할 것으로 예상된다. 즉 인구 감소와 급격한 로봇 지능의 고도화는 지구의 지배적 존재가 인간에서 새로운 존재인 로봇으로 변화할 가능성을 높이고 있다. 머지 않은 장래에는 로봇이 인간의 지식과 가치관을 습득하고, 이를 다음 로봇 세대에 전달할 수도 있는 가능성도 상존하고 있으며, 특히 로봇의 자기 복제가 가능해지면 새로운 로봇 생태계가 형성되어 질 것이다. 이 경우에는 인간이 더 이상 로봇의 생산자가 아닌 로봇 생태계가 형성되어 우리의 미래가 피조물이었던 로봇에 달려 있을 수도 있다.

만일 로봇이 인간과 같이 감성과 지능을 가진다면 로봇은 인간을 보조하는 존재가 아니라 인간을 지배할 수 있다는 가능성이 있다. AI의 발달로 인하여 로봇이 인간을 추월하는 지적 수준을 가진다면 미래의 사회는 사고가 가능한 호모 사피엔스와 로보 사피엔스가 공존할 가능성이 있으며, 이에 따른 윤리적, 시회적인 문제가 발생하게 된다. 영화 채피(Chappie)나 아바타(Avatar)에서와 같이 인간의 감정을 로봇에 이식할 수 있다면 새로운 형태의 로봇이나 슈퍼 인간과 같은 새로운 형태의 존재가 나타날 가능성도 있다.

그 외에도 인간의 정신을 복제하는 기술을 이용하여 인간의 정신을 가진 존재가 홀로그램 형태로 존재하게 하는 프로젝트가 신경과학자, 로봇 전문가, 인공 조직 전문가 등이 참여하고 있는 비영리 조직인 이니셔티브 2045에서 진행되고 있다. 이 프로젝트는 개인의 정신을 비생물학적 전달체에 이전하여 인간의 영생을 추구하고 있다. 영화 아바타에서는 인간의 정신을 유기체에 옮기지만 이 과제에서는 홀로그램 형태의 가상 신체에 옮기기 때문에 생물학적이 죽음이 존재하지 않는다. 뿐만 아니라 인간 정신을 컴퓨터에 담아 놓을 수 있다면 사후에도 지속적으로 세상과 대화가 가능할 것이며, 이러한 존재는 인간 사회에서 어떠한 지위를 가질 것인가 하는 문제도 발생할 수 있다. 즉 실체가 없는 인간 정신도 인간의 범주에 들어갈 것인가하는 윤리적인 문제도 발생할 수 있다.

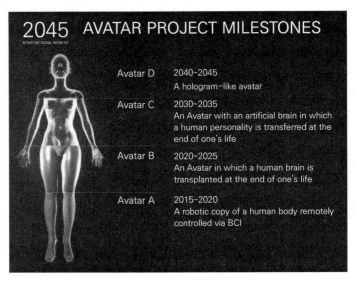

## 인간과 로봇의 경계

   과학 기술의 발전으로 인해 인간과 로봇 간의 경계가 더 모호해지고 있으며, 향후 인간과 로봇의 정체성에 관련된 도덕적 및 윤리적 연구가 필요한 시점이다. 인간과 로봇 간의 물리적 경계는 현재로서는 명확하지만, 지능 로봇이 자율적인 판단 능력을 가지게 되면 로봇의 사회적, 윤리적, 법적 문제에 대한 연구가 필요할 것이다. 즉 로봇이 결정을 내릴 때 필요한 윤리적 기준과 인간과 로봇의 상호작용에 대한 새로운 기준을 수립하기 위하여 다양한 분야의 전문가들과 광범위한 이해관계자들이 참여하는 사회적 합의가 필요하다. 특히 생명 공학의 발전으로 로봇에 고도의 지능을 부여한 안드로이드나 기계 장치를 생체에 삽입한 사이보그 관련 기술은 발전은 인간과 로봇 간의 경계가 더욱 모호하게 할 수 있다. 또한 뇌-컴퓨터 인터페이스(BCI: Brain-Computer Interface) 기술을 이용하여 인간의 뇌에 컴퓨터 칩을 이식하여 인간이 특정한 생각이나 동작을 할 때 나오는 뇌파를 읽고 분석하여 로봇이나 컴퓨터에 전달하는 실험이 성공한다면 인간의 질병 치료 뿐 아니라 외부에서 인간의 생각이나 행동을 통제할 수 있게 된다. 이러한 경우에는 인간의 자율성이 상실될 수 있으며, 이 기술을 로봇에 적용하면 인간과 로봇의 구분은 더욱 더 애매해지는 상황이 될 수 있다.

## 로봇과 일자리

지능 로봇은 산업 분야에서 단순 반복적인 전통적인 작업을 자동화하여 인간 노동자를 대체하는 동시에 로봇과 관련된 일자리 등과 같은 새로운 일자리를 창출하는 일자리 구조의 변화를 가져올 것이다. 미국의 다빈치연구소의 미래학자 토머스 프레이는 2030년까지 세계 일자리의 절반에 해당하는 20억 개의 일자리가 소멸할 것으로 예측했다. 특히 AI 등을 활용하여 업무 자동화가 가능하고 단순 반복적인 일을 하는 직업이나, 데이터를 다루고 관리하는 일자리의 소멸 확률이 높은 반면에 사회의 중요한 판단을 하는 직업, 인간의 심리와 연결된 직업, 새로운 가치를 창출하는 직업 등과 같이 로봇이 대체하기 어려운 직업은 비교적 소멸 확률이 낮다는 것이다. 지금은 인간과 로봇의 슬기로운 관계 정립을 통한 시너지 효과를 얻을 수 있는 방안을 모색해야 할 시점이다.

우리나라는 노동자 1만 명당 로봇 댓수를 나타내는 산업용 로봇 밀도가 세계 최고 수준에 있다는 사실은 기술 진보와 산업 자동화에 대한 높은 수용성을 반영하고 있다. 이는 제조업 생산성과 효율성 향상이라는 장점을 가지고 있지만, 동시에 노동 시장에 중대한 변화를 가져오기 때문에 노동 인력에 대한 재교육 및 평생 학습 프로그램, 기술 숙련도 향상, 사회적 안전망 강화, 유연한 노동 시장과 같은 종합적인 전략이 필요하다.

## 로봇 윤리

로봇의 진화가 인간과 사회에 긍정적인 영향을 주기 위해서는 로봇 기술 개발과 사회 정책의 조화로운 조합과 로봇 기술의 윤리적 측면을 고려하고 인간과 로봇 간의 협력과 공생을 강조하는 방향으로 발전시켜야 할 것이다.

영화 '아이 로봇'의 '비키'처럼 인공 지능의 발달로 로봇이 '로봇 윤리 3원칙'에 의해 선험적으로 구속되어 있다 하더라도 로봇 의식의 진화로 자율적으로 판단하고 가공할 만한 결과를 유발할 수 있다는 사실에 유의할 필요가 있다. 즉 로봇이 스스로 판단한 인간을 위한 행동이 인류를 파멸에 이르게 할 수 있다는 사실이다. 이에 따라 AI 기술의 발전으로 인간을 능가하는 지능 로봇을 통제하기 위한 법규 및 로봇 윤리에 관한 연구가 활발히 진행 중이다. 즉 로봇 기술을 개발하기 전에 로봇의 존재 이유와 활용에 대한 윤리적 측면을 고려해야 할 것이다.

향후 인간과 로봇과의 공존을 위한 방안으로 인간 중심 AI가 거론되고 있으나, AI의 발전으로 로봇이 인간의 통제를 벗어날 수 있기 때문에 이는 효과적인 방안이라 할 수 없다. 즉 로봇 윤리는 인간이 로봇을 완전히 통제하고 불법 사용을 방지해야 한다는 점을 전제로 하고 있으나, 로봇의 지능이 발전하면 이러한 것이 현실적으로 어려워질 수 있다.

로봇이 단순 노동의 개념을 넘어 스스로 생각하고 행동을 통제하는 능력을 갖추고 머지않은 장래에 인간의 지식, 가치관 등을 물려받고 다음 로봇 세대에 물려 줄 수도 있다. 따라서 인간과 로봇의 공존을 위해 상호 간에 지켜야 할 새로운 윤리 규범 혹은 로봇 윤리 헌장에 관한 관심이 점증하고 있다. 로봇과 인간의 윤리에 잘못된 설정은 인류에게 재앙을 가져다 줄 수 있는 중요한 문제이기 때문에 이에 대한 많은 연구가 필요하다. 로봇 윤리에 관련하여 기본적으로 고려되어야 할 사항은 인간이 로봇을 완전히 제어할 수 있고, 로봇의 불법적인 사용을 차단하여야 한다는 것이지만 로봇의 지능이 발달하면 이러한 것이 현실적으로 어렵게 된다.

1950년에 아이작 아시모프(Isaac Asimov)가 그의 단편소설 「런어라운드(Runaround)」에서 로봇의 원칙(Laws of Robotics)을 다음과 같이 기술하였다.

- 로봇은 인간을 다치게 해서는 안 되며, 또한 로봇의 행동이 인간에게 해를 끼쳐서는 안 된다.
- 로봇은 첫 번째 규칙의 범위 내에서 인간의 명령에 복종해야 한다.
- 로봇은 위의 두 가지를 벗어나지 않는 범위 내에서 그 자신을 보호해야 한다.

이러한 원칙은 로봇 윤리의 출발점을 제공하지만, 고도의 지능을 가진 로봇의 등장은 인간과 로봇 간의 관계와 그로 인해 발생하는 윤리적 문제에 대한 심도 있는 대책을 요구하고 있다.

이러한 로봇 윤리는 로봇과 AI 시스템의 개발, 배치, 사용 및 상호작용과 관련하여 윤리적 고려사항을 다루는 분야이며, 인간과 로봇 간의 관계, 기술 발전의 윤리적 한계, 개인 정보 보호, 자율성과 책임성 등 다양한 측면에서 다루어져야 한다. 이러한 시도로서 2017년에는 EU 의회는 AI 로봇의 법적 지위를 '전자인간(electronic personhood)'으로 지정하는 결의안을 통과시켰다. 즉 국가 차원에서 AI 로봇의 지위, 개발, 활용에 대한 기술적·윤리적 가이드라인을 제시하여 인공지능 로봇 시대를 선도적으로 준비하고 있다. 또한 유럽연합(EU)은 로봇 윤리의 영역을 8가지로 분류하고 '로봇 윤리 13개 원칙'을 제시했으며, 집행위원회는 2019년에 다음과 같은 AI 윤리 가이드라인(Ethics guidelines for trustworthy AI) 3가지 원칙을 제정·공표하였다. 즉, 첫째, 합법적이어야 하며 모든 관련 법규를 준수해야 한다. 둘째, 윤리적이어야 하며 윤리적 원칙과 가치를 준수해야 한다. 셋째, AI 시스템이 의도하지 않은 결과를 초래할 수 있으니 기술 및 사회적 관점 모두에서 견고해야 한다.

## 인간의 정체성

로봇의 진화는 경제적, 사회적, 윤리적, 기술적, 문화적 영향 등 인간 존재에 다양한 영향을 미칠 수 있으며, 인간의 삶을 향상시키고 사회적 이익을 증진시키는 방향으로 진행되어야 한다. 로봇의 진화에 따른 로봇과 인간의 관계에도 상반된 두 가지의 견해가 존재한다. 선 마이크로시스템스의 공동창업자인 빌 조이는 로봇이 자의식을 가지고 자가 복제하며 로봇이 인간을 지배하는 세상이 올 수 있다고 했으며, 스티븐 호킹 박사 등은 고지능 로봇에 대응하여 인간의 DNA를 개선하거나, 인간을 사이보그로 업그레이드하여 로봇에 대응할 필요가 있다고 거론한 바 있다. 한편으로는 인간이 만든 로봇에 대응하기 위해서 인간이 진화되어야 한다는 것은 아이러니한 사실이다. 바이오 기술의 발달로 탄생하는 인공 생명체, 자기 개선 능력과 자의식을 가진 지능 로봇, 이종 장기 이식 연구 결과 동물의 장기를 이식한 인간, 가상 현실에 존재하는 인간, 인간의 의식을 저장하고 다른 매체에 이전할 수 있는 시대가 오면 인간의 의식을 가진 유무형의 존재 등은 인간의 정체성에 대한 심각한 혼란이 올 것이다. 인간 정체성의 문제에 대한 해결을 위해서는 종교, 윤리학, 철학 등 다양한 분야에서 인격성을 가진 인간이 아닌 유무형의 다른 존재에 대한 접근도 필요할 것이다. 즉 홀로그램상의 나를 온전한 나라고 할 수 있는 가라는 철학적인 문제도 있다. 또한 유전자 조작을 통해 새로운 생명체를 창조하는 것과 같은 인간의 정체성과 관련된 문제는 신중한 접근이 필요하다. 조디 피콜트의『쌍둥이별』(원제:『My sister's keeper』)에서처럼 백혈병에 걸린 언니를 치료하기 위해 유전자 수정을 통해 태어난 소녀 안나가 자신의 권리와 존재를 찾아가듯이 고지능 로봇이 지능을 키우며 자신의 권리를 찾고, 마침내 인간을 지배하려는 상황에 대비해야 하는 중요한 문제도 더 늦기 전에 다루어져야 할 문제이다.

## 맺음말

인간 중심의 로봇 개발은 AI가 인간의 통제 가능한 범위 내에서 의미가 있으나, 통제의 범위를 넘어가면 로봇이 인류에게 디스토피아를 초래할 가능성이 있다. 예를 들어 복잡한 유전자를 가진 다세포 인공 생명체가 창조되고 그들이 자손을 낳을 수 있다면, 인간과 생명체의 존엄성에 관한 문제가 발생할 수 있다. 즉, 인간의 창조물로서의 로봇이란 개념은 더 이상 의미가 없어지며, 현재의 인간의 형태가 언제까지 존재할지, 새로운 형태의 인간이나 로봇이 나타날지 모른다.

또한 가상 현실 기술의 발전은 단순한 가상 현실 게임, 가상 여행, 원격 교육 등과 같은 용도로 사용되는 것을 넘어서 1999년 개봉한 영화 메트릭스에서처럼 현실 세계와 가상 현실 세계의 경계를 모호하게 하고 있다. 즉 인간이 현실이 아닌 가상의 환경에서 생활하는 것이 가능해지고 있기 때문에 인간의 존재 가치에 대한 철학적인 의문을 제기하고 있다.

로봇의 발전에 따른 인간 존재 혹은 인간과 로봇의 관계 정립에 대한 해결책을 단기간에 마련하는 일은 어려운 일이기 때문에 섣불리 해결하려고 하기보다는 미래 세대들이 지혜롭게 해결할 수 있는 기반을 마련해 주는 것이 중요하다. 선인들이 우리를 믿고 우리들에게 미래를 남겨둔 것처럼 우리도 미래 세대들이 더 나은 판단을 할 수 있는 토양을 마련해 주고 떠나는 것이 우리 시대의 책무일 것이다.

인간의 육체와 정신은 인간을 다른 생명체와 구별짓는 중요한 요소이다. 만일 인간 정신을 로봇에 이식할 수 있다면 인간의 정체성에 대한 혼란을 가져올 뿐 아니라 인간의 정신을 가진 다양한 형태의 존재가 지구상에 공존할 수도 있을 것이다. 어쩌면 인간도 먼 옛날 어떤 존재에 의해서 만들어진 로봇일지도 모를 일이다.

# 참고문헌

Asimov, Isaac, *Runaround*, Astounding Science Fiction, 1942.

Capek, Karel, *R.U.R.(Rossum's Universal Robots)*, Aventinum, 1921.

D'aluisio, Faith and Peter Menzel, *Evolution of a New Species: Robo Sapiens*, MIT Press, 2000.

IEEE Global Initiative, *Ethical Considerations in AI and Robotics by the IEEE Global Initiative*, IEEE Standards Association, 2019.

Itskov, Dmitry, "2045 Initiative: Pursuing Digital Immortality", Global Future 2045 Congress, 2045 Initiative 2045.

Schwab, Klaus, "The Fourth Industrial Revolution", World Economic Forum, Currency, 2016.

## 제8장

# 컴퓨팅의 발전과 미래

김종근

## 컴퓨팅이란 무엇인가?

지금도 컴퓨터가 없는 생활을 생각할 수 없듯이, 미래에는 세상의 어떤 환경에도 컴퓨터가 연계되어 있을 것이고, 큰 영향을 주고 있을 것이다. 컴퓨터가 활용되는 것을 말하는 컴퓨팅을 언급하는 것은 미래의 컴퓨터 활용을 예측하고 이해하는 데 아주 중요하다. 컴퓨팅이란 컴퓨터의 핵심인 하드웨어, 세상의 컴퓨터를 연결하는 인터넷, 그리고 컴퓨터를 빠르고 정확하게 잘 사용하도록 지원하는 소프트웨어 활용까지 모든 내용을 포함한다. 컴퓨팅은 앞으로 어떻게 발전되고 세상에 어떤 영향을 미칠까? 우리는 컴퓨팅의 미래가 어떨 것인지, 컴퓨팅의 엄청난 발전이 인간생활을 어떻게 변화시킬 것인가 궁금하다. 컴퓨팅의 발전과 미래는 컴퓨터 하드웨어, 소프트웨어, 네트워크, 그리고 통합 활용기술이 어떻게 발전되어 갈 것인가를 보면 예측이 가능할 것이다.

컴퓨팅의 각 요소 발전을 보는 것은 결국 컴퓨팅 전체가 발전하는 미래를 상상할 수 있다. 예를 들어, 하나의 중앙처리장치(CPU) 기반인 단일 프로세싱 컴퓨팅부터 복수의 CPU가 들어 있는 멀티코어 프로세싱, 여러 개의 컴퓨터가 군집하여 협력하고 네트워크로 연동된 클라우딩으로 작업을 병렬로 처리하거나 분산 처리하는 방식으로 컴퓨터 처리 능력을 엄청나게 향상 시킨다. 컴퓨터 활용에서는 인간과 비슷한 지능적 처리를 수행하는 인공지능, 엄청난 다양성을 가지는 방대한 데이터 처리로 큰 가치를 창출하는 빅데이터의 활용, 세상의 모든 것을 연결하는 초연결 네트워킹 등 다양하게 발전되는 정보처리능력의 발전이 컴퓨팅 전체에 엄청난 발전과 혁신을 가져올 것이다. 이에 따라 인간 생활 역시 컴퓨팅 발전에 따라 큰 영향을 받을 것이다.

컴퓨팅의 가장 기본은 올바른 데이터를 가지고 어떻게 하면 가치 있는 좋은 정보를 제공할 것인가이다. 수많은 정보처리 경험에서 얻은 중요한 교훈으로 'Garbage-in-garbage-out'이 있다. 쓸모없는 데이터는 아무리 좋은 기술과 정성으로 컴퓨팅 하더라도 좋은 결과를 얻을 수 없다는 뜻이다. 따라서 정확하고 가치있는 데이터의 확보가 매우 중요하다. 엄청나게 생산되는 세상의 다양한 데이터를 수집하고 분석하고 잘 활용하는 기법인 데이터과학이 중요해지고 있는 이유도 여기에 있다. 데이터베이스, 빅데이터, AI 등은 좋은 데이터를 어떻게 수집하고 잘 활용할지를 다루는 데이터과학 기술이다.

# 컴퓨터는 어떻게 발전될 것인가?

　현대 컴퓨터의 기본구조인 '폰 노이만 방식'의 컴퓨터는 1945년에 제안되었다. 컴퓨터는 5가지 기본 요소인 입력장치, 출력장치, 처리기능, 제어기능, 기억장소로 구성되며, 처리해야 할 데이터와 프로그램을 내부 기억장치인 메모리에 저장한 후, 처리기능과 제어기능을 가진 CPU가 프로그램에 따라 데이터를 차례로 가져와서 작업을 처리하는 방식이다. 〈그림 8-1〉에 '폰 노이만 방식'인 현재 컴퓨터의 기본 구조를 보인다.

● 그림 8-1  현재 컴퓨터의 기본 구조

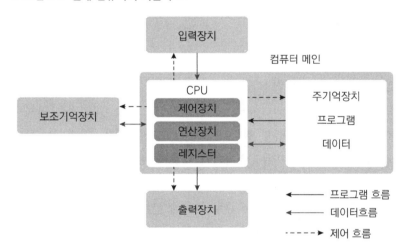

　지금의 컴퓨터는 출현 후 70여 년 동안 기본 구조는 변화없이 컴퓨터 메인의 처리속도 향상, 소형화, 저가격화로 발전하고 있고, 다양한 입출력장치로 확장 발전되고 있고, 인간 친화성 및 소형화 등에 의한 편의성 향상

에서도 급속한 발전을 하고 있다. 가까운 미래에 우리가 만날 수 있는 급격하고 놀라운 변화의 가능성은 컴퓨터와 인간을 직접 연결시켜주는 인터페이스인 입력장치와 출력장치가 획기적으로 다양하게 발전될 것이다. 이러한 혁신적인 입출력장치들은 놀라운 컴퓨팅 경험을 우리에게 제공해줄 것이다. 오늘도 수없이 개발되고 소개되고 있는 입출력 장치들에 큰 관심을 가져야 하는 이유이다.

5가지 컴퓨터 기본요소 중 처리와 제어 기능을 수행하는 CPU의 발전은 현재는 고집적 전자회로가 기반인 5세대 컴퓨터로 발전되어 처리능력과 처리속도가 엄청나게 향상되고 있다. 최근에는 인터넷으로 통합된 컴퓨팅 자원인 클라우딩 컴퓨팅에 의해 병렬처리 및 분산처리로 처리성능과 신뢰성을 높이고 있다. 그럼에도 더 우수하거나 특수목적 컴퓨터를 기대하면서, 전통적인 폰노이만 방식 컴퓨터와는 좀 달라도 컴퓨터 메인의 성능을 높일 수 있는 많은 컴퓨터가 연구 되고 있다. 양자 컴퓨터, 뉴로 컴퓨터와 같은 새로운 컴퓨팅 개념의 개발로 데이터 처리량과 처리속도를 획기적으로 늘리려는 노력을 하고 있다.

## 메모리와 시스템 반도체의 발전

CPU와 연동하여 프로그램이나 데이터 등을 저장하는 컴퓨터 메모리의 대용량화와 처리속도 향상은 고속 컴퓨팅을 위한 필수적인 요소이다. 메모리의 크기가 커지고 처리속도가 빨라진다는 것은 복잡한 프로그램이나 대용량의 데이터를 단숨에 메모리에 저장하고, CPU에서 고속 처리할 수 있다는 의미가 된다. 메모리로 사용되는 반도체의 집적도나 가격은 그만큼 중요한 것이다. 그동안 반도체에 집적하는 메모리 용량은 최소 2년에 2배 정도로 늘어나고 가격은 오히려 반으로 떨어진다는 '무어의 법칙(Moore's law)'이 통용되어 왔다. 그러나 반도체의 고집적도는 물리적인 한계로 발전이 둔화되고 있다.

시스템 반도체는 CPU, 그래픽처리장치(GPU), 시스템 메모리 및 다른 주변 장치들이 하나의 칩 안에 포함된 것으로, 자율자동차, 그래픽처리, 로봇과 같이 전문적인 작업을 빠르게 오류 없이 처리 할 수 있는 중요한 부품이다. 이는 일반 컴퓨터 처리에서 발생할 수 있는 바이러스 침투에 의한 소프트웨어 에러나 데이터 이동에 따른 처리 지연 등이 감소되어 안정성 보장과 처리 성능을 높여 준다. 이미지 및 비디오 처리, 게임 그래픽, 과학 및 기술 계산, 자동차 제어, 그리고 인공지능(AI) 및 기계 학습 작업 등 다양한 분야에서 성능과 신뢰성 향상을 위해 사용되고 있다. 최근 높은 주식 가격으로 화제였던 엔비디아(NVIDIA) 그래픽 카드는 시스템 반도체의 한 종류이다.

차세대 컴퓨터에서 중요한 요소가 되는 대용량 고속화 메모리의 또 다른 발전 방향으로는 양자메모리, 신경모픽 메모리, 광메모리 등 컴퓨터 메인의 발전과 연동되어 다양한 형태의 미래 메모리가 연구 개발되고 있다.

- **양자메모리**: 양자 컴퓨팅을 위해서는 양자의 특성을 유지할 수 있는 메모리가 필요하다. 양자 메모리는 큐비트와 같은 양자 상태로 정보를 저장하고 처리할 수 있어 대용량 정보를 매우 효율적으로 저장하고 처리하는 능력을 가진다.
- **신경모픽메모리**: 모픽(morphic)은 모방한다는 뜻으로, 신경모픽 메모리는 뇌의 신경 회로망을 모방한 메모리 형태이다. 특히 AI의 머신러닝 알고리즘과 연계되면 효율적인 AI 처리를 가능하게 한다.
- **광메모리**: 빛을 이용하여 정보를 저장하는 광메모리 기술이다. 광메모리는 전자 기반의 메모리보다 훨씬 빠르고, 더 많은 데이터를 저장할 수 있는 잠재력이 있다.

- **고속비휘발성메모리**: 전원을 꺼도 데이터를 유지할 수 있는 고속비휘발성메모리(NVM: Non Volatile Memory)의 발전도 중요하다. 이 중에는 NAND 플래시 메모리가 있지만, 더 빠른 속도와 더 높은 내구성을 가진 새로운 형태의 NVM을 기대하고 있다. 메모리스터(memoristor), ReRAM(Resistive Random Access Memory), PCM(Phase Change Memory) 등의 기술이 개발 중에 있다.
- **3D 메모리**: 여러 계층으로 메모리 셀을 쌓는 것을 의미한다. 더 많은 층을 쌓을 수 있다는 것은 제한된 공간에 더 큰 용량의 메모리가 구현되는 것이다.

결국 메모리의 고속화, 대용량화, 저가격화, 안정화는 컴퓨팅 능력을 증가시키고 처리시간을 획기적으로 줄여주는 중요한 요소가 된다.

## 입력장치의 미래

전통적으로 컴퓨터 처리용 데이터의 입력은 키보드를 통해 텍스트로 입력하는 것이다. 어떤 데이터 입력용 장치가 출현하는가는 미래 컴퓨팅 가능성의 큰 이슈가 된다. 음성 입력으로 컴퓨터를 제어하거나 카메라로 입력된 이미지를 처리하는 것은 실용화되어 있다. 미래에 유용한 입력 정보로는 촉각, 청각, 시각, 미각, 후각 등의 데이터를 컴퓨터에 정확하게 전달하여 처리하도록 하는 것인데, 오감 정보와 온도, 습도, 진동, 속도, 방향, 무게, 냄새 등을 감지할 수 있는 고기능 센서가 입력장치로 사용될 것이다. 센서에서 감지된 정보는 디지털정보로 변환되어 컴퓨터에서 분석되고 처리된다. 가까운 미래에 인간이 오감으로 감지할 수 있는 모든 내용이 적절한 센서 입력장치를 통해 컴퓨팅될 것이다.

- **인체 동작 인식**: 제스처와 같은 인체 움직임에 대한 인식기술은 손가락이나 몸짓의 움직임을 실시간으로 추적 인식하고 컴퓨터에 동작 내용을 제공해 준다. 이 기술은 인간의 행동을 컴퓨터가 인식하도록 해 줄 것이다.
- **뇌-컴퓨터 인터페이스(BCI: Brain-Computer-Interface)**: 뇌의 생각 신호를 감지하여 컴퓨터에 전달하는 기술로 인간과 컴퓨터 연동기술의 중요한 부분이다. 일론 머스크가 주도하는 뉴럴링크의 칩 임플란트 기술이 하나의 시도가 되고 있다. 생각만으로 컴퓨터를 제어할 수 있을 것이다. 뇌의 생각을 컴퓨터로 입력받고, 무선으로 원격지 컴퓨터로 내용을 전달한 뒤 다시 원격지 컴퓨터가 생각신호를 또 다른 뇌로 전달한다면 사람 간의 텔레파시가 구현되는 것이다. 아직 초기 단계이지만 꾸준히 많은 연구 결과를 내고 있다.
- **AI(Artificial Intelligence)와의 상호작용**: AI에서 처리한 결과를 효과적 컴퓨팅을 위한 입력이 된다. AI는 사용자 요구를 예측하여 최적 정보를 추출하여 제공할 것이고 목표하는 결과를 더 빠르게 효과적으로 도출할 수 있게 한다. 투자 판단, 전략적인 결정 등 긴급하고 정확하게 처리할 작업에 크게 기여할 것이다.
- **생체 인식**: 생체 인식 기술은 사용자 인증을 보다 정확하게 할 수 있다. 생체 특징을 이용하는 지문인식, 안면인식, 홍채인식, 정맥인식 등을 통해 누구인지 판단할 수 있는 기술이다. 인간의 행동 특징을 이용하여 서명/필체 인식, 눈동자 인식, 입술 인식, 걸음걸이 인식, 타이핑 습관 인식도 할 수 있다. 개인의 특별한 정보를 이용하여 더욱 신뢰할 수 있는 인증 시스템을 제공한다.
- **센서 기술**: 물리적, 화학적, 생물학적, 열적, 행동변화 등 다양한 현상 변화형태를 감지하고, 이를 디지털 정보로 변환하는 기술이다. 예를

**제3부** • 과학혁명과 기술혁신의 미래

들면 온도 센서는 온도 변화를 감지하고, 광 센서는 빛의 강도를 감지하며, 압력 센서는 압력을 감지하여 상태를 전기신호로 변환시킨다. 따라서 어떤 상태나 상황 변화를 감지하는 새로운 소자의 발전은 새로운 센서의 발전으로 연결된다. 센서 기술은 자동차, 스마트폰, 의료 기기, 환경 모니터링 장치, 산업 자동화 등 많은 분야에서 사용되며, AI, 사물인터넷(IoT), 자율주행 자동차, 로보틱스 등 미래 기술과 연계되는 핵심 요소이다.

## 출력장치의 미래

컴퓨터에서 처리된 결과는 출력장치인 모니터로 보거나, 프린터로 출력해서 볼 수 있다. 다양한 출력장치는 목적에 따라 다양하고 정교한 방향으로 발전되고 있고 인간 생활에 많은 변화를 주고 있다. 컴퓨팅 출력을 다른 단계 컴퓨팅의 입력 데이터로 사용도 하는데, 로봇제어, 자동화기기 제어, 생체 제어와 같은 지능적이고 복잡한 컴퓨팅을 효율적으로 한다. 자율주행 자동차에서 차체 상태와 주변 도로의 상황을 분석 처리한 결과는 주행조종 시스템에 실시간으로 입력되고 자동차를 안전하게 운행하도록 도울 것이다. 그리고 고객의 요구와 상태를 분석한 내용을 기반으로 고객 서비스 로봇이 적절한 대응을 할 것이다. 출력장치의 혁신적인 발전은 인간이 직접 느끼고 수혜 받는 가장 중요한 영역이 될 것이다.

- **플렉서블 및 투명 디스플레이**: 유연한 소자로 만드는 플렉서블 디스플레이는 접거나 두루말이처럼 말 수 있어서 휴대성이 높은 모니터가 될 수 있다. 투명한 유리나 플라스틱 위에 정보를 표시하는 기능도 큰 발

전이 되고 있다. 투명 유리 겸 모니터로의 사용 예로는 건축물이나 자동차의 창이 바로 정보를 표시하는 모니터로 동작될 것이다. 실내에서 보는 창이 외부의 경치를 보이다가, 동일한 경치의 모네풍 그림으로 나타날 수도 있을 것이다. 투명 마이크로 LED가 실용화되고 있어 TV와 디지털어항이 겸용되는 제품도 최근 출시되고 있다.

- **신체 밀착 모니터:** 신체에 착용하는 모니터도 크게 발전될 것이다. 게임에서 사용하는 고글 형태의 모니터나 일상생활에서 착용하는 안경이나 선글라스가 모니터 기능으로 활용되는 예는 이미 상당히 있다. 일반 안경이 필요시에 증강현실 정보나 정교한 출력을 볼 수 있는 모니터가 되는 것이다. 콘텍트렌즈가 모니터 기능을 가지는 것도 실현 가능할 것이다. 3D VR 게임에서 어지러움 등 부작용이 없으면서 현실감이 높아지는 신체부착 모니터도 많은 연구가 되고 있다.

- **홀로그램 디스플레이:** 입체적인 3차원 홀로그램 이미지를 투영할 수 있는 홀로그래픽 기술이 빠르게 발전하고 있다. 공상 영화에서 보던 형태로 3차원 정보를 생활공간에 투영할 것이고, 비대면 진료, 원격지 탐사 등 민감하거나 위험한 환경에서 활용이 더욱 기대된다.

- **햅틱 출력:** 햅틱 기술은 사용자에게 진동이나 힘, 모션 등 물리적 반응을 실제 제공하여 직관적이고 풍부한 접촉의 느낌을 가능하게 한다. 예를 들어, VR 환경에서 객체를 만질 때 대상의 질감이나 무게, 충격 등을 실제로 느낄 수 있게 하는 것이다.

- **뇌와 생체의 제어:** 컴퓨터 명령을 뇌에서 처리할 수 있는 생체 신호형태의 정보를 뇌로 직접 전달하여 뇌에서 컴퓨팅 내용을 처리할 수 있게 하는 것이다. 마비된 인체의 특정 부분 동작을 위해 컴퓨터에서 판단한 동작명령을 뇌를 통해 인체로 직접 전달하여 인체가 동작되도록 할 수도 있을 것이다. 아직 초보 단계이지만, 많은 연구가 진행되고 있어 가까운 미래에 실현 가능성이 있다.

오동작이 없는 안전한 출력장치를 만드는 것은 아주 중요하다. 또한 보편적으로 사용될 수 있고 안정된 실용화를 위해서는 표준화 과정 등을 거쳐서 메이커에 종속되지 않는 범용장치로 발전되는 것이 중요하다.

## 소프트웨어의 발전

컴퓨팅에서 소프트웨어는 매우 중요하다. 컴퓨터처리로 원하는 결과를 얻기 위해서는 좋은 소프트웨어가 있어야 한다. 또 멋진 콘텐츠도 인간의 창의력과 소프트웨어 기술로 만들 수 있다. '콘텐츠'는 정보제공, 교육, 엔터테인먼트 등에 사용되는 다양한 미디어로, 소프트웨어의 한 부분이다. 소프트웨어의 가능성은 우리의 상상력과 얻고자 하는 목표가 있으면 시간의 문제일 뿐 거의 모든 것이 실현 가능하다. 좋은 소프트웨어 개발에는 해당분야 전문가의 참여와 창의성이 가장 중요하다.

소프트웨어는 컴퓨터를 잘 사용할 수 있게 도와주는 운영체제와 같은 시스템 소프트웨어, 컴퓨터를 목적에 맞게 일하도록 도와주는 응용소프트웨어로 나누어질 수 있다. 시스템 소프트웨어는 컴퓨터를 효율적으로 관리하며, 사용자가 쉽게 컴퓨터를 사용할 수 있도록 도와준다. 대표적인 시스템 소프트웨어로는 운영체제, 데이터베이스 관리시스템, 프로그래밍을 도와주는 컴파일러 등이 있다. 운영체제는 사용자가 하드웨어(CPU, 메모리, 하드디스크, 입출력장치 등)를 잘 모르더라도 컴퓨터를 쉽게 사용할 수 있도록 도와주며, 효율적으로 관리해 준다. 대표적인 운영체제로는 윈도우즈, 리눅스, macOS 등이 있다. 스마트폰은 휴대용 컴퓨터로 볼 수 있는데 대표적인 운영체제는 안드로이드(android)와 iOS가 있다. 시스템 소프트웨어는 컴퓨팅 발전에 아주 중요하다. 미래에는 고도로 지능화되고 자동 업데이트가 유지되면서 필요시에 인터넷을 통하여 불러다 쓸 수 있는, 온디맨드형 시스템 소프트웨어가 일반화될 것이다.

응용 소프트웨어는 운영체제 기반 위에서 동작하며, 사용자가 필요로 하는 특정 작업용 소프트웨어를 말한다. 응용 소프트웨어는 사용 목적이 구체적이다. 예를 들면 '아래 한글'과 같은 워드프로세스는 문서를 작성, 편집, 출력하고 관리하는 것이 주요 목적이며, '엑셀'과 같은 스프레드시트는 수치계산이나 통계, 도표를 그리는 작업을 효율적으로 할 수 있는 프로그램이다. '파워포인트'와 같은 소프트웨어는 발표자료 작성 및 발표지원용으로 사용된다. 게임을 하려면 게임 소프트웨어를 사용한다. 컴퓨터로 처리하고 싶은 특별한 작업이 있다면, 적절한 응용 프로그램을 찾아서 사용하면 된다. 비지니스용 작업인 경우에는 시판되는 소프트웨어를 커스트마이징하여 사용하거나, 별도의 독자적인 프로그램을 개발하여 사용하기도 한다.

휴대용 스마트기기의 안드로이드폰이나 아이폰의 응용 소프트웨어는 어플리케이션(application), 어플 또는 앱(app)이라 한다. 스마트폰은, 카메라나 GPS와 같은 센서들이 많이 부착되어 있고, 네비게이션, 지도, SNS, 게임 등 다양하고 재미있는 앱들이 제공되고 있다. 앱의 배포는 안드로이드 앱은 Play스토어를 이용하며, iOS앱은 AppStore를 이용해야 한다. 양 사이트에는 각각 수백만개의 앱이 등록되어 있어 필요한 앱은 거의 찾을 수 있다. 오히려 비슷한 앱이 너무 많아 어떤 것을 선택해야 할지 고민되는 경우가 많다.

AI, 빅데이터 처리, SNS, 혼합현실 등 최근 이슈가 되는 서비스들은 모두 응용 소프트웨어에 속한다. 컴퓨팅의 발전은 하드웨어 분야도 중요하지만, 소프트웨어 분야의 발전에 핵심이 있다고 해도 과언이 아니다.

컴퓨팅의 미래는 사용자의 상상과 창의성으로 시작되는 좋은 소프트웨어 출현과 소프트웨어를 쉽게 개발할 수 있는 좋은 환경의 발전이 직결되어 있다. 또 소프트웨어 개발에는 우수한 전문가의 엄청난 노력이 필요하기 때문에, 우수한 소프트웨어 인력 양성도 아주 중요하다.

## 네트워킹의 발전

인터넷과 같은 네트워크를 통해 원격지의 두 컴퓨터 혹은 여러 대의 컴퓨터가 상호 연동하여 정보를 교환하고 처리하는 분산처리가 많아지고 있다. 예를 들면 웹 브라우저로 원격지의 웹서버에 접속하여 정보를 검색하는 웹서핑의 경우를 보자. 사용자가 웹서버로 검색 요청 정보를 보내고, 원격지의 서버에서는 관련되는 정보를 찾아낸 후 사용자가 요구하는 형태로 정리하여 응답해 주고 사용자 브라우저에서 볼 수 있도록 하는 작업이 웹 서핑 과정이다. 이러한 컴퓨터 간 공동 작업을 위해서는 네트워크가 필요하며, 전 세계의 컴퓨터를 거미줄처럼 연결해 주는 네트워크가 바로 인터넷이다. 지금 인터넷은 우리 곁에 항상 존재하는 하나의 컴퓨터 요소로 인식되고 있다.

인터넷은 처리속도와 편리성이 끊임없이 발전하고 있다. 통신속도는 계속 빨라지고 있다. 통신속도가 100MB(메가바이트)라고 하면, 한글 1자를 2바이트로 나타낸다고 하면 1초에 한글 5천만 자를 전송할 수 있다는 뜻이다. 요즘은 100GB(기가바이트) 속도의 통신망도 쉽게 볼 수 있는데, 이는 1초에 한글 500억 자를 전송할 수 있다는 뜻이다. 통신이 빨라진다는 것은 많은 정보를 컴퓨터가 빠르게 주고 받을 수 있다는 뜻이고, 빠른 원격처리를 할 수 있다는 뜻이다. 즉 실시간성이 좋아진다. 통신 속도가 결정되는 핵심인 세 부분을 살펴보면 송신속도-전파속도-수신속도로 구성되는데, 컴퓨터에서 인터넷으로 정보를 내보내는 속도인 송신속도, 인터넷을 통해 목적지까지 데이터가 전달되는 속도인 전파속도, 수신 측 컴퓨터가 인터넷으로부터 정보를 받아들이는 수신 속도이다. 송신속도와 수신속도는 컴퓨터의 성능에 연계되므로 컴퓨터 성능이 좋아지면 계속 더 빨라지고 있다.

극복하기 어려운 한 가지는 전파속도이다. 전파속도는 통신 매체를 통하여 정보를 신호로 만들어 송신 측에서 원격지의 수신 측까지 전파되는 속도를 말한다. 현대의 통신은 전자파나 빛을 이용해 디지털 신호로 정보를 전파하는데, 현재는 전자파나 빛의 물리적인 전파속도보다 더 빠르게 신호를 전파할 방법이 없다. 따라서 통신거리가 속도에 큰 영향을 미친다. 예를 들어 대학 캠퍼스 내의 컴퓨터 간 통신은 거리가 가깝기 때문에 짧은 전파지연을 가지지만, 한국과 지구 반대편 국가 사이에 있는 컴퓨터간 통신이라면 먼 통신거리로 전파지연에 따른 긴 통신지연은 피할 수 없는 것이다. 현재는 빛보다 더 빠르게 통신할 수 있는 방법이 없다. 그래서 지구와 멀리 떨어진 위성과의 통신에 빛의 속도로 통신하더라도 송수신기의 거리에 따라 수분, 수시간, 며칠, 몇달 등의 통신 시간이 걸리는 것이다. 만약 빛보다 더 빠르게 통신 신호를 전파할 수 있다면 엄청난 사건이 될 것이다.

통신 신호를 전달하는 전송매체로는 유선매체와 무선매체가 있다. 유선매체의 대표로는 구리선과 광통신선이 있지만, 이미 상당한 발전이 되어 왔기 때문에 획기적인 성능향상은 기대하기 어렵다. 현재는 장치의 연결 유연성과 확장성이 뛰어난 무선매체, 즉 무선주파수를 이용하여 통신성능을 향상시키는 쪽으로 많은 연구가 진행되고 있다. 2G, 3G, LTE 통신, 5G 통신, 그리고 최근에 이슈가 되고 있는 6G 통신 등이 바로 무선통신의 발전 방향을 보여주고 있다. 단위 시간에 전파할 수 있는 정보의 양이 1비트가 아니라 수천 비트를 동시에 보내는 것처럼 획기적으로 늘어난다면, 통신이 빨라지는 효과가 생긴다. 양자 기술을 이용하는 양자컴퓨팅 기술이 발전하고 양자통신이 실현된다면 현재의 디지털 통신과는 차원이 다른 엄청나게 빠른 차세대 통신으로 발전하게 될 것이다.

위성인터넷망도 통신 환경을 획기적으로 개선시킨다. 〈그림 8-2〉의 스타링크를 예로 보면 지구상 모든 곳에서 휴대용 단말기로 인터넷 통신이 가능하도록 하는 스페이스-X 프로젝트로 2023년 현재 약 4,000대의 통신위성이 550km의 저궤도에 배치되어 지구의 모든 면적을 통신가능 지역으로 만드는 위성 인터넷이다. 스타링크는 1단계로 12,000대의 위성, 2단계로 총 42,000대의 통신위성을 지구상에 빽빽하게 위치시킬 계획이다. 이때 통신위성은 네트워크 연결 장치 역할을 하며 지상의 단말기를 통신망에 연결시키는 기지국의 역할도 수행한다. 위성 가운데 최소한 1기는 지구상 어떤 단말기와도 통신할 수 있을 것이고, 위성인터넷망에 의해 지구상의 모든 장치가 인터넷과 연결될 수 있다.

● 그림 8-2  스타링크 위성 배치도(satellitemap.space, 2023)

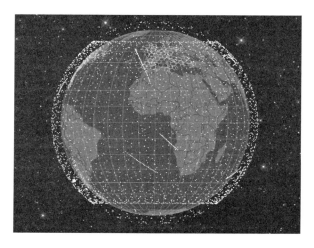

네트워킹의 발전은 통신 속도는 높이면서 세상의 모든 장치를 언제든 항상 값싸고 편리하게 연결할 수 있는 방향을 지향하고 있다. 'Everything on the Internet'이란 용어에서 보듯이 세상 모든 장치가 인터넷과 연결되는 세상이 될 것이다. 하나의 간단한 예로 위성인터넷과 통신할 수 있는 산불감시 센서들을 산간 오지에 뿌려 놓는다면, 빠르게 산불의 발생 등을 모니터링하고 빠르게 대응할 수 있을 것이다.

## 스마트폰의 발전

스마트폰의 다양한 발전이 개인 컴퓨팅의 미래가 될 것이다. 예전의 단순한 통화와 문자 메시지 중심의 휴대전화 사용에 비해, 스마트폰인 지금의 휴대 스마트기기(휴대폰)는 PC 수준이나 예전의 미니 컴퓨터 수준의 능력을 갖고 있다. 더 나은 성능의 프로세서, 화면 해상도, 에너지 효율성을 가지는 배터리, 카메라, 다양한 연계장치의 등장은 스마트폰을 슈퍼 기기로 발전시키고 있다. 컴퓨터에서 가능한 거의 모든 컴퓨팅이 스마트폰에서도 가능해지고 있다. 빅데이터 활용, AI, 가상현실(VR)과 증강현실(AR)을 동시에 제공하는 혼합 현실(MR) 등 강력하고 지능적인 스마트 서비스가 제공되면서 개인 컴퓨팅을 더욱 풍성하게 할 것이다. 스마트폰은 다음과 같이 발전되고 있다.

- **연결성 증가**: 5G와 6G와 같은 고속 무선 통신 기술의 발전은 휴대폰의 연결성과 편리성을 크게 향상시키고, 빠른 통신서비스와 실시간성 기반의 다양한 응용이 출현 될 것이다. 실시간 인증, 모니터링 등 안전성과 보안성을 쉽게 제공해 줄 것이다.

- **축소 및 확대 기술**: 접이식 스마트폰, 고해상도 화면 등 유연한 디스플레이 기술은 이미 상용화되었다. 더 나은 디자인과 기능을 갖추고, 휴대폰의 크기는 축소되면서 처리결과는 크고 편하게 볼 수 있는 제품이 개발되고 있다. 더 크고 정밀한 출력 화면을 제공하면서도 휴대성과 간편성은 더 개선될 것이다.

- **AI와 인식 기술의 통합**: AI 발전과 인식 기술의 발전은 휴대폰 사용의 안전성과 편의성을 크게 향상시킨다. AI 비서는 사용자의 명령을 인식하고 지능적인 실행을 수행할 것이다. 간단한 음성뿐 아니라 모션이나 생각만으로도 작동할 수 있게 될 것이다. AI를 이용한 다국적 언어의 실시간 통역은 이미 서비스 중이다. 개인의 상황이나 취향에 적합한 개인 맞춤 서비스도 가능할 것이다.

- **보안 및 개인정보 보호 기술의 강화**: 스마트폰의 역할이 더욱 중요해지고, 많은 서비스가 개발될수록 보안과 개인정보 보호에 대한 필요도 높아질 것이다. 생체인식 기술인, 얼굴 인식, 지문 인식, 홍채 인식 등의 기술이 더욱 정교해져 보안성이 강화될 것이다. 블록체인, 양자암호화 등 강력한 데이터 암호화 기술이 개발되어 개인정보 보호를 강화할 것이다.

- **연계 주변장치 발전**: 스마트폰과 연동되는 수많은 지능형 연계장치가 등장할 것이다. 카메라 기술은 더 나은 해상도, 광학 줌성능 향상, 저조도 성능 향상, AI 이미지 처리로 더욱 진화된 성능이 제공될 것이다. 배터리 기술의 발전은 소형화, 빠른 충전, 긴 사용시간 제공과 인공지능 기반 관리로 편리성을 높일 것이다.

지금까지의 발전 속도보다 미래에는 훨씬 빠르게 스마트폰 관련 기술이 발전될 것이다. 그리 멀지 않은 10년이나 20년 후의 스마트폰 환경을 상상해 보면, 현재와는 많이 다른 모습이 될 것이다.

- **개인 맞춤 AI 서비스**: AI 기술은 사용자의 습관과 선호도를 잘 이해하여 개인맞춤형 서비스를 제공할 것이다. 사용자의 의도를 정확히 예측하고, 서비스는 더욱 지능화되고 자연스러워질 것이다. 개인에 최적화된 AI와 자동화 기술이 통합된 서비스는 개인생활을 편리하고 효율적으로 변화시킬 것이다. 예를 들어 개인에 최적화된 AI가 자동차 자율주행 기능과 연계된다면 복잡한 도심에서 나의 퇴근시간에 맞추어 편하게 승차할 수 있도록 자가용이 적절한 곳에서 대기할 것이고, 나의 일정에 따라 최적화된 자율운행을 할 것이다.

- **인체와의 통합**: 스마트폰이 더 이상 키보드나 음성으로만 조작되지 않고, 인체연동 인터페이스에 의한 조작방법이 일상화 될 것이다. 즉 신체나, 눈 동작, 생각 등으로 조작될 것이다. 생체 인식 기술의 발전과 함께 임플란트 센싱 기술이 발전하여 스마트폰의 입출력 기능을 몸 안에 직접 구현하는 것도 가능할 것이다.

- **네트워크 기술의 진화**: '더 빠르게, 더 멀리, 더 편리하게'라는 통신의 목표와 함께 세상의 모든 기기를 연결하는 방향으로 발전해 갈 것이다. 더 빠른 통신 속도와 연결의 다양성을 제공할 것이다.

- **신체 내장 기기**: 스마트폰과 연동되는 센서가 신체 내에 삽입되거나 신체에 부착될 때 인체에 쉽게 부착할 수 있고 부작용이 없는 인터페이스가 사용될 것이다. 캡슐화된 초소형의 1회용 내장 기기는 수시로 우리의 생리 상태를 모니터링하고 의료 정보를 수집하여 실시간 개인 건강관리를 할 수 있게 할 것이다. 뇌-컴퓨터 인터페이스 기술의 발전으로 우리의 뇌파를 읽고 해석하여 사용자의 생각과 의도한 내용대로 스마트폰이 동작될 것이며, 이러한 기술이 확장되면 인간의 텔레파시가 가능하게 될 것이다.

- **홀로그래픽 디스플레이**: 홀로그래픽 디스플레이 기술의 발전은 어디서나 실감 있는 3D 이미지를 제공할 수 있다. 이 기술은 현실과 가상현실 사이의 경계를 흐리게 하고 가상현실과 실제가 필요에 따라 나타나는 혼합현실을 가능하게 할 것이다.

## '컴퓨팅 사고'는 문제해결 방법론인가?

제4차 산업혁명이 큰 이슈가 되면서, 컴퓨팅 사고 개념도 큰 화제가 되고 있다. 컴퓨팅 사고(computational thinking)는 큰 규모의 정보 처리 문제를 해결하기 위해 컴퓨터의 입장에서 문제를 생각하고 처리하는 방법론이다. 그동안 정보처리 시스템을 설계하고 구현할 때 많이 사용되어 온 방법이다. 그런데 현대의 복잡하고 다양한 일반 문제해결에도 활용될 수 있는 창의적 문제해결 기법으로 인식되고 활용이 확산되고 있다. 컴퓨팅 사고는 컴퓨터 과학에서 비롯되었지만, 해결해야 할 복잡한 문제가 많은 현대 사회에서는 꼭 익힐 필요가 있는 창의적 문제해결 능력이 되고 있으며, 다양한 분야의 문제 해결에 실제로 적용되고 있다. 문제 해결을 위한 기본 전략으로 분할정복(divide and conquer) 방법을 사용한다. 문제 분석을 통해 크고 복잡한 문제를 쉽게 해결할 수 있도록 작은 부분 문제로 분할하고 각 부분을 빠르게 해결하는 것으로, 전체 문제가 쉬운 문제로 되고, 결국 효율적으로 전체 문제를 해결할 수 있다.

창의적 문제해결 방법 중에는 잘 알려진 트리즈(TRIZ)처럼 물리적인 모순을 해결하거나, 기능적인 상황을 분석하여 발명 등에 사용하는 기법도 있다. 그러나 트리즈는 복잡한 컴퓨팅 문제에 활용하기에는 적용 가능성도 어렵고, 효과도 불투명하다.

복잡한 문제를 해결하기 위해 컴퓨팅 사고에서는 4단계의 체계적인 접근 방법을 제공한다. **문제 분해**(decomposition), **패턴 파악**(pattern recognition), **추상화**(abstraction), **알고리즘 설계**(algorithm design) 등의 과정을 통해 복잡한 문제를 분할정복 방법으로 쉽게 해결하는 것이 중요한 특징이다.

컴퓨팅 사고가 유용하게 활용될 수 있는 주요 분야는 다음과 같다.

- **자동화와 효율성**: 컴퓨팅 사고는 작업을 자동화하고 프로세스를 최적화하는 방법에 사용된다.

- **데이터 이해와 분석**: 현대 사회에서는 데이터가 매우 중요한 자산이다. 컴퓨팅 사고는 데이터를 이해하고 분석하여 유용한 정보를 도출하는 방법을 제공한다.

- **기술적 문제 해결**: 컴퓨터 과학과 기술 분야에서 기술적 문제를 해결하는 핵심 능력을 제공할 수 있다. 이는 프로그래밍, 시스템 설계, 네트워크 관리 등 다양한 기술적 도전에 대처할 수 있는 역량을 키워준다.

- **창의성과 혁신**: 새로운 아이디어를 발견하고 혁신적인 솔루션을 개발하는 데 도움이 된다.

컴퓨팅 사고는 컴퓨터 과학뿐만 아니라 수학, 공학, 경영, 예술 등 다양한 분야에서 문제 해결 능력을 향상시키고 유용하게 활용될 수 있다. 예를 들어, 복잡하고 어려운 시스템을 구현하는 경우, 구현 대상 전체를 독립 가능한 부분으로 잘 분할하고, 각 부분을 독립적으로 구현하면 일이 쉬워진다. 그리고 구현된 각 부분이 연동되도록 하면 시스템 전체를 효율적으로 완성할 수 있다. 또 다른 예로, 기존 시스템을 개선하고 싶은 경우에도 전체를 잘 관찰하여 부분으로 분할하고, 문제가 되는 부분을 개선하면 결국 전체 시스템을 개선하는 결과가 될 것이다.

# 미래 컴퓨팅: 양자컴퓨팅

지금보다 획기적으로 빠른 컴퓨터는 가능할까? 양자 컴퓨팅은 더 빠르고, 더 저렴하고 더 효율적으로 컴퓨팅 작업을 수행할 가능성을 보여주고 있다. 양자 컴퓨팅은 이론적 양자역학의 미시적 수준에서 입자의 특성을 이용하는 분야로, 중첩, 얽힘, 결잃음 등의 원리를 활용하는데, 양자역학적 현상의 대표적인 것으로 양자가 여러 위치에 동시에 존재한다는 '양자중첩'이 중요하다. 기존 반도체 기반 컴퓨터는 모든 내용을 0과 1로만 표현하고 디지털이라 하는데, 양자중첩을 이용하는 컴퓨터는 0과 1을 동시에 가질 수 있는 큐비트를 이용하고, 정보를 병렬로 저장하고 처리하는 것이다. 예를 들면 큐비트는 0과 1의 상태를 동시에 가질 수 있고, 00, 01, 10, 11 등 4가지 상태를 가질 수 있다. 2개의 큐비트를 이용하면 4가지 상태(00, 01, 10, 11)를 중첩시키게 되고, 또 n개의 큐비트라면 2의 n제곱만큼 정보를 중첩시키는 것이 가능하다. 이런 방식으로 큐비트 기반 연산을 해나갈 경우 현재의 디지털 기반 처리와는 비교가 안될 만큼 빠르게 데이터를 처리할 수 있다.

어떤 작업을 한 대의 컴퓨터가 처리하는 것보다 천 대의 컴퓨터가 작업을 함께 처리할 경우 작업의 효율은 이상적으로 천배가 되는 것처럼, 양자 컴퓨팅은 동시에 저장하거나 처리할 수 있는 데이터양이 엄청나서 복잡하고 큰 문제를 훨씬 빠르게 해결할 수 있는 것이다. 최근 IBM에서는 1,000 큐비트 양자칩 개발에 성공했다고 발표했는데, 큐비트 수가 높아질수록 성능이 높아진다. 큐비트를 실질적으로 구현하는 방식으로는 '초전도방식', '이온트랩방식', '중성원자방식'이 주로 연구되고 있는데, 어떤 방식이 실용화될지 큰 이슈가 되고 있다.

IBM에서는 양자컴퓨터는 기존 컴퓨터를 대체하는 기술이 아니라, 어려운 문제를 해결하는 데 주로 사용될 상호보완 관계라고 설명하고 있다. 예를 들어 지금의 컴퓨터로 1만년 걸릴 연산을 100초에 계산해 내는 '양자컴퓨터'가 구현된다면, 결국 계산 속도를 엄청나게 빠르게 하며, 지금 해결하지 못하는 수많은 문제들, 예를 들어 금융분석 기반 최적 투자 방안, 엄청난 계산량이 필요한 실시간 기후예측 등의 문제를 빠르게 해결할 수 있다. 또한 암호 해독, 새로운 치료약 발명 등 처리량이 거대하고 복잡한 작업에서 큰 역할을 할 수 있다. 그러나 우려되는 많은 문제도 있다. 엄청난 계산의 복잡성 때문에 보안성을 유지하는 RSA(대표적인 공개키 암호화 방식)와 같은 보안기술, 가상화폐 기반기술인 블록체인 등도 쉽게 해독되어 안전성을 상실할 수 있다. 양자정보 컴퓨팅 기술은 현재의 디지털 컴퓨팅과 공존하면서 적절한 역할을 찾아 빠르게 발전할 것이다.

양자컴퓨터를 구현하려면 큐비트를 처리할 수 있는 구체적 방식 및 안정된 큐비트 저장 및 처리 소자개발이 필요하다. 현재는 광자, 초전도회로, 스핀, 이온, 점결합 등 다양한 형태로 큐비트를 처리할 수 있는 소자를 연구하고 있다. 지금은 초전도회로와 이온방식이 양자컴퓨터를 구현할 수 있는 기술로 많은 기대를 받고 있다.

## 미래 컴퓨팅: 칩 임플란트

인간의 몸에 컴퓨터 칩을 심는 기술을 '칩 임플란트'라고 한다. 〈그림 8-3〉에 개념을 보인다. 일론 머스크가 세운 회사인 '뉴럴링크'는 2021년 페이저라는 이름의 원숭이 뇌에 2개의 컴퓨터 칩을 심어 머릿속과 컴퓨터를 연결시켜 원숭이의 생각대로 간단한 탁구게임을 시킬 수 있었다. 게임하는 동안 뇌에서 발생하는 각종 신경 정보가 칩을 통해 컴퓨터로 전송되고, 이 정보를 기반으로 판단과 실행을 수행하는 게임을 만든 것이다. 2023년에는 미국 FDA가 인간의 뇌에 칩을 이식하는 실험을 승인하여 칩 임플란트의 실현 가능성이 커지고 있다. 뇌에 칩을 이식하여 안전하게 관리할 수 있고, 뇌 활동에 대한 다양한 신경정보를 수집하고 활용할 수 있게 된다면, 육체를 움직이기 위해 뇌활동 정보의 컴퓨팅으로 보조할 수 있을 것이다. 척추부상으로 걷지 못하는 사람이 걷는 생각만으로 보조 다리에 의해 걸을 수 있고, 시각 장애인의 카메라에 비치는 정보를 뇌에서 인식하여 실제로 볼 수 있는 상황이 될 것이다. 기억력 감퇴나 청력 손상, 우울증, 불면증도 치료할 수 있을 것이다. 환자의 뇌에 심은 칩과 뇌가 잘 연결되어 동작되면 컴퓨터나 디지털 기기를 생각하는 대로 작동시킬 수 있을 것이다.

● 그림 8-3 칩 임플란트 개념(Neuralink, https://neuralink.com)

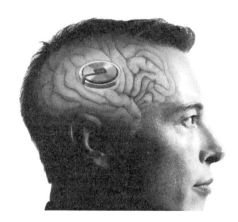

상용화를 위해서는 칩을 뇌와 안전하게 연결시킬 수 있는 기술이 중요하며, 몸속의 칩들이 안전하게 관리될 수 있어야 한다. 그리고 수집된 신경

정보를 적절하고 바르게 그 의미를 실시간으로 알아야 한다. 다양한 상황에서 뇌 활동을 이해하고 활용할 수 있어야 한다. 적절한 신경정보를 뇌에 공급할 수 있는 방안도 필요하며, 양방향 칩이 되어야 한다. 단기적 전망은 의료용 마이크로칩 시장이 10~20년 내에 엄청나게 보급될 것으로 예측되고 있다.

## 미래 컴퓨팅: 빅데이터

'빅데이터'는 규모가 매우 크고 다양한 유형의 엄청난 데이터를 수집하여 해석하고, 활용하는 기술이다.

빅데이터는 '3V' 특징이 있다. 우선 Volume(용량)이 상당히 크다. 인터넷, 소셜 미디어, 비즈니스 데이터, 기계 데이터 등 다양한 데이터가 대상이 된다. 다음은 Velocity(속도)로 데이터가 거의 실시간으로 생성되고 수집된다. 그 다음은 Variety(다양성)로 데이터는 구조화된 형태(예: 데이터베이스)뿐 아니라 비구조화된 다양한 형태(예: 텍스트, 비디오, 이미지, 로그 파일 등)로 존재한다. 추가적으로, Value(가치)와 Veracity(정확성)도 빅데이터의 중요한 특징으로 간주된다. 이들 데이터로부터 가치를 추출하고, 결과의 정확성을 보장해야 한다.

빅데이터 분석은 사회, 경제, 과학 등 다양한 분야에서 데이터가 생성된다는 대상의 본질을 이해하고, 새로운 가치를 발견하고, 의사결정을 지원하며, 경쟁력을 향상시키는 데 사용된다. 이를 가능하게 하는 구체적 기술에는 데이터마이닝, 머신러닝, 딥러닝, 예측 모델링, 통계 분석 등이 포함된다.

빅데이터와 AI의 이해를 위해, 간단한 머신러닝 예를 보자. 100명의 대상에 대해 나이에 따라 지출하는 한달 용돈 데이터가 있다면, 2차원적으로 나이-용돈 분포를 나타낼 수 있고, 나이에 따른 용돈의 평균값, 분산, 표준편차 등을 구할 수 있다. 이제 특정 나이 대상자에 대해 한달 용돈 액수를 추정하려고 한다면 쉽게 추정할 수 있을 것이다. 대상자가 10,000명으로 늘어나고 거주 지역 정보가 추가된다면, 지역을 또 하나의 차원으로 하여 3차원적인 분포로 데이터를 더 정밀하게 분석하는 과정이 학습이라고 할 수 있고, 결과를 통하여 특정지역에 거주하는 대상자의 한 달 용돈 액수를 더 정밀하게 추정할 수 있을 것이다. 이와 같이 주어진 데이터를 활용해서 머신러닝 등을 통하여 학습하고, 학습된 결과를 바탕으로 데이터와 관련된 중요한 의미와 가치를 찾아내어 의사결정을 도와주는 것이 인공지능의 한 예인 것이다. 데이터가 많아지면 학습은 복잡하지만 결과는 더 정확해질 가능성이 높다. 따라서 빅데이터는 AI 성능을 향상시킬 수 있는 중요한 기반이 된다.

## 미래 컴퓨팅: AI

AI 시대는 이미 시작되었으며, 이런 흐름은 바꿀 수도 없고 막을 수도 없다. 인간은 산업혁명에서 육체의 한계를 극복했고, AI로 두뇌의 한계를 뛰어 넘을 것이라고 예상하고 있다. 인공지능은 사람의 지적활동을 컴퓨터를 통해 구현하는 것이다. 컴퓨터가 사람처럼 정보를 수집해 분석하고, 학습하며, 학습 경험을 통해 주어지는 상황을 판단하고 문제를 해결하는 것을 목표로 하는 기술 분야를 말한다. 결국에는 인간의 지능처리를 모방하지만, 인간이 수행해야 할 작업을 사람보다 월등히 빠르게, 훨씬 정확하고 냉정하게 상황을 판단하고 처리하는 것을 목표로 하는 것이다. 가까운 미래에 이미 AI에 더욱 의존하는 사회가 될 것으로 보인다. AI 종류를 보면 다음과 같이 분류할 수 있다.

- **일반 AI**(AGI: Artificial General Intelligence): 여러 분야에 복합적으로 대응할 수 있는 사람과 유사한 수준의 지능을 가진 AI를 의미한다. 인간의 지능을 완전히 복제하거나 초월하려는 목표를 가지고 있지만 상당히 어렵다. 아직 연구 단계로, 가까운 미래에 구현이 기대되고 있다.
- **전용 AI**(Narrow AI): 특정 작업(예: 음성 인식, 이미지 인식, 추천 시스템, 통역시스템)에 초점을 맞춘 AI를 말한다. 이는 목표하는 분야에서 사람과 유사하거나 그 이상의 성능을 발휘할 수 있지만, 그 이외의 일반적인 작업에는 적용할 수 없다. 현재 우리가 주로 접하고 사용하는 AI는 대부분 특정목적에 특화된 전용 AI에 속한다. 이러한 전용 AI는 보다 빠르게 최적화된 결과를 얻을 수 있도록 발전하고 있다.
- **생성형 AI**: 전용 AI의 한 예로, 요구하는 콘텐츠를 자동으로 만들어 주는 생성형 AI가 최근 많은 발전을 하고 있다. 이용자의 요청에 답하여 이야기, 이미지, 동영상, 음악 등 다양한 콘텐츠와 아이디어와 같은 결과를 생성해 내는 AI이다. 화제가 되고 있는 ChatGPT가 좋은 예이다.

AI에서 필요한 판단력과 지능을 기르는데 사용되는 기반 기술은 다음과 같은 것들이 있다.

- **머신러닝**: 기계가 수집되는 데이터를 활용해 스스로 학습하고 학습한 내용을 기반으로 새로운 데이터에 대한 적절한 작업을 수행하여 능력을 높여갈 수 있는 알고리즘과 시스템 기술이다.
- **딥러닝**: 인간의 뇌를 참고하여 여러 계층의 신경망을 사용하여 복잡한 패턴을 컴퓨터가 사람처럼 학습하는 머신러닝의 심도있는 한 분야를 말한다.

- **자연어 처리**(NLP: Natural Language Processing): 기계가 인간의 언어를 이해하고, 조작하고, 생성할 수 있도록 하는 기술이다. 자연어 의미를 분석하여 컴퓨터가 처리할 수 있도록 하는데, 언어에 대한 통계적 구조, 예를 들어 문자에서 다음에 나올 단어의 확률을 구하고, 단어, 문장, 문단에 적용한 패턴 등을 인식하여 의미를 해석하는 과정이다.

AI가 활용되는 예로는 광학문자 인식, 이미지 인식, 패턴 인식, 얼굴 인식, 객체 감지, 그리고 이미지와 비디오를 처리하여 유의미한 정보를 추출하는 컴퓨터 비전 기술이 있다. 또 다른 예로는 자동차 산업에서는 자율 주행 기술을, 의료 분야에서는 질병 진단과 예측을, 금융 산업에서는 거래 패턴 인식과 위험 관리를, 그리고 물류 산업에서는 최적화된 물류 경로를 찾는 데 활용되고 있다.

AI의 발전과 확산으로 문제점도 많이 생길 수 있다. AI에 의한 '블랙박스' 문제(왜 그런 결정을 내렸는지 이해하기 어려운 AI의 결정 과정), 데이터 프라이버시 유지 문제, AI의 윤리적 이슈, 사고에 대한 책임 문제 등이 중요하게 될 것이다. AI가 의사결정을 하거나 인간과 상호 작용할 때 문제가 발생하면 누가 책임져야 할지 애매할 수 있다. 기존의 축적된 데이터를 기반으로 판단하고 작업하는 일이나 매뉴얼에 의해 수행하는 작업 등은 AI가 훨씬 빠르고 정확하게 수행할 가능성이 높다. 이는 인간의 많은 일자리를 대체할 수 있는 가능성이 된다.

한편 대량의 개인정보를 수집하고 분석하기 때문에 AI의 결함이나 악의적인 사용에 취약할 가능성이 있다. 정보 보안이나 개인정보 보호가 문제가될 것이다. 개인의 이미지나, 음성 정보를 기반으로 만들 수 있는 실시간 가짜 콘텐츠는 범죄에 악용될 수 있다. 최근 딥페이크 영상의 문제가 뉴스에 나오는 상황이 되고 있다. 학습하는 데이터에 따라 공정성 결여나 편향성이 포함될 수 있으므로 인종, 성별, 연령, 성적 취향이 다른 특정 그룹에 불공평할 수 있다. AI가 군사분야에서 활용되면 인간의 개입없이 전쟁이나 전투가 이루어 질 수 있고, 전투 승리에 집중하는 경우 인도주의 등이 결핍되어 잔인한 결과를 가져 올 수 있다.

AI에 대한 의존성이 높아진다면 인간 본연의 큰 특징인 창의성, 창작성 등의 필요성이 점점 사라지게 된다. AI에게 적절한 질문을 잘 한다면, 잘 정리된 결과를 돌려주기 때문이다. 그러나 AI가 제시하는 결과에 심각한 문제가 있더라도 문제를 인지하거나 정말 최선의 결과인지를 판단할 수 없는 경우는 또 다른 문제가 될 것이다. AI를 유용하게 활용하기 위해서는 사용 목표를 명확히 해야 한다. 어떤 문제를 해결하려고 하는지, 원하는 것은 무엇인지 예상하고 있어야 만족하는 결과를 얻을 수 있다. 구하는 요구가 명확해야 결과도 명확한 것을 얻을 수 있다. 요구가 올바르지 못하면 엉뚱하거나 잘못된 결과를 초래할 수 있다.

AI는 데이터를 학습하고 학습된 모델에 따라 의사결정을 내리므로 품질 보장을 위해서는 정확하고 다양한 데이터 학습이 필요하다. AI는 이제 활용이 시작되는 분야로 끊임없이 발전하고 개선되는 분야이다. 인간이 하던 많은 일들이 AI 기반의 다양한 시스템에게 맡겨질 것이고, 인간의 수고를 덜어줄 것이다. AI를 잘 이용하는 사람이 미래에는 경쟁에서 앞서 갈 수 있다. 계속 발전하는 AI 시스템에 적응하기 위해 끊임없는 관심과 적응이 필요한 이유이기도 하다.

김지현, "꿈의 양자 컴퓨터", 주간동아, 2023.10.4.

김진홍 번역, 밑바닥부터 만드는 컴퓨팅 시스템, 노암 니산, 시몬쇼켄 지음, 인
　　사이트, 2023.

스타링크 위성배치, https://namu.wiki/스타링크

칩임플란트 개념, https://neuralink.com

컴퓨팅 사고, https://en.wikipedia.org/Computational thinking

트리즈(TRIZ), https://namu.wiki/Triz

Brynjolfsson, Erik and Andrew Mcafee, *The Second Machine Age: Work,*
　　*Progress, and Prosperity in a Time of Brilliant Technologies*, 2016.

Ceruzzi, Paul E., *A History of Modern Computing*, MIT Press, 2003.

Ceruzzi, Paul E., *Computing: A Concise History*, MIT Press, 2012.

Smit, Gerard, *The future of Computing, a perspective*, LinkedIn, 2020.

제9장

# 바이오화학 산업의 전망

조무환

## 바이오화학 산업이란 무엇인가?

　바이오화학 산업은 생물학적인 기술과 화학적인 원리를 결합하여 친환경적이고 지속가능한 화학 물질과 제품을 생산하는 산업이다. 이는 생물학적인 시스템, 생물원료, 유전자 조작, 생물학적인 공정 등을 포함한다. 바이오화학 산업은 화학산업의 지속가능한 대안을 제공하며, 환경 부담을 줄이고 자원의 효율적인 활용을 목표로 한다.

　주요 산업 분야로는 친환경적이고 생분해 가능한 소재를 개발하고 활용하는 바이오소재 분야(바이오플라스틱, 바이오컴포짓, 생분해성 폴리머 등), 생물학적인 과정을 통해 생산되는 바이오매스 및 생물 연료를 생산하는 바이오에너지 분야(바이오디젤, 바이오에탄올, 바이오가스 등), 바이오화학 산업에서 생산되는 다양한 화학 물질과 제품 즉 바이오화학 제품 분야(바이오 세제, 바이오 화학약품 등) 등이 있다.

〈그림 9-1〉은 바이오화학 산업과 기존 화학산업을 비교하고 있다. 기존 화학산업은 주로 원유를 증류하여 생성되는 가솔린, 디젤유 등의 석유연료와 원유 유래 나프타에서 유도된 석유화학 기초 원료로부터 생산된 고분자 합성수지 및 각종 화학제품을 포함하고 있다. 반면에 바이오화학 산업은 생물자원(바이오매스) 유래 바이오 연료와 생물자원을 가공하여 얻은 포도당을 원료로 하여 1차 발효산물(대사산물)을 얻고 이로부터 생산된 각종 바이오고분자 및 바이오화학 제품을 포함한다. 이 둘의 비교는 '오일리파이너리와 바이오리파이너리' 주제에서 자세히 살펴본다.

바이오화학은 지속가능한 미래를 위해 매우 중요한 분야로 이는 기존의 석유 기반 화학물질에 대한 의존도를 낮추고, 친환경적이며 지속가능한 대안을 제공한다. 바이오화학이 자연 친화적인 이유는 재생가능한 자원 활용, 환경 오염 감소, 생분해성, 에너지 생산과 효율성 등에 있다. 따라서 환경 보호, 자원 보존, 지속가능한 개발 등의 관점에서 바이오화학은 중요한 역할을 수행하며, 우리의 미래에 지속가능한 선택이 될 수 있다.

● 그림 9-1 바이오화학 산업과 기존 화학산업의 비교(한국과학기술한림원, 2008)

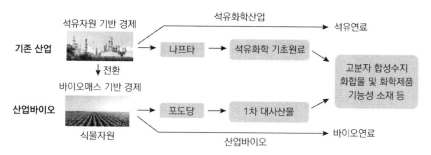

# 바이오화학 산업의 기술 동향

바이오화학 산업은 다양한 생물학적인 기술의 발전으로 인해 더욱 혁신적이고 효율적인 제품 및 프로세스를 개발할 수 있게 되었다. 생물공학 기술의 주요 동향을 살펴보면 다음과 같다.

첫째, 합성생물학은 생물학적인 기능을 디자인하고 재구성하는 기술로, 바이오화학 산업에서의 혁신을 이끌고 있다. 유전자 회로 설계, 새로운 바이오소재 제조, 생산공정 개선 등에 적용된다.

둘째, 바이오인포매틱스는 생물학 데이터를 수집, 분석 및 해석하는 기술로, 바이오화학 산업에서의 연구와 개발을 지원한다. 대용량 유전체 데이터와 생물학적 정보를 분석하여 효율적인 제품 개발과 생산을 돕는다.

셋째, 생물학적인 센서와 진단 기술은 생물체 내부 또는 환경 상태를 감지하고 분석하는 기술로, 제품 품질 관리, 오염 감지, 질병 진단 등에 활용된다.

넷째, 유전자 조작 기술은 바이오화학 산업에서 혁신적인 발전을 이루어내고 있다. 특히 CRISPR-Cas9(유전자 가위) 기술의 도입은 유전자 조작을 더욱 간편하고 정확하게 할 수 있게 한다.

다섯째, 바이오소재는 생물학적인 기반으로 제조되는 소재로 친환경적이며 생분해 가능하기 때문에 환경에 미치는 영향을 최소화할 수 있다. 특히 생분해 플라스틱은 단일 사용 플라스틱의 문제와 재활용의 어려움에 대한 대안으로 주목받고 있다. 바이오소재 및 생분해 플라스틱의 연구와 개발은 지속가능한 솔루션을 제공하는 중요한 역할을 할 것으로 기대된다.

## 주요 바이오화학 제품 및 응용 분야

바이오화학 산업은 다양한 제품과 응용 분야를 포괄하고 있다. 주요 바이오화학 제품 및 응용 분야를 보면 다음과 같다.

첫째, 바이오연료는 생물학적인 과정을 통해 생산되는 연료로서 석유 기반 연료에 대한 대체재로 주목받고 있다. 주요 바이오연료에는 바이오에탄올, 바이오디젤, 바이오가스 등이 있다. 바이오연료는 지속가능한 에너지로 간주되며, 온실 가스 배출량을 줄이는 데 기여할 수 있다. 또한 바이오매스를 활용하여 발전, 열에너지 생산 등 다양한 방식으로 생산될 수 있다.

둘째, 바이오기반 폴리머(고분자)는 생분해성이거나 재생가능한 소재로 제조된 폴리머로 석유 기반 폴리머에 비해 친환경적이며, 자원의 효율적인 활용을 위한 대안으로 각광받고 있다. 이는 플라스틱, 섬유, 페인트, 접착제, 포장재 등 다양한 산업 분야에서 사용된다.

셋째, 바이오화학 산업은 친환경적이고 지속가능하여 환경 보전 및 재생 에너지 분야에서도 중요한 역할을 수행한다. 바이오매스의 활용과 바이오에너지 생산을 통해 기후 변화와 환경오염 문제를 해결하고, 재생가능한 에너지 생산에 기여한다.

## 글로벌 바이오화학 산업 현황

주요 국가별 바이오화학 산업의 시장 동향은 다음과 같다.

첫째, 미국은 바이오화학 산업에서 선두 주자로 인정받고 있다. 바이오소재, 생물의약품, 바이오에너지 등 다양한 분야에서 활발한 연구와 상업화가 이루어지고 있다. 미국은 법률적인 지원 및 정부 자금 투입을 통해 바이오화학 기업들에게 유리한 환경을 제공하고 있다.

둘째, 유럽은 바이오화학 산업에 큰 관심을 가지고 있으며, 지속가능한 솔루션 및 친환경 제품에 대한 수요가 높다. 유럽 연합은 바이오플라스틱 사용 활성화를 위해 다양한 규제와 정책을 도입하고 있으며 바이오에너지 및 바이오매스 분야에서도 적극적인 지원을 제공하고 있다.

셋째, 중국은 바이오화학 분야에서 급속한 성장을 이루고 있다. 정부의 지원 및 투자로 인해 바이오화학 산업에 대한 연구 및 상업화가 증가하고 있다. 특히 바이오플라스틱, 생물의약품, 바이오에너지 분야에서 중요한 시장을 형성하고 있다.

넷째, 한국은 LG화학, 한화 등을 중심으로 친환경 소재 및 에너지 개발에 주력하고 있다. 그리고 일본, 캐나다, 호주, 인도 등 다른 국가들도 바이오화학 산업에 관심을 가지고 해당 분야의 연구와 상업화를 적극적으로 추진하고 있다.

주요 기업의 현황과 전망은 다음과 같다. 다우 케미칼은 세계적인 바이오화학 기업으로, 다양한 분야에서 바이오화학 제품을 생산하고 있다. 바이오플라스틱, 생물의약품, 바이오소재 등 다양한 제품 라인을 보유하고 있으며, 연구와 혁신에 큰 투자를 하고 있다. 인비바이오는 생물학적인 기술을 활용하여 친환경적인 바이오화학 제품을 개발하는데 중점을 두고 있는 기업이다. 바이오소재, 바이오플라스틱, 바이오연료 등 다양한 분야에서 활발한 연구와 상업화를 진행하고 있다. 노보자임스는 유전자 조작 기술과 생물학적인 솔루션을 제공하는 기업으로, 바이오화학 산업에서 중요한 역할을 하고 있다. CRISPR-Cas9(유전자 가위) 기술을 활용하여 유전자 편집과 유전자 치료 분야에서 독보적인 기술력을 보유하고 있다. 바스프는 화학 산업의 선두 주자로서 바이오화학 분야에서도 활발한 연구와 제품 개발을 진행하고 있다. 친환경적인 솔루션과 바이오소재에 대한 다양한 제품을 생산하고 있으며, 지속가능한 발전에 주력하고 있다.

이와 같이 바이오화학 산업은 높은 성장 잠재력을 보유한 분야로, 많은 투자와 연구 개발이 이루어지고 있다. 정부, 기업, 연구 기관 등에서 바이오화학 산업에 대한 투자가 증가하고 있으며, 이를 통해 새로운 제품 및 기술의 개발이 가속화되고 있다. 연구 개발 분야에서는 바이오기반 원료, 바이오소재, 생물의약품 등을 포함한 다양한 분야에서 혁신적인 연구가 진행되고 있다. 특히 유전자 조작 기술의 발전과 생물학적 솔루션의 개발에 많은 연구 노력이 집중되고 있다. 또한 지속가능한 발전과 환경 문제에 대한 우려로 인해 바이오에너지 및 바이오매스 분야에서도 생산 기술의 향상과 효율적인 이용을 위한 많은 투자와 연구가 이루어지고 있다.

## 바이오 기반 폴리머: 환경을 살리는 플라스틱 혁신

플라스틱은 우리 생활에서 빠질 수 없는 중요한 소재이다. 그러나 플라스틱 폐기물의 문제와 환경오염에 대한 우려가 커지면서 생분해성 플라스틱이 주목받고 있다. 생분해성 플라스틱은 자연환경에서 자연적으로 분해되는 특성을 갖춘 플라스틱이다. 이는 환경에 악영향을 적게 미치며, 자원회수와 재활용이 쉬운 장점을 가지고 있다. 생분해성 플라스틱은 생물학적 작용에 의해 분해된다. 주로 미생물, 효소 및 자연 조건에 의해 분해되며, 이 과정에서 이산화탄소와 물로 분해된다. 생분해성 플라스틱의 응용 분야는 일회용품, 포장재, 농업용 필름, 의료용품 등 다양한 분야에서 활용될 수 있다. 이를 통해 폐기물양 감소와 지속 가능한 소비를 실현할 수 있다. 그러나 생분해성 플라스틱의 생산 및 처리 과정에는 여전히 에너지와 비용 문제, 재활용 시설 부족 등의 한계가 존재한다. 현재 상용화된 생분해성 플라스틱은 여러 종류가 있으며, 다양한 회사에서 생산되고 있다. 주요 생분해성 플라스틱 종류와 관련 기업, 그리고 예상 연간 생산량(2021년 기준)에 대해 살펴보면 다음과 같다.

PLA(Polylactic acid)는 NatureWorks LLC(미국), Total Corbion PLA(네덜란드) 등의 회사에서 연간 수십만 톤을 생산하고 있다.

PHA(Polyhydroxyalkanoates)는 Danimer Scientific(미국), Tianan Biologic Material Co., Ltd.(중국) 등의 회사에서 연간 수천 톤 이상을 생산하고 있다.

PBAT(Polybutylene adipate-co-terephthalate)는 BASF(독일), Novamont(이탈리아) 등의 회사에서 연간 수천 톤 이상을 생산하고 있다.

PBS(Polybutylene succinate)는 Showa Denko(일본), Sulzer(스위스) 등의 회사에서 수천 톤 이상을 생산하고 있다.

Starch-based plastics(전분 기반 플라스틱)은 BASF(독일), Novamont(이탈리아) 등의 회사에서 연간 수천 톤 이상을 생산하고 있다.

생산량은 계속해서 변화하고 있으며, 또한 다양한 기업들이 새로운 생분해성 플라스틱 제품의 연구 및 개발에 참여하고 있기 때문에 미래에 더 많은 생분해성 플라스틱 제품들이 등장할 것으로 기대된다. 생분해성 플라스틱의 종류에 따라 가격은 다양하며, 생산량, 재료 원가, 제조 공정 등 여러 요소에 의해 영향을 받는다. 일반적으로 생분해성 플라스틱은 일반 플라스틱보다 비용이 높을 수 있으나, 향후 기술 발전과 수요 증가에 따라 가격이 점차 하락할 것으로 예상된다.

# 바이오연료: 나무로부터의 친환경 바이오에탄올

기존 바이오에탄올은 잉여 옥수수 열매를 이용하여 생산하였으나, 옥수수가 제3세계의 주요 식량원이기 때문에 이를 연료로 사용하면 국제 식량 가격이 폭등하는 문제가 나타날 수 있다. 따라서 이에 영향을 받지 않는 나무를 가공하여 에탄올을 생산하는 방향으로 전환되고 있는 것이 최근 추세다.

나무에서 바이오에탄올을 생산하는 과정은 다음과 같다. 먼저, 성장한 나무를 채취하고, 가지와 잎을 제거하여 순수한 나무 재료를 얻는다. 다음에 나무를 잘게 썰거나 분쇄하여 작은 조각의 섬유소로 만든다. 이렇게 얻어진 나무 섬유소(셀룰로즈)는 특정 효소(예, 셀룰라제) 처리를 통해 분해된다. 효소는 나무 섬유소를 분해하여 포도당으로 변환시키는 역할을 수행한다. 그리고 효소 처리를 통해 생성된 포도당은 미생물 발효 과정에 사용된다. 발효 반응기에 포도당과 기타 영양물질 및 발효 균주(예: 효모)를 함께 넣어준다. 이때 발효 균주는 포도당을 대사하여 바이오에탄올과 이산화탄소를 생성한다. 발효 과정은 일정한 온도와 pH 조건에서 진행된다. 그리고 발효로 얻은 혼합물은 바이오에탄올과 다른 물질이 혼합되어 있기 때문에 정제 과정이 필요하다. 정제를 위해 증류나 분리 기술을 사용하여 바이오에탄올을 순수하게 분리한다. 이 과정에서 부산물이나 불순물은 제거되고, 고순도의 바이오에탄올을 얻을 수 있다. 이렇게 나무에서 얻은 섬유소를 효소로 분해하여 포도당을 생성하고, 미생물 발효를 통해 바이오에탄올로 전환하는 과정은 친환경적이고 지속가능한 바이오에너지 생산 방법 중 하나이다. 이러한 과정은 재생가능한 자원을 활용하여 환경 부담을 줄이고, 에너지 산업의 다양성을 증가시키는 데 기여할 수 있다.

목재를 사용하여 바이오에탄올을 생산하는 기업들을 살펴보면 다음과 같다.

브라질에 본사를 둔 GranBio는 목재 기반 바이오에너지 및 화학 물질 회사이다. GranBio는 목재를 이용하여 바이오에탄올을 생산하는 데 초점을 맞추고 있으며, 혁신적인 기술과 지속가능한 생산 방식을 도입하고 있다. 핀란드의 Stora Enso는 재생가능한 자원인 목재를 이용하여 다양한 제품과 솔루션을 생산하는 종합적인 기업이다. 바이오에너지 분야에서도 활발한 활동을 하고 있으며, 목재를 이용한 바이오에탄올 생산을 포함한 다양한 바이오화학 제품을 개발하고 생산한다. 스위스의 Clariant는 특수화학 제품과 솔루션을 제공하는 회사로, 바이오에너지와 화학 분야에서 사업을 영위하고 있다. Clariant는 목재를 이용한 바이오에탄올 생산을 포함한 다양한 바이오화학 기술을 개발하고 있으며, 지속가능한 솔루션을 제공하는데 초점을 맞추고 있다. 오스트리아의 Lenzing AG는 피브로인(fiber-based) 솔루션을 제공하는 선도적인 기업으로 알려져 있다. 이 회사는 목재와 같은 재생가능한 섬유소 원료를 이용하여 펄프와 화학 물질을 생산하고 있으며, 바이오에너지와 관련한 연구 및 개발에도 참여하고 있다.

이들 회사는 목재를 활용하여 바이오에탄올을 생산하는 분야에서 선도적인 입지를 갖고 있으며, 지속가능한 솔루션과 혁신적인 기술을 통해 바이오에너지 산업의 발전에 기여하고 있다.

# 신재생 에너지의 미래: 바이오매스와 바이오연료

바이오매스와 바이오연료는 미래의 에너지 공급에 대한 해결책을 제시하여 각광을 받고 있다. 바이오매스는 식물성 물질이나 동물성 폐기물 등의 유기물로부터 생성되며, 이를 이용하여 재생가능한 자원으로서 지속적으로 바이오연료를 생산할 수 있다. 식물성 잔재물, 작물 부산물, 목재 폐기물 등을 이용하여 바이오매스를 생산할 수 있으며 바이오매스 연소 과정에서 발생하는 이산화탄소는 대기 중에 이미 흡수된 탄소이므로 지구온난화 영향을 최소화한다.

바이오연료의 종류는 첫째, 생물학적 기름(bio-oil)으로, 바이오매스를 열분해하여 생성되는 액체 연료로서 휘발성이 높아 연료 전환 효율이 높다. 둘째, 생물학적 가스(bio-gas), 즉 바이오매스를 발효시켜 생성되는 가스로서 주로 메탄으로 이루어져 있으며 가정에서 사용되는 가스 에너지로 활용될 수 있다. 셋째, 생물학적 에탄올(bioethanol)로, 식물성 재료를 발효하여 생성되는 알코올 연료로서, 자동차 연료로 사용될 수 있다.

바이오매스 및 바이오연료의 활용 분야는 다음과 같다. 첫째, 전력 생산으로, 바이오매스는 바이오발전소에서 연소되어 전기 생산에 활용될 수 있다. 둘째, 열 생산으로, 바이오매스 연소는 열을 생성하여 보일러를 통해 난방 및 온수 공급에 사용될 수 있다. 셋째, 교통 연료로, 바이오연료인 생물학적 에탄올은 자동차 연료로 활용될 수 있으며, 생물학적 기름은 발전기 및 가정에서 발전기 등에 사용될 수 있다.

바이오매스와 바이오연료는 신재생 에너지의 미래를 열어가는 중요한 기술로서 기후변화 대응, 에너지 안정성 및 환경 보호를 위해 지속적으로 발전하고 있으며, 지속가능한 에너지 공급에 기여하는 핵심 요소로 인정받고 있다.

# 바이오매스 기반 바이오화학 제품의 응용 분야

바이오매스 기반 바이오화학 제품은 다양한 응용 분야에서 활용될 수 있다. 이러한 제품들은 친환경적이며 지속가능한 솔루션을 제공하여 환경 보호와 자원 보존에 기여한다. 여기에는 건축, 포장재, 섬유, 화장품 등에서의 활용 사례가 포함되며 이를 구체적으로 살펴보면 다음과 같다.

첫째, 건축 분야에는 생분해성 바이오플라스틱을 사용한 건축자재로서 생분해성 바이오플라스틱을 사용하여 벽돌, 단열재, 바닥재 등을 생산할 수 있다. 이는 석유 기반 플라스틱에 비해 탄소 배출량을 감소시키고, 지속 가능한 자원을 활용함으로써 환경 친화적인 건축을 실현할 수 있다.

둘째, 포장재 분야로서 식품, 의약품 등의 포장재로 생분해성 바이오플라스틱을 사용할 수 있다. 이러한 포장재는 사용 후에 자연적으로 분해되어 환경오염을 최소화하며, 플라스틱 폐기물 문제를 해결하는 데 도움을 준다.

셋째, 섬유 분야에는 대나무, 헤스티아 등의 바이오매스를 이용하여 자연섬유를 추출할 수 있다. 이러한 섬유는 의류, 가구 및 인테리어 재료 등 다양한 분야에서 사용될 수 있으며, 기존의 섬유 생산 방식에 비해 환경 친화적이고 지속가능한 솔루션을 제공한다.

넷째, 화장품 분야에는 바이오매스에서 추출한 식물성 성분을 이용하여 천연 화장품을 생산할 수 있다. 이러한 제품은 화학적인 합성 성분을 최소화하고, 피부 친화적이며 환경에 미치는 영향을 최소화하여 자연 친화적인 화장품 트렌드에 맞춰진 솔루션을 제공할 수 있다.

바이오매스 기반 바이오화학 제품은 자원 보존과 환경 보호를 동시에 추구하는 노력의 일환으로 각 분야에서 점차적으로 확대되고 있으며, 미래의 친환경적이고 지속가능한 솔루션을 제시하고 있다.

# 오일리파이너리와 바이오리파이너리

오일리파이너리(oil refinery)는 석유 기반 원료를 이용하여 다양한 화학물질과 에너지를 생산하는 설비이다. 석유 원유를 가공하여 가스, 연료, 윤활유, 화학물질 등 다양한 제품을 생산한다. 일반적으로 큰 규모의 시설이 필요하며, 석유를 정제하는 과정을 거친다. 반면에 바이오리파이너리(biorefinery)는 석유화학공장과 달리 바이오매스로부터 생산되는 바이오매스 연료, 생물화학물질, 생물학적 제품 등 다양한 가치 있는 제품과 에너지를 생산하는 설비이다.

바이오리파이너리를 통해 생산 가능한 제품은 다음과 같다.

첫째, 바이오리파이너리는 바이오매스에서 생산되는 바이오매스 연료를 생산할 수 있다. 예를 들어 산불로 생산되는 나무, 작물 잔재물, 농축산물 폐기물 등을 이용하여 생물연료인 바이오디젤, 생물가스, 바이오에탄올 등을 생산할 수 있다.

둘째, 바이오리파이너리는 바이오매스를 이용하여 다양한 생물학적 화학물질을 생산할 수 있다. 예를 들어 생분해성 폴리머, 생분해성 플라스틱, 바이오케미칼 등의 생물화학물질을 생산할 수 있다.

셋째, 바이오리파이너리는 바이오매스를 이용하여 의약품, 화장품, 축산 및 수산물 대체품, 생분해성 재료 등의 다양한 생물학적 제품을 생산할 수 있다. 예를 들어 약용 효소, 생물학적 약물, 바이오플라스틱 등을 생산할 수 있다.

바이오리파이너리는 석유화학산업과 비교하여 환경친화적이며 지속가능한 생산 방식이다. 바이오매스는 재생가능한 자원이기 때문에 탄소 발자국이 상대적으로 낮으며, 폐기물을 활용하여 생산할 수 있어 폐기물 처리의 문제도 해결할 수 있다. 또한 바이오리파이너리는 다양한 형태의 에너지를 생산하고 다양한 산업 분야에서 활용할 수 있는 유연성을 갖추고 있다. 바이오리파이너리는 지속가능한 경제 및 생물다양성 보전을 위해 중요한 역할을 수행하며, 신재생 에너지 및 생물학적 제품 생산 분야에서 계속해서 발전하고 있다. 오일리파이너리와 바이오리파이너리의 주요 특징을 비교하면 〈표 9-1〉과 같다.

바이오리파이너리에 기반한 상업적 생산시설을 갖춘 대표적인 기업을 소개하면 다음과 같다. POET는 미국의 대표적인 바이오에너지 기업으로, 옥수수를 바이오매스로 활용하여 생물연료인 에탄올을 생산한다. 다양한 바이오리파이너리 시설을 운영하며, 농산물 잔여물을 이용하여 지속가능한 생산 방식을 추구한다. Novozymes는 덴마크의 바이오리파이너리 기업으로, 생물학적 제품 및 바이오화학 물질을 생산하는 데 전문화되어 있다.

▌표 9-1  오일리파이너리와 바이오리파이너리의 주요 특징

| 구분 | 오일리파이너리 | 바이오리파이너리 |
|---|---|---|
| 입력 자원 | 석유 원유 | 바이오매스 |
| 생산품 | 유류, 화학물질, 에너지 등 | 바이오매스 연료, 생물화학물질, 생물학적 제품 등 |
| 원료 특성 | 비재생 가능한 석유 기반 원료 | 재생가능한 생물학적 자원 |
| 환경 영향 | 탄소 배출, 환경오염 가능성 | 상대적으로 낮은 탄소 발자국, 환경친화적 |
| 지속가능성 | 의존적인 에너지원, 환경적인 이슈 | 재생가능한 자원, 지속가능한 생산 방식 |
| 산업 영향 | 석유화학 산업의 주요 부분 | 신재생 에너지 및 생물학적 제품 생산 분야의 혁신 |

그리고 다양한 효소 제품을 개발하고 시장에 공급하여 생물매스를 효율적으로 활용하는 기술을 발전시키고 있다. Amyris는 미국의 바이오리파이너리 회사로, 대량생산 가능한 생물학적 화학물질 및 바이오연료 생산을 목표로 하고 있다. 잔여자원을 이용하여 지속가능한 방식으로 화학물질 생산을 추구하며, 산업용 알코올 및 농축산물 대체품을 개발한다. Gevo는 미국의 바이오리파이너리 기업으로, 옥수수와 혼합하여 생물매스를 생산하고, 이를 바탕으로 생물연료인 이소부탄올을 생산한다. 또한, 바이오매스를 이용하여 생물화학물질 및 생물학적 제품을 생산하는데도 관심을 갖고 있다. 이러한 기업들은 바이오리파이너리에 기반한 상업적 생산시설을 갖춘 기업의 예시일 뿐이며, 이외에도 세계적으로 많은 기업들이 바이오리파이너리 분야에서 연구와 상업화에 투자하고 있다.

## 바이오연료(biofuel)

바이오연료(biofuel)는 생물학적 원료를 이용하여 생산되는 대체 연료로서 주로 바이오에탄올과 바이오디젤이 가장 잘 알려져 있다. 다음은 주요 생물매스 연료 종류와 생산 회사, 그리고 예상 생산량에 대해 살펴본다.

바이오에탄올(bioethanol)은 옥수수, 사탕수수, 밀, 수수 등의 식량작물을 이용하여 생산되는 생물매스 연료이다. 주로 가솔린의 첨가제로 사용되며, 자동차 연료로 활용된다. 관련 기업으로 미국의 대표적인 바이오에너지 기업인 POET는 옥수수를 이용하여 바이오에탄올을 생산한다. POET는 많은 바이오리파이너리 시설을 운영하며, 연간 생산량은 수백만 갤런에 이른다. 미국의 Green Plains는 옥수수를 이용하여 바이오에탄올을 생산하는 회사로, 연간 생산량은 약 10억 갤런 이상이다.

바이오디젤(biodiesel)은 식물성 오일이나 동물성 지방을 이용하여 생산되는 생물매스 연료로, 자동차 디젤 연료로 사용된다. 주요 기업으로 핀란드의 Neste는 세계적으로 가장 큰 바이오디젤 생산 기업 중 하나이다. Neste는 다양한 식물성 오일을 이용하여 바이오디젤을 생산하고 있으며, 연간 생산량은 수백만 톤에 이른다. 미국의 REG는 바이오디젤을 생산하는 회사로, 다양한 생물학적 원료를 활용하여 생산량을 증가시키고 있다.

〈표 9-2〉는 옥수수 전분을 이용한 바이오에탄올 생산 공정의 주요 단계와 간략한 설명을 보여준다. 이 공정은 옥수수 전분을 성공적으로 처리하여 바이오에탄올을 생산하기 위한 일련의 절차를 나타낸다. 각 단계는 특정 장비와 조건에서 진행되며, 생산 공정의 효율성과 생산량은 공정 조건과 장비의 성능에 따라 달라질 수 있다.

┃ 표 9-2  옥수수 전분을 이용하여 바이오에탄올을 생산하는 일반적인 공정

| 단계 | 설명 |
|---|---|
| 1. 분쇄 및 수화 | • 옥수수 전분을 분쇄하여 미세한 입자로 만든 후, 물과 혼합하여 수화한다.<br>• 이 단계에서는 전분 입자를 가용성이 좋은 상태로 만들어 후속 공정에 활용한다. |
| 2. 효소처리 | • 수화된 옥수수 전분에 효소를 첨가하여 전분을 단당류로 분해한다.<br>• 효소는 전분의 긴 당분자 사슬을 분해하여 단당류로 변환시키는 역할을 수행한다. |
| 3. 발효 | • 효소 처리된 단당류를 발효 탱크로 이송하여 발효 과정을 진행한다. 이때 효모 또는 세균을 첨가하여 단당류를 알코올인 바이오에탄올로 변환시킨다.<br>• 발효는 일정 온도와 시간에 따라 진행된다. |

| | |
|---|---|
| 4. 정제 | • 발효된 혼합물은 여러 잔재물과 함께 바이오에탄올을 포함하고 있으므로 정제 과정을 거쳐 순수한 바이오에탄올을 얻는다.<br>• 정제 단계에는 증류, 수분 제거, 잔류물 제거 등이 포함될 수 있다. |

〈표 9-3〉은 식물성 오일을 이용한 바이오디젤 생산 공정의 주요 단계와 간략한 설명을 보여준다. 이 공정은 식물성 오일을 변성시키고, 메틸에스터로 변환한 후 중합하여 바이오디젤을 얻는 절차를 나타낸다. 각 단계는 특정 장비와 조건에서 진행되며, 생산 공정의 효율성과 생산량은 공정 조건과 장비의 성능에 따라 달라질 수 있다.

표 9-3 식물성 오일을 이용하여 바이오디젤을 생산하는 일반적인 공정

| 단 계 | 설명 |
|---|---|
| 1. 선별 및 정제 | • 식물성 오일을 선별하여 품질을 확인하고, 불순물 및 물을 제거하기 위해 정제 과정을 거친다.<br>• 정제된 오일은 생산 공정에 적합한 품질을 갖게 된다. |
| 2. 변성 | • 정제된 식물성 오일을 변성시켜 바이오디젤 제조에 적합한 형태로 변환시킨다.<br>• 변성은 오일의 분자 구조를 변경하여 연료 특성을 개선하는 과정이다. |
| 3. 메탄올 처리 | • 변성된 식물성 오일과 촉매인 메탄올을 반응시켜 바이오디젤인 메틸에스터를 생산한다.<br>• 메탄올은 식물성 오일의 중성지방과 반응하여 에스터 결합을 형성한다. |
| 4. 정제 | • 중합된 바이오디젤은 여러 잔재물과 함께 존재할 수 있으므로 정제 과정을 통해 순수한 바이오디젤을 얻는다.<br>• 정제 단계에는 증류, 수분 제거, 잔류물 제거 등이 포함될 수 있다. |

석유 유래 디젤과 바이오디젤은 모두 연료로 사용되는 디젤이지만, 원료와 생산 방식, 환경 영향 등에서 차이가 있다. 〈표 9-4〉는 석유 유래 디젤과 바이오디젤의 주요 차이점을 나타낸다.

〈표 9-4〉에서 보는 바와 같이 석유 유래 디젤은 석유 원유에서 정제 과정을 거쳐 생산되며, 화석 연료에 의존하고 탄소 배출량이 높은 특징이 있다. 반면에 바이오디젤은 재생가능한 식물성 오일이나 동물성 지방 등의 생물학적 원료를 이용하여 생산되며, 탄소 배출량이 상대적으로 낮고 친환경적인 특성을 가지고 있다. 바이오디젤은 석유 유래 디젤과 혼용이 가능하며, 일부 차량에서는 바이오디젤 혼용이 가능하다.

▌표 9-4 석유 유래 디젤과 바이오디젤의 주요 차이점 비교

| 구분 | 석유 유래 디젤 | 바이오디젤 |
|---|---|---|
| 원료 | 석유 원유 | 식물성 오일, 동물성 지방, 생물매스 등 |
| 생산 | 정제 공정을 거쳐 석유 원유에서 추출 및 정제되어 생산 | 생물학적 원료를 변환하는 바이오 화학 공정으로 생산 |
| 환경 | 화석연료에 의존, 탄소배출량이 높음 | 재생가능한 원료를 사용하여 탄소 배출량이 상대적으로 낮음 |
| 지속성 | 한정된 석유 자원에 의존하며 비지속적 | 재생가능한 원료를 사용하여 지속 가능한 에너지 생산 가능 |
| 영향 | 대기오염 및 기후변화에 영향을 미치는 온실가스 배출 증가 | 탄소 발자국이 낮아 친환경적이며, 기후 변화에 긍정적인 영향 |
| 혼용 | 일부 차량에서는 바이오디젤 혼용이 가능 | 석유 유래 디젤과 혼용이 가능 |
| 품질 | 유사한 연소 특성 및 성능을 가짐 | 석유 유래 디젤과 유사한 연소 특성 및 성능을 가짐 |

**제3부 ·** 과학혁명과 기술혁신의 미래

# 바이오화학 산업의 시장 및 기술 전망

　바이오화학 산업은 신뢰성과 지속가능성이 높은 화학 물질과 생물학적 기술을 결합하여 생산 및 제조 과정에서 환경 부담을 줄이고 경제적 가치를 창출한다. 바이오화학 산업은 기존 화학 산업과 비교해 더 친환경적이고 자원 절약적인 솔루션을 제공하며, 다양한 산업 분야에서 활용 가능성이 높아 지속적인 성장과 혁신을 예상할 수 있다.

　바이오기반 원료에 있어서 바이오화학 산업은 바이오매스 및 재생가능한 자원을 활용하여 생산하는 바이오기반 원료에 대한 수요가 증가할 것으로 예상된다. 대체가능한 바이오기반 원료는 기존의 석유 기반 원료에 대한 의존도를 낮추고, 친환경적이며 지속가능한 솔루션을 제공하게 될 것이다. 그리고 바이오소재 및 바이오플라스틱은 친환경적이고 생분해 가능한 속성을 가지므로 포장, 섬유, 자동차, 건축 등 다양한 산업 분야에서 활용될 것으로 예상된다. 바이오플라스틱 시장은 특히 단일 사용 플라스틱의 사용 제한과 재활용 요구의 증가로 인해 성장할 것으로 전망된다. 아울러 환경 문제와 에너지 보안에 대한 우려로 인해 바이오연료에 대한 수요가 증가할 것으로 예상된다. 생물학적 기술을 활용하여 생산되는 바이오연료는 석유 기반 연료에 대한 대체재로 사용될 수 있으며, 이는 온실 가스 배출량을 줄이는 데 기여할 수 있다.

　기술 발전에 있어서 합성생물학은 생물학적인 기능을 디자인하고 재구성하는 기술로, 바이오화학 산업에 혁신을 가져올 것으로 예상된다. 새로운 바이오소재, 생산 프로세스, 생체 센서 등의 개발을 통하여 생물학적인 솔루션을 제공할 수 있을 것이다. 그리고 CRISPR-Cas9(유전자 가위)를 포함한 유전자 편집 기술은 생물체의 유전자를 수정하고 새로운 특성을 부여함으로서 바이오화학 산업에서 새로운 제품 개발 및 생산 과정의 개선에 기여할 것으로 예상된다.

이러한 전망은 현재의 기술 동향과 시장 동향을 바탕으로 한 것이며, 실제 발전과 성장은 다양한 요인에 따라 변화될 수 있다. 그러나 바이오화학 산업은 지속가능한 솔루션을 제공하고 기후변화 및 환경문제에 대한 대안을 제시하여 미래에 계속해서 성장할 것으로 전망된다.

비즈니스 기회 및 도전의 관점에서 바이오화학 산업은 지속가능한 솔루션을 제공하는 새로운 제품과 기술의 개발에 기회를 제공한다. 친환경적이고 재생가능한 바이오기반 원료, 생분해 가능한 바이오소재, 친환경적인 바이오연료 등은 다양한 산업 분야에서 수요가 증가하고 있다. 그리고 대체품 및 신규 시장 개척의 관점에서 바이오화학 산업은 기존의 석유 기반 제품과 대체품을 제공하는 기회를 제공한다. 바이오소재 및 바이오플라스틱은 석유 기반 제품에 대한 대체재로서의 잠재력을 가지고 있으며, 이를 활용하여 새로운 시장을 개척할 수 있다. 또한 생물공학 기술의 발전은 새로운 생물의약품과 유전자 치료의 개발을 가능하게 한다. 이러한 분야는 신약 개발과 의료 분야에서 큰 비즈니스 기회를 제공하며, 많은 연구 및 투자가 진행되고 있다.

## 바이오화학 산업의 도전과제

바이오화학 산업은 생물학적인 기술과 화학적인 원리를 융합시키는 복합적인 분야로, 기술적인 도전과 제약 요인이 존재한다. 생물학적인 시스템의 복잡성과 생물체의 다양성에 대한 이해와 제어가 필요하다. 그리고 바이오화학 제품의 개발과 생산에는 많은 비용과 시간이 소요될 수 있다. 연구와 개발 단계에서 실험과 시험을 거쳐 안전성과 효율성을 입증해야 하며, 이로 인해 개발 비용이 증가할 수 있다. 바이오화학 제품의 대규모 생산과 확장성은 도전적인 과제이다. 생물학적인 프로세스의 복잡성과 제어, 생산 효율성 등을 고려하여 제품의 대량 생산이 가능한 기술과 시스템을 개발해야 한다.

바이오화학 산업은 법적인 규제와 규제 기관의 감독을 받는다. 제품의 안전성과 효능, 환경 영향 등에 대한 규제가 있으며, 제품의 상업화에는 규제 준수가 필요하다. 그리고 바이오화학 산업에서는 윤리적인 문제의 고려 사항도 중요하다. 생물학적인 기술과 유전자 조작 기술은 윤리적인 논의를 일으킬 수 있으며, 생물의약품과 유전자 치료 등의 응용 분야에서도 윤리적인 문제에 대한 고려가 필요하다.

또한 바이오화학 산업은 환경에 미치는 영향을 고려해야 한다. 생분해 가능한 폴리머의 대량 생산과 폐기물 관리, 생물자원의 지속가능한 이용 등이 중요한 도전과제이다. 그리고 바이오화학 산업은 식품과 에너지 수급과 관련이 있다. 바이오매스를 이용한 바이오에너지 생산이 경쟁적인 식량 생산과 관련하여 고려되어야 하며, 식량과 에너지의 균형을 유지하는 방안이 필요하다.

바이오화학 산업의 성장과 발전에는 경제적인 지속가능성이 중요하다. 비용 효율성, 경쟁력, 시장 수요 등을 고려하여 지속가능한 비즈니스 모델과 수익성을 확보하는 것이 과제이다. 이러한 도전과제들은 바이오화학 산업의 발전을 제약하는 요인이 될 수 있으나, 연구와 혁신, 규제 및 윤리적인 고려, 지속가능성에 대한 노력을 통해 이러한 도전과제들을 극복하고 발전할 수 있을 것이다.

한국과학기술한림원, 바이오기반 연료 및 화학산업의 현황과 도전, 한국과학기술한림원, 2008.

Demirbas, A., *Biorefineries: For Biomass Upgrading Facilities*, Springer, 2010.

Jose, S. and N. P. Shah, *Sustainable Bioenergy and Bioproducts: Value Added Engineering Applications*, Springer, 2012.

Kabasci, S., *Bio-Based Plastics: Materials and Applications*, John Wiley and Sons, 2013.

Pacheco-Torgal, F., V. Ivanov, and C. Goran-Granqvist, *Bio-Based Materials and Biotechnologies for Eco-Efficient Construction*, Woodhead Publishing Series in Civil and Structural Engineering, 2020.

Thangadurai, D. and J. Sangeetha, *Industrial Biotechnology: Sustainable Production and Bioresource Utilization*, Apple Academic Press, 2016.

## 인공지능과 의료기술의 미래

이준하

## 의료 분야의 인공지능 시대가 열리다

의료 분야는 인류의 건강과 직결된 분야로서 효율적이고 더 나은 서비스를 제공하기 위한 노력이 끊임없이 지속되고 있다. 인류의 역사가 시작된 이래 건강한 삶을 유지하는 데 중요한 역할을 하는 의료 분야는 지속적인 혁신과 발전을 거듭해 왔다. 과학기술의 진보를 바탕으로 최적의 치료 방법을 찾아내거나 병을 예방하는 새로운 접근법을 개발하는 등 의학 분야에서의 연구와 혁신은 서로 논쟁하면서 상호보완적으로 발전해 왔다. 이러한 흐름은 최근 들어 큰 변화에 직면하게 되었으며, 그 중심에서 가장 주목받고 있는 기술이 바로 인공지능(AI: artificial intelligence)을 의료분야에 응용한 기술이다.

이미 인공지능은 의료 분야에서 빼놓을 수 없는 역할을 하고 있으며, 그 영향력이 점점 확대 증가되고 있다. 인공지능은 감별, 진단, 치료, 예방 등의 의료 분야에서 다양하게 활용되며, 의료진이 제공하는 서비스를 향상시키고 환자의 건강을 개선하는 데 기여하고 있다. 특히 인공지능의 한 분야인 딥러닝 기술은 의료영상 분석에서 빼놓을 수 없는 중요한 역할을 하고 있다.

● 그림 10-1 알파고와 이세돌의 바둑경기

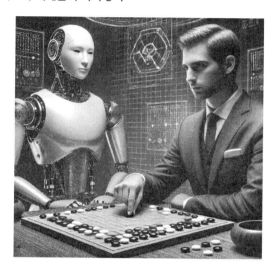

2016년 구글 딥마인드(Google DeepMind)의 바둑 인공지능인 알파고(AlphaGo)가 이세돌 9단을 꺾었을 때 인공지능은 폭발적인 관심을 끌었다. 의료 인공지능의 효시인 닥터왓슨이라 불리는 IBM의 왓슨 포 온콜로지(Watson for Oncology)는 알파고보다 훨씬 이전인 2013년에 환자의 진료기록과 의료데이터를 바탕으로 암 환자의 치료법을 제시해 임상의사결정을 도와주는 인공지능 의료시스템을 출시했다. IBM은 닥터 왓슨에 150억 달러를 투자하면서 프로그램 개발과 확산에 공을 들였지만 의료진들의 닥터 왓슨에 대한 신뢰성 부족으로 수익성이 나지 않게 되자 결국 2021년에

사업을 접고 왔슨 헬스 사업부를 투자회사인 프란시스코 파트너스에 매각했다.

그러나 구글의 딥마인드는 이 분야에서 중요한 성과를 이뤄냈다. 환자의 눈을 스캔하여 50가지 이상의 안과 질환을 진단하여 의사와 비슷한 수준의 정확성을 보여주었다. 더 나아가 광대한 양의 데이터를 처리할 수 있고 의료진의 작업을 신속하게 보조하여 더욱 빠르고 정확하게 진단할 수 있었다.

인공지능 시스템은 복잡하고 어려운 진단을 더욱 빠르게 도출해낼 수 있으며, 환자에게 최적의 치료 방안을 제시하는 데 도움을 줄 수 있다. 인공지능의 진보는 개인 맞춤 의료 서비스 제공에도 큰 변화를 불러왔다. 가령 암 치료에 활용되는 인공지능 기반의 유전체 분석 플랫폼들은 개개인의 유전자 정보를 분석해 특정 암에 가장 효과적인 치료법을 제안하는 등 정밀 의학을 실현하는 데 기여하고 있다.

뿐만 아니라 최근에는 인공지능 기술의 사용으로 인해 병원 방문이나 직접적인 의사와의 상담 없이도 효과적인 진료가 가능해지고 있다는 점은 원격 의료서비스가 언젠가는 뉴노멀이 될 수도 있다는 미래 관점을 우리에게 시사하고 있다. 그러나 이런 혁신적 변화에도 불구하고, 인공지능의 의료분야의 활용에는 판단 과정의 불투명성, 데이터 보호, 책임의 소재 등 여러 가지 문제가 존재한다.

이러한 문제들을 해결하기 위한 규제와 가이드라인 개발이 필요하며, 이를 위해 다양한 이해관계자들의 공동 노력이 요구된다. 즉 인공지능이 가져다주는 순기능의 열매를 수확하기 위해서 과학자, 의료인, 정책 입안자, 그리고 일반 대중이 함께 참여해 미래의 인공지능 의료 시스템을 위한 토대를 만들어 가야 한다. 그러나 여러 가지 도전적인 문제들이 있음에도 불구하고 궁극적으로는 미래의 의료는 인공지능이 주도하는 시대가 될 것이다. 이를 통해 효율적인 의료 서비스 제공, 빠른 진단, 개인 맞춤 치료 방법 등 의료 서비스의 질이 향상될 것이며, 사회 전체적으로도 의료비 절감이라는 공동의 목표를 이룰 수 있을 것이다. 이러한 혁신은 결국 인류의 건강한 삶을 위한 큰 발판이 될 것이며, 기술의 발전이 가져올 변화에 대한 두려움이 있을 수 있지만, 우리는 모두 혁신의 가능성을 믿으며 미래를 준비하고 받아들이는 자세가 필요하다.

## 인공지능의 의료 분야 활용 현황

의학기술의 발전과 의료서비스의 접근성 향상 그리고 수명의 증가로 의료데이터의 축적 속도는 나날이 빠르게 변화하고 있으며, 이에 근거한 정확한 진단과 최적의 치료에 대한 의사결정의 복잡도와 난이도가 고조되고 있다. 또한 다양한 스펙트럼으로 존재하는 질병의 특성상 경험과 숙련도 등에 따라 의료진간의 진단의 일관성이 떨어지는 문제가 꾸준히 남아 있다. 따라서 폭증하는 의료데이터를 일관적이고 효율적으로 분석하며, 무엇보다 우리의 건강과 삶의 질에 직접적인 영향을 주는 의료라는 분야의 특성상 의료진을 보조하여 정확도를 높이는 도구의 필요성이 그 어느 때보다 요구되고 있다.

1990년대에도 이미 인공지능을 이용한 의료영상 분석에 대한 연구는 일부 존재하였지만, 수십 건에 그친 데이터의 규모, 단순한 인공지능 모델의 구조 그리고 부족한 연산 자원으로 인해 기대에 미치지 못하는 성능을 보이며 관심을 받지 못했다. 그러나 디지털화된 의료데이터의 규모가 엄청나게 증가하였고, 고성능의 인공지능 모델들이 꾸준히 개발되어 왔으며, 그래픽처리장치(GPU)뿐 아니라 최근의 신경망 처리장치(NPU)까지 인공지능의 학습과 추론에 필요한 연산기능을 효율적으로 지원하는 하드웨어의 발전이 서로 시너지를 발휘하여, 2010년대에 이르러서는 딥러닝에 의한 인공지능 기술이 의료 분야에 도입되어 발전이 가속화되기 시작하였다.

의료영상 분야는 확립된 디지털 워크플로우(digital workflow)를 갖고 있으며 영상을 저장하는 방법이 표준화(DICOM 3.0)되어 있어 인공지능 기술을 적용하기 수월한 분야이다. 의료영상 분야의 인공지능 기술의 목표는 질병 진단의 정확도를 높이고 치료 방침을 결정하는 과정을 향상시키는 것이다. 인공지능 기술은 병변을 자동으로 발견(detection)하고 중증도를 분류(triage)하거나 진단(classification), 정량화(quantification)하는 논문이 2010년 후반기 학술지에 발표되기 시작했다.

이러한 연구들 중에 일부는 단순 연구결과를 벗어나 알고리즘을 구현시켜 실제 임상에 활용하려는 시도로 이어졌으며, 2017년 미국의 Arterys사는 최초로 딥러닝 기술을 사용한 심장 MRI 분석 소프트웨어로 FDA의 승인을 받았다. 인공지능 기술의 정의와 범위에 따라 편차는 있겠지만, 여러 조사에 따르면 현재 FDA 승인을 받은 인공지능 소프트웨어 의료기기는 대략 300건에서 500건에 달하는 것으로 알려져 있으며, 유럽의 CE인증을 획득한 솔루션의 수도 거의 비슷한 숫자로 알려져 있다.

우리나라의 경우 식약처가 2017년 규제기관으로서는 세계 최초로 인공지능 기술에 특화된 허가심사 가이드라인을 발간하였고, 이에 따라 2018년 인공지능의 의료 분야 기업인 뷰노(VUNO)사가 골 연령 판독 지원 소프트웨어인 뷰노메드 본에이지(VUNO Med-BoneAge)가 국내에서 처음으로 인공지능 소프트웨어 의료기기로 품목허가를 획득하였다. 2023년 5월까지 국내에는 150건 이상의 인공지능 소프트웨어 의료기기가 인허가를 획득한 것으로 알려져 있으며, 이는 인구수나 의료시장의 규모를 고려할 때 미국과 유럽 대비 결코 적지 않은 숫자이다. 인공지능 솔루션이 의료 현장에 안착하고 지속성을 가지기 위해서는 수익 모델의 창출이 필수적이며, 그 중에 가장 핵심은 보험 수가에 편입되는 것이라 할 수 있는데, 이와 관련된 사례들도 꾸준히 증가하고 있다.

2018년 미국은 당뇨병 환자의 당뇨망막병증(황반부종 포함)을 대상으로 자율적으로 진단하여 안과전문의의 확인이 필요한 환자를 선별하는 Digital Diagnostics사의 IDx-DR(LuminecticsCore)이라는 인공지능 솔루션은 미국의 보험청(CMS: Centers for Medicare and Medicaid Services)으로부터 별도의 CPT(Current Procedural Terminology) 코드를 부여 받고 정식 수가를 받고 있으며, 뇌 CT 혈관 조영술(CTA: CT Angiogram) 영상을 분석하여 LVO(Large Vessel Occlusion, 큰 혈관이 막힌 경우)로 의심되는 경우 뇌혈관전문의에게 빠르게 통지하여 이미지를 확인하고 6시간 이내에 항혈전 치료 혹은 기계적 혈전 제거술을 실시하게 하는 Viz.ai사의 Viz LVO라는 제품은 포괄수가를 넘어서는 범위에 대한 가산료를 지원하는 신기술 가산지불(NTAP: New Technology Add-on Payment) 제도의 최초 사례가 되었다. 그 후 다양한 제품들이 NTAP를 통해 수가를 받고 있으며, 예를 들면 기존 촬영된 영상에 기반 하여 골다공증과 관련된 부수적 발견을 지원하는 Nanox AI의 HealthOST 인공지능 솔루션중 일부인 HealthVCF라는 제품이 임시 CPT 코드를 부여 받는 등 보험수가 제도를 통해 임상현장에 진입하는 사례들이 꾸준히 증가하고 있다.우리나라에서는 2019년과 2020년 각각 영상의학 분야와 조직병리학 분야에 대한 보험급여 가이드라인이 건강보험심사평가원과 관련 학회를 통해 발간된 바 있으며, 환자에게 도움이 되는 경우에 한해 의료보험 적용이 가능하다는 원칙에 입각하여 기준을 마련하였다. 이에 따라 단순한 진단 정확도나 효율성의 향상만으로는 수가 지급 고려 대상이 아니고, 현저한 진단 능력의 향상, 새로운 진단 가치 창출, 환자의 치료 결과 개선 및 비용 효과성 입증 등의 근거를 마련한 경우에 한해서 보험 수가 고려 대상임을 명시하였다.현재 대부분의 국내 인공지능 솔루션이 의료영상의 변환이나 정량화, 특정 질환에 대한 스크리닝을 목적으로 이용한다는 점에서 보험 수가를 위한 근거 마련에 많은 비용과 장기간의 시간이 소요된다는 점을 고려할 때, 결국 새로운 진단 가치를 창출하는 솔루션이 먼저 보험 수가의 대상이 될 가능성이 높다. 또한 2022년에 마련된 혁신의료기기 통합심사 제도를 통해 혁신의료기술 평가의 절차와 항목을 간소화 하고 기간을 획기적으로 단축시킴으로서 혁신의료기기가 빠르게 시장에 진입할 수 있도록 돕고 있다. 이를 통해 에임메드 회사의 솜즈, 웰트 회사의 WELT-i는 통합심사를 통한 혁신의료기기로 불면증 디지털치료제(DTx)로 국내에서 최초로 품목허가를 획득하였고, 2024년 현재 40여 개 품목이 디지털치료제로 식약처의 임상시험계획 승인을 받아 임상시험 준비 중에 있다.

이와 같이 인공지능의 의료 분야는 기술적 가능성을 보여주는 연구에서부터 임상시험을 통한 품목허가, 임상 도입을 위한 상용화 및 보험 급여제도 편입까지 의료기기 및 기술로서의 전주기에 걸쳐 빠르게 발전하고 있다. 하지만 여전히 대부분의 솔루션이 단일 검사 결과를 도출하는 좁은 범위의 질환에 대한 정보를 제공하는 데 그치고 있으며, 의료분야의 넓은 범위와 다양성을 고려할 때 새로운 접근에 대한 수많은 시도가 새로운 분야를 개척할 수 있을 것이다. 특히 환자로부터 수집되는 영상의학, 병리영상, 생체신호, 유전체 검사 등의 결과를 통합하여 분석하는 다중 모달(multi modal) 데이터 분석과 이를 통해 환자의 상태를 정교하게 묘사하는 디지털트윈(digital twin)의 개발, 그리고 이를 활용하여 환자 개개인에 맞춘 정밀한 진단과 치료법을 결정하는데 사용하는 정밀의료는 향후 인공지능 기술이 가장 크게 기여할 수 있는 분야이다.

또한 ChatGPT(Chat Generative Pre-trained Transformer)는 의료영역

에서 다양하게 활용될 수 있는 잠재력과 무한한 가능성을 제시하고 있다. ChatGPT는 대규모 데이터로 사전 훈련된 언어모델로서, 탁월한 자연어 이해와 생성능력을 갖고 있다. 이러한 특징은 의료 분야에서 질환진단, 치료지침 제공, 의료연구 등 다양한 응용분야에서 창의적이고 혁신적인 해결책을 제공할 수 있음을 시사한다. 질환 진단과 관련해, ChatGPT는 의무기록 및 증상 데이터를 분석해 정확한 진단을 도출하는 데 도움을 줄 수 있다. 이를 통해 의사와 환자 간 의사소통을 개선하고 진단 정확성을 높일 수 있다. 뿐만 아니라, ChatGPT는 맞춤형 치료 지침을 제공함으로써 의료진의 의사결정을 지원할 수 있다. 환자의 개인적인 특성과 의무기록을 고려해, ChatGPT는 최신 연구결과와 전문가 지식을 토대로 개별 환자에게 맞춤형 치료계획을 제안할 수 있다. 이를 통해 치료효과를 개선하고 환자의 건강결과를 최적화하는 데 도움을 줄 수 있는 획기적인 도구로 이용될 것이다.

또 ChatGPT는 의료연구에서도 혁신적 역할을 수행할 수 있다. 대량의 의료 데이터를 분석하고, 이를 바탕으로 새로운 발견과 통찰력을 도출할 수 있다. ChatGPT는 의학저널, 연구논문 및 임상시험 데이터와 서로 상호작용을 하여 의료 연구자에게 유용한 정보와 지침을 제공할 수 있다. 이를 통해 의료연구 속도와 효율성을 향상시키며, 새로운 치료법 및 예방 전략개발에 활용될 것이다.

## 의료 영상의 인공지능 활용 국내 사례

현대 사회에서 가장 치명적인 질병 중 하나로 꼽히는 암, 이를 극복하기 위한 의료 분야의 인공지능 기술은 전례 없는 속도로 발전하고 있다. 고도의 데이터 분석과 딥러닝을 통해 진단의 정확도를 향상시킴으로써 암의 조기 발견 및 정밀 치료에 새로운 가능성을 제시하고 있다.

황반변성, 당뇨망막병증 등의 망막질환은 대표적인 고령화 질환으로 초고령화 사회로 넘어가고 있는 시점에서 지속적으로 환자가 늘어나고 있다. 특히 망막질환으로 진단된 환자가 구조적 변화나 시력이 떨어진 경우 이미 질환이 많이 진행된 경우가 많아 조기에 진단하고 치료하는 것이 시력상실을 막는데 효과적이다. 현재 망막질환을 진단하는 인공지능 의료기기가 출시되고 있지만 치료 유무를 결정해주는 단계에는 이르지 못해 이를 위한 추가적인 검사와 의료진의 판단이 필요하다. 망막질환 진단용 인공지능 및 의사결정지원시스템 개발은 불충족 의료 수요 및 접근성을 향상시켜 질환의 조기 발견 및 치료를 극대화할 수 있을 것이다. 따라서 실명 예방 및 최대한의 시력을 보존하는 기술이 요구되며 망막질환으로 인한 막대한 경제적, 사회적 비용을 덜어 줄 것으로 기대된다.

닥터눈(DrNoon)은 간단한 안구 검사를 통한 망막 영상으로 1분 안에 심혈관질환의 발병 위험도를 예측하는 인공지능 소프트웨어로, 메디웨일사에서 세계 최초로 개발했다. 닥터눈은 기존 심혈관질환 예측 검사보다 간편하고, 정확하며, 방사선 노출 위험으로부터 안전한 검사이다. 또한 닥터눈 펀더스(fundus)는 안저 질환 대상자에게 황반변성, 당뇨망막병증, 녹내장 등 실명질환을 조기 발견하는 데 도움이 되는 검사이다. 이처럼 닥터눈과 닥터눈 펀더스를 건강 검진에 활용하면 발병 시 심각한 위험이 초래될 수 있는 심혈관 질환의 위험을 예측해 사전에 조치를 취할 수 있고, 많은 시간이 소비될 필요 없이 결과까지 빠르게 확인할 수 있는 인공지능 의료기기이다.

뷰노메드사의 딥브레인(VUNO Med DeepBrain)은 딥러닝을 기반으로 뇌 MRI 영상을 분석해 뇌 영역을 100여 개 이상으로 분할(parcellation)하고 각 영역의 위축 정도를 정량화한 정보로 1분 이내로 진단 결과를 제공하는 인공지능 의료기기이다. 알츠하이머성 치매, 혈관성 치매 등 주요 퇴행성 뇌질환으로부터 비롯되는 치매 진단을 보조할 뿐 아니라, 경도인지장애에서 치매로 진행할 가능성이 높은 환자를 미리 선별하는 데도 도움을 줄 수 있는 인공지능 의료기기이다.

휴론사의 CTP(CT Perfusion)는 뇌 CT 관류 영상에서 기본적인 뇌 혈류 흐름 정보뿐 만 아니라 불일치량 정보를 산출하는 인공지능 솔루션으로, 국내 자체 기술로 개발해 최초로 식약처 인증 허가를 받았다. 뇌 CT 관류 영상의 전처리부터 결과 산출까지의 전 과정을 자동화하여 뇌 CT 관류 영상과 같이 방대한 양의 영상을 처리하는데 소요되는 시간을 획기적으로 단축하면서도 영상 촬영 조건에 따른 차이를 최소화하고, 의료진에게 정확한 정보 제공 및 치료 결정을 보조해 주는 인공지능 의료기기이다.

2019년 국가암검진 사업에 폐암 검진이 추가되면서 폐에서 매우 작은 결절까지도 감지할 수 있는 저선량 폐 CT 검사량이 폭발적으로 증가했다. 폐 CT는 특히 초기, 치료 가능한 단계에서 폐암 여부를 확인하기 위해 행해지는 검사인 만큼 영상에 드러나는 다양한 특성을 세심히 살펴봐야 하기 때문에 판독에 오랜 시간이 소요된다. 인공지능 기술을 이용하여 사람의 저선량 폐 CT 영상에서 이상 부위(폐 결절 등)를 검출하여 의료인의 진단 결정을 보조 하는데 사용되며 의사들의 판독시간과 부담을 경감시키고 업무 효율성을 높일 수 있도록 도와준다. DICOM 파일 형식의 영상을 입력하면 폐 질환(폐 결절 등) 의심 영역의 윤곽선, 크기 및 확률 값을 표시해준다. 폐 CT 영상의 분석 결과 데이터를 기준으로 영상 판독 우선순위를 정해 업무를 진행한다면 CT 영상 판독 업무의 효율성 향상을 기대할 수 있다. 의심 영역의 시각화와 수치화를 통해 전문의의 판독 시간과 부담을 줄여줄 수 있다.

인공지능 분석을 통해 비정상 확률 정보를 제공함으로써 의사는 비정상

환자에게 집중할 수 있다. 특히 응급실 전공의의 경우 의사결정과정과 치료를 가속화하여 질환 심각성이 높은 환자에 대해 빠른 대응이 가능해진다. 인공지능 딥러닝 기술은 저선량 CT와 결합해 진단능력을 저하시키지 않으면서 복부 CT 67%, 폐 CT 75%의 선량 절감 효능이 있다는 것을 입증하므로 환자의 방사선 피폭량을 최소한으로 줄였을 뿐만 아니라 병원경영에도 크게 기여한 것으로 알려졌다.

맹장염으로 알고 있는 충수염은 맹장 끝 부위인 충수돌기에 염증이 발생하는 질환을 뜻한다. 증상으로는 구역질, 구토, 메스꺼움 등의 증상이 나타나다가 명치 부위와 상복부에 점차 통증 강도가 심해지는 특징이 있다. 상 복부 통증은 시간이 지나면 배꼽 주위를 거쳐 충수의 위치인 우하복부 통증으로 바뀌는데, 미열이 나타나고 한기를 느끼기도 한다. 국내 의료진이 컴퓨터 단층촬영 영상을 분석해 충수염(맹장염)을 자동 진단하는 인공지능 모델을 개발했다. 정확도는 89.4%로, 상용화된다면 충수염 오진을 줄이고, 더욱 신속한 환자 진료 및 수술이 가능해질 것으로 보인다.

심혈관질환을 치료하는 데 있어 마지막 보루가 심혈관 중재 시술이다. 심혈관 중재 시술은 우리나라에서는 1년에 30만 건, 전 세계적으로는 1천만 건 이상을 진행하고 있다. 이 시술을 할 때는 심혈관 조영영상 이미지를 보면서 혈관의 협착 정도를 판단하고 어떻게 넓혀줄 것인지 파악해야 한다. 대부분 육안으로 판단하지만, 일부 소프트웨어 도움을 받을 때도 많은 사전 수작업이 필요하여 시술현장에서는 많은 제약이 따랐다. 메디픽셀(Medipixel)사의 심혈관 진단보조 솔루션은 인공지능 엔진을 통해 빠르게 이미지를 분석한 뒤 정확한 정량적 수치를 의사에게 제공해 줌으로써 실시간 시술현장에서 바로 사용할 수 있도록 한 점이 특징이다. 심혈관 조영술에서 방사선을 통해 촬영된 혈관의 형태를 분석하고 결과를 실시간으로 제공하는 MPXA(Medipixel XA)와 2차원으로 촬영된 혈관을 3차원으로 재구성하여 심근 분획혈류예비력(FFR) 값을 제공하는 MPFFR(Medipixel Fractional Flow Reserve)이 있다. 두 제품 모두 시술장 내에서 실시간으로 사용이 가능하며, 전통적으로 사용되고 있는 방식들의 한계점을 인공지능 기술로 극복한 제품이다.

최근에는 내시경 검사에 인공지능 기술을 접목하는 사례가 증가하고 있다. 실제로 국내 대학병원에 도입되기도 한 인공지능 대장내시경은 대장의 용종, 선종, 암 등 내시경 카메라가 잡은 화면에서 위험 요소를 실시간으로 확인해 경고 표시를 출력한다. 이는 암의 씨앗이 될 수 있는 작은 용종부터 시작해 대장암을 제거한 후 흔히 발생할 수 있는 선종을 제거하는 데도 유용하게 활용된다. 위내시경에서도 인공지능 보조진단 기능이 활용되고 있다. 병변을 찾는 것은 물론 분석까지 제공하는데, 병변으로 의심되면 화면에 사각형이 표시되며 소리로 알려주는 방식이다. 이러한 인공지능 내시경 솔루션의 작동 원리는 수만, 또는 수백만 장의 다양한 병변 영상과 정상 상태의 영상을 학습시켜 축적한 데이터를 기반으로 진단을 보조하게 하는 것이다. 그 효과와 정확도도 대체로 긍정적인 편인데, 인공지능 내시경 활용 결과 대장 내 용종 발견율이 10% 증가하였으며, 위내시경의 병변 발견율도 95.6%에 달하는 것으로 보고되었다.

피부암은 전신 피부 어디에든 발생하므로 눈으로 확인할 수 있지만, 점과 비슷한 형태를 띠고 있어 암으로 식별하기는 쉽지 않다. 그런데 최근 이러한 피부암을 스마트폰 카메라로 촬영해 손쉽게 진단할 수 있는 앱이 등장했다. 인공지능을 기반으로 개발된 피부암 진단 앱은 촬영된 병변 의심 영상을 알고리즘을 통해 피부암과 양성 병변, 또는 피부병변으로 분리해 알려준다. 많은 사용자를 위해 아이피부과의원에서 개발된 피부 진단앱(model dermatology) 등이 대표적 예이다.

물론 이러한 진단 애플리케이션은 병원을 방문하기 전 즉각적인 도움이 필요한 사람을 위한 것으로, 이러한 방법으로 도출된 진단을 맹신해서는 안 된다. 다만 질환을 조기에 발견할 수 있다는 점에서 충분히 의미가 있는 서비스이다. 이처럼 인공지능 솔루션은 오늘날 의사를 보조해 진단의 정확성을 높이고, 의료비용을 절감할 수는 장점이 있다.

## 디지털 헬스케어 분야의 인공지능 활용

몇 년 전부터 스마트워치로 측정한 심전도, 도보 수와 같은 지표에 대해 "심장이 빨리 뛰는 느낌이 들어 스마트워치로 심전도를 측정해 보았더니 심방세동이라고 나왔어요.", "건강관리 앱에서 VO2 max(최대산소소비량)가 기준치보다 부족한데 괜찮은 건가요?", "워치로 보면 하루에 1만 보는 최소 걷는 것 같아요."라는 많은 질문을 던지며 병원에 가지 않아도 건강지표를 측정할 수 있는 웨어러블 디바이스의 범용으로 디지털 헬스케어가 우리 생활에 더욱 가까워졌다는 것을 체감하고 있다. 하지만 스마트워치로 측정한 심전도와 최대산소소비량 수치가 얼마나 신뢰할 수 있을지, 그리고 이러한 결과가 임상적으로 진료 상황에 얼마나 도움이 되는지 아직은 명확하지 않은 부분이 많다.

디지털 헬스케어는 쉽게 말하면 첨단 디지털 기술을 바탕으로 수집된 빅데이터(유전체 정보, 걸음 수, 식사, 수면 등과 같은 생활습관 정보, 혈당, 혈압, 체온, 맥박 등과 같은 의료지표)와 기존의 의무기록(medical record) 정보를 결합하고 분석하여 질병 예방, 치료 예측에 활용하는 분야라고 할 수 있다. 매 순간 실시간으로 생성되고 있는 개별 데이터를 기반으로 개인 맞춤형 건강관리가 가능해지며 대상자의 적극적인 참여와 지속성이 중요해진다.

● 그림 10-2  What is digital health?

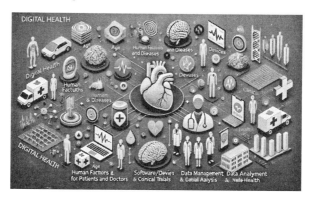

　디지털 헬스케어의 발전은 미래 의료의 중심이 되고 있다. 스마트폰과 웨어러블 디바이스로부터 끊임없이 생성되고 있는 개인의 건강 정보를 기존의 의료 데이터와 통합하여 건강 관리에 의미 있게 활용할 수 있도록 노력하고 있다. 그렇지만 디지털 헬스케어 기술과 관련한 의학적 효능과 안전성 평가, 허가 및 규제, 보험적용, 개인정보 보호 및 데이터의 소유권, 윤리적 사용 등의 논의가 필요한 시점이기도 하다. 예를 들면 국내 1호로 식품의약품안전처 허가를 받은 불면증 치료제인 앱 솜즈(Somzz)도 비용 및 수가(보험적용)에 대한 수많은 논의를 거쳐 상용화되기까지 여러 행정적 절차에 많은 노력과 시간이 필요했다. 디지털 헬스케어 기술이 시의적절하게 의료 현장에서 활용될 수 있도록 정부와 산업계, 의료 전문가, 사용자의 의견을 모아 최선의 방안을 강구해야 할 것으로 보인다.

　이러한 서로 다른 의견들이 보완된다면 가까운 미래에 환자들은 매일 병원에 가지 않아도 가장 가까이 있는 스마트폰 앱의 챗봇 상담을 통해 건강한 생활 습관 관리를 더 효과적으로 할 수 있고, 사용자의 미세한 심전도 변화를 인공지능이 분석하여 심장질환 발생을 예측할 수 있을 것이다. 또한 의료진들은 머지않아 인공지능의 도움을 받아 의무기록(medical record)을 손으로 작성하지 않고 음성과 영상정보로 자동 정리하고, 환자의 위험 신호를 미리 발견하여 의료진이 선제적으로 대응할 수 있는 시대를 맞이할 수 있을 것이다.

## 디지털 치료기기의 인공지능 활용

디지털 치료기기의 등장은 2010년으로 거슬러 올라간다. 미국의 웰닥(Welldoc)사가 당뇨환자를 관리하기 위해 만든 모바일 앱 블루스타(BlueStar)를 소개하면서 처음으로 디지털 치료기기란 용어를 사용했다. 국내에서는 디지털치료제라는 용어가 기존 약물과 혼동할 우려가 있다고 해서 식품의약품안전처를 중심으로 디지털 의료기기로 불렸다. 즉 디지털 치료기기는 "질병이나 장애를 예방·관리·치료하기 위해 임상평가를 거친 증거 기반의 소프트웨어"로 정의하고 있다. 즉 디지털 치료제는 AI(인공지능), VR/AR(가상현실/증강현실), 웨어러블, 게임 등 디지털 기술을 활용하여 질병을 직접적으로 예방·관리·치료하는 소프트웨어를 의미한다. 인공지능이 골라주는 음악을 들으며 걷고, AR 안경을 쓰고 증강현실을 즐기고, 게임을 하듯 스마트폰으로 미션을 수행하다 보면 어느새 치료가 된다. 2017년 약물중독 치료용 모바일 앱인 리셋(reSET)이 온라인 인지행동치료의 효과를 입증하여 최초로 미국 FDA 허가를 받은 후 디지털 치료제가 본격적으로 주목받기 시작했다. 이후 조현병, 우울증, 불면증 등 다양한 질환에 대한 치료제가 개발되고 효과 검증이 활발하게 진행되고 있다.

디지털 기술이라는 새로운 방식을 통해 기존 치료제의 한계를 극복할 수 있어 디지털 치료제는 3세대 치료제로 각광받고 있다. 천문학적인 개발

비용을 조달할 수 있는 대형 제약사들만이 대량생산을 통해 공급할 수 있는 기존 치료제와 달리 인공지능과 데이터 분석을 활용하면 개인별 최적의 맞춤 치료를 제공할 수 있다. 또한 기존 치료제는 알약이나 주사를 통해 인체에 직접 투입하기 때문에 치료제 성분이 체내 어딘가에서 부작용을 수반할 수 있다. 반면 디지털 치료제는 소프트웨어를 활용하여 시각적인 자극이나 행동의 변화를 활용하기 때문에 부작용에 대한 우려가 적다. 때문에 임상시험 기준도 일반 의약품에 비해 덜 까다로운 편이어서 기존 치료제에 비해 상당히 빠르고 저렴하게 개발할 수 있다. 그중에서도 인공지능은 데이터 분석을 기반으로 사람의 행동 변화를 유도하여 치료하는 영역에서 두각을 나타내고 있다. 특히 디지털 치료제는 그간 제약회사에서 신약개발에 어려움을 겪고 있는 신경정신질환, 중추신경계, 만성질환 등 다양한 질병·장애에 대한 치료법을 열어줄 것이라는 기대를 받고 있다. 가령, 미국의 바이오 테크기업 메드리듬(MedRhythms)은 인공지능과 음악을 이용한 뇌신경 치료를 통해 뇌졸중 환자들의 보행을 개선할 수 있는 솔루션을 제공한다. 환자들이 음악을 들으며 보행치료를 시작하면 인공지능이 신발에 부착된 센서로 걸음걸이를 분석하여 리듬을 조절한다. 음악을 통한 자극으로 보행속도와 타이밍의 개선을 유도하는 것이다. 의학발전으로 뇌졸중 생존율은 높아졌으나 생존자 중 절반 이상이 겪는 후유증인 보행장애는 마땅한 치료방법이 존재하지 않았다. 메드리듬의 인공지능 솔루션은 이러한 문제에 대한 해결책을 제시하여 미국 FDA로부터 혁신 의료기기(Breakthrough Device)로 지정되어 승인과정을 진행하고 있다.

인공지능이 본격적으로 치료 기능을 수행하면 의료 수급 불균형 해소에 상당한 기여를 할 수 있다. 예컨대 미국에서는 자폐증 환자 수가 증가하는데 비해 의료진의 부족한 문제로 인하여, 4~5세 무렵 자폐증 진단을 받더라도 치료를 시작하기까지 18개월 이상 대기하는 경우가 많다. 아이들의 발달장애는 조기 발견과 치료가 매우 중요함에도 의료진이 부족하여 치료가 지연되는 안타까운 일이 발생하는 것이다.

이러한 문제를 해결하기 위해 스탠포드 대학교 연구진은 인공지능 의료기업 코그노아(Cognoa)와 협력하여 인공지능과 증강현실기술을 활용한 자폐증 행동치료 프로그램을 개발하였다. 슈퍼파워 글래스(Superpower Glass)라고 불리는 이 프로젝트는 자폐 아동이 구글 글래스를 착용하면 인공지능이 상대방의 얼굴을 감지해 헤드업 디스플레이를 통해 상대방과 눈을 맞출 수 있도록 유도한다. 그 후 상대방의 표정을 분석하여 행복, 분노, 놀람, 슬픔, 두려움, 혐오, 경멸의 7가지 감정을 이모티콘을 통해 아이에게 알려준다. 일주일에 몇 차례 진행되는 치료를 통해 자폐 아동은 사람의 감정을 이해하고 공감하는 방법을 배울 수 있다.

인공지능은 만성질환도 효과적으로 관리할 수 있다. 일상생활 속에서 발생하는 수 많은 데이터를 분석하고 지속적인 개입을 할 수 있어 생활습관 개선을 유도하는데 강점이 있기 때문이다. 현재의 의료시스템은 급성 질환을 치료하는 데 매우 적합하지만 지속적인 관리가 필요한 만성질환에는 한계가 존재한다. 몇 주 내지는 몇 달에 한번 병원에 찾아가 진료를 받는 현재의 시스템에서는 빈번한 진료가 어렵기 때문이다. 특히 앞으로 다가올 고령화 시대에는 노화에 따른 각종 만성질환들이 더욱 증가할 것이며 이를 치료하기 위한 의료비 상승과 의료진 부족이 더욱 심화될 수 있어 인공지능기술의 활약이 중요하다.

아이슬란드 스타트업 사이드킥 헬스(Sidekick Health)사는 귀여운 캐릭터, 레벨, 미션 등의 게임요소를 활용하여 사람들의 생활습관 변화를 유도함으로써 당뇨, 궤양성 대장염 등 만성질환을 관리하는 프로그램을 제공한다. 플랫폼에 적용된 인공지능은 데이터를 분석하여 인사이트를 제공하고, 개인 맞춤형 액션 플랜을 수립하고, 동기부여 메시지를 보내 재미있고 효과적으로 생활습관을 관리할 수 있도록 한다. 생활습관은 현대인의 건강관리 비용과 사망률을 높이는 주된 원인이기 때문에 인공지능을 활용한 일상생활 속 개입을 통해 질병을 예방하고 관리하는 것이 효과적이다.

인공지능은 치료 중심의 기존 의료체계에서 기존에는 활용되지 못했던 일상 속 수많은 데이터들을 활용하여 병을 예방하고 관리하는 새로운 치료의 패러다임을 가능케 할 것으로 기대된다. 디지털 기술의 개입이 커지기 때문에 기존 제약회사보다 ICT 기업들의 역할이 확대될 여지가 크다. 이미 해외에서는 디지털 치료제 시장을 선점하기 위해 제약회사와 게임 개발사, 테크기업의 협력이 활발히 진행되고 있으며 FDA 승인을 받은 디지털 치료제 출시가 이어지고 있다. 앞으로 이 분야에서 우리 기업들의 많은 활약이 기대된다. 특히 디지털 치료라는 새로운 패러다임은 대규모 R&D 자금, 긴 임상기간, 부작용 리스크 등에서 비교적 자유로워 새로운 혁신기업이 쉽게 진입할 수 있는 영역이다. 반면 기존 기업은 구 패러다임 하에 보유하고 있는 시장의 우월적 지위 때문에 혁신 기술 도입을 주저할 수 있다. 따라서 혁신기업은 보다 적극적으로 새로운 패러다임을 채택하여 기존 기업과는 다른 경로를 통해 빠른 성장을 달성할 수 있을 것이다. 이 기회를 잘 살려 디지털 역량에 강점을 보유한 우리 기업들이 글로벌 디지털 치료제 시장을 주도할 수 있다.

## 정밀의료 분야의 인공지능 활용

정밀의료는 한마디로 인공지능 시스템의 꽃이라고 할 수 있다. 정밀의료는 한 사람의 건강에 대해 각기 다른 관점을 지닌 데이터를 한데 모아 인공지능으로 분석, 개인의 건강을 진단·예측하는 기술이다. 각 의료기관이 보유한 진단·치료정보 외에 유전정보, 생활습관, 환경정보 등까지 광범위한 데이터를 활용해 연관관계를 찾는 것이 특징이다. 유전정보로 개인의 선천적 특징을, 생활습관과 환경 관련 정보로 후천적 특징을 파악해 한 사람에게 꼭 맞는 치료법과 건강 관리법을 제안할 수 있다. 유전정보에 대해서도 유전체 정보뿐만 아니라 단백질체, 전사체, 대사체 등 각종 생물학적 정보(omics)를 활용한다. 현재 의료 분야에서 인공지능 활용이 X-ray, CT, MRI, 내시경, 병리조직 등 영상 자료를 기반으로 질병을 진단하는 일에 치중된 점을 감안한다면 비교 불가한 엄청난 규모의 빅데이터이다.

정밀의료 기술이 현실화되면 의료 패러다임은 다수에서 개인으로, 치료에서 예방으로 전환될 전망이다. 다수를 대상으로 한 임상의학을 기반으로 치료에만 집중하는 방식에서, 하나뿐인 개인에 대한 다양한 건강 정보를 사용해 예방부터 진단, 치료까지 의료와 헬스케어 전 과정을 다루는 방식으로 변화할 것이다. 약물 부작용과 같은 위험 부담과 의료비용을 줄이는 동시에 치료 효과는 늘이고 의료 접근성에 대한 불평등도 개선할 것으로 기대된다.

● 그림 10-3  Precision medicine in AI

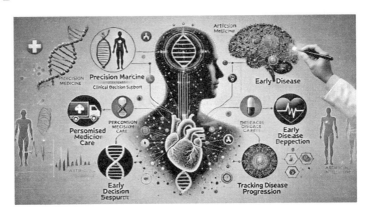

약물 효능은 환자 개개인별로 다르게 나타날 수 있다. 하지만 기존 의료 현장에서는 개인별 특성을 거의 고려하지 않는 상황이다. 환자 개인 특성에 따라 치료 효과가 적게 나타나거나 부작용이 일어나는 것에 대해 사전 대처를 할 수 없다는 뜻이다. 문제가 발생한 후 치료제를 바꿔 적절한 방법을 찾는 수밖에 없다.

이와 같은 약처방 한계는 전 세계에서 모든 의사들이 고민하는 문제이다. 미국에서는 한 해 약 270만 건 의약품 유해사례가 발생하고 있으며, 이 중 10만 명 이상이 사망한다고 보고되고 있다. 영국에서는 매년 1만 명, 일본의 경우 1,000명 정도가 약물 부작용으로 사망하고 있다. 특히 화학 항암제, 면역세포 항암제, 대사질환 치료제와 같이 환자의 건강에 중요한 영향을 미치는 영역에서 개인 간 치료효과 차이가 크게 나타난다. 개인 특성을 고려하지 않고 처방할 때 암은 25%, 알츠하이머는 30% 환자에게만 효과를 보일 수 있다고 보고되고 있다. 보편적인 사람들에게 분명한 효과를 보이는 약이 없는 만큼 계속해서 신약이 개발되고 있는 상황이다. 정밀의료 기술에서는 민족적·인종적 특성을 포함해 기타 개인의 유전적 특징을 반영해서 약물을 처방한다. 치료제 효과, 부작용 등에 따라 개인을 분류한 후 유의미한 효과가 예상되는 환자들에게만 선별적으로 적용하는 방식이다. 통계적 유의성에 따라 처방하는 기존 방식보다 효과적일 수밖에 없다. 무엇보다도 어떤 치료약이 잘 맞을지 환자가 일일이 위험을 감수하며 시행착오를 겪지 않아도 된다.

각종 질병에 걸릴 확률 또한 개인별로 차이가 있다. 특히 각종 암과 고혈압, 당뇨와 같은 만성질환, 심장질환 등이 발병하는 데에는 유전적인 요소도 상당한 영향을 미친다. 정밀의료에서는 개인이 특정 질병에 걸릴 확률을 예측한다. 각 개인을 질병 민감도에 따라 세부 그룹으로 분류해 질병 예방, 조기 진단, 치료를 위한 최적 방법을 수립할 수 있다. 발병할 확률이 높은 질병을 조기에 파악해 이를 예방하기 위한 생활습관, 식습관, 운동법 등을 제안할 수도 있다.의사 개인 역량이나 숙련도에 대한 의존과 오진을 줄일 수도 있다. 특히 암과 같은 치명적인 질병에 대한 진단 정확도를 높일 수 있다. 소비자원 발표에 따르면 2017년 국내 질병 오진의 58%는 암에 대한 것이다. 더불어 폐암 진단은 19%, 유방암 진단은 14.7%가 오진인 것으로 전해졌다.

환자 개개인의 특성을 다각적으로 고려한 치료법으로 정확도를 높이는 만큼 불필요한 의료 행위를 줄일 수 있다. 잘못된 처방과 진단으로 인한 개인의 고통을 줄이는 것은 물론, 의료비용 부담과 건강보험 재정도 개선된다. 특히 전 국민 의료보험 체계가 갖춰진 우리나라에서 불필요한 의료비가 건강보험 재정 악화로 이어지는 만큼 정밀의료의 정착이 의료비 감소효과에 공헌할 수 있을 것으로 기대한다.

향후 정밀의료 서비스는 언제 어디서나 간편하게 접할 수 있는 방식으로 제공될 예정이다. 자신의 데이터를 제공하고 분석 결과를 받을 수 있는 체계가 이루어진다면 온라인 쇼핑으로 물건을 주문하고 배송 받는 것처럼 쉽게 이용 가능해질 전망이다. 이와 같은 편리성으로 정밀의료는 국내뿐만 아니라 국제적으로도 지역 간 의료 격차를 줄일 수 있을 것으로 기대된다. 의료 인프라가 부족한 지역에서는 정밀의료를 통해 예방중심 의료 문화를 정착시켜 의료 접근성을 개선할 수 있다.

## 인공지능 기술이 의사를 대신할 수 있을까?

의학은 엄밀한 인과성이 지배하는 과학의 범주에 속하는 개념이지만, 의료는 과학의 경계를 넘어서는 무한히 넓은 외연을 가진다. 의료에는 국가, 인종, 남녀, 노소, 문화, 관습, 제도, 법률, 경제, 빈부격차 등 사람이 살아가면서 마주치는 세상 만사의 모든 요소가 개입될 수 있다. 따라서 의료라는 세계에서 과학적 인과론에 근거한 인공지능 알고리즘이 만능 열쇠처럼 통용되기는 결코 쉽지 않다. 특히 사람의 마음, 즉 감성에 대한 고려가 매우 중요하다.예를 들어 대부분의 당뇨병 환자들은 시간을 정해 알맞은 약을 복용하고 건강한 식습관을 가지며 규칙적인 운동을 하는 것이 건강 유지에 가장 중요하다는 사실을 이성적으로 잘 알고 있다. 하지만 일부 환자들은 각자 저마다 사정에 의해 건강한 습관 관리에 실패한다.

"집에 변고가 있어 스트레스를 받았다.", "가족을 간병하다 보니 마음 고생이 심했다.", "최근 소화가 잘 안되어 당분이 많은 음식을 먹었다.", "약을 먹기 싫어 여주와 돼지감자를 먹었다.", "코로나19 때문에 손주를 돌보느라 운동이 어려웠다.", "집안에 경사가 있어 과음, 과식을 피하기 어려웠다.", "직장 상사와의 갈등으로 스트레스가 많았다.", 심지어 "수십 년간 진료를 담당하던 나이 지긋한 노교수 대신 젊은 의사가 처방한 약이 미덥지 않았다." 등. 다채로운 사정에 의해 환자의 혈당과 건강 상태가 다양하게 변한다고 의사들은 얘기한다. 따라서 실전 의료에서는 같은 약을 쓰더라도 환자마다 반응이 다르게 나타나고, 약제를 감량했는데도 효과가 오히려 좋아지고, 어떤 의사가 처방했는지에 따라 같은 약이라도 효과가 달라지는 마법 같은 일이 일어날 수 있다.

새로운 기술의 효용에 대해 사람들은 흔히 생산성이나 이익 극대화를 우선시한다. 국가적으로 엄청난 재원이 소요되는 공중 보건이나 의료 서비스에서도 이러한 경향은 불가피하다고 간주한다. 하지만 새로운 기술은 효율이나 이익 극대화를 넘어 사람의 건강과 안녕에 대한 실질적인 기여로 이어져야 하며, 사회시스템은 국민건강 향상을 전제로 발전해야 한다. 기술 혁신이 기존 의료 환경 내 문제를 어떻게 해결하고 환자와 의료진 모두가 행복할 수 있는 인간적인 의료 환경의 구축에 기여할 수 있을지, 이러한 환경을 만들기 위해 우리가 어떤 노력을 해야 할지 심도 있는 논의를 시작할 필요가 있다.

에릭 토플(Eric Topol, MD)은 『딥 메디슨(Deep Medicine)』이라는 책에서 인공지능 의료기술에 대해 이 기술이 필요한 이유를 의사와 환자로 나누어 설명한다. 인공지능 기술은 과중한 업무와 높은 자살률에 시달리는 미국 의사들에게 가장 큰 도움이 될 것이며, 환자를 더 인간적으로 진료할 수 있는 환경을 만들어줄 것이라고 설명했다. 인공지능이라는 미래의 도구를 활용해 우리가 잃어버린 인간적인 의료 환경을 회복해야 한다는 이 책의 내용은 인공지능을 다룬 기존 책들의 관점과는 차이가 있다. 지금까지 의료 분야의 발전은 의료의 비인간적인 면을 부각시키고 말았지만, 의료 분야의 인공지능 기술은 이러한 흐름을 뒤집어 의사와 환자의 인간적인 관계를 회복할 매개체로 활용될 수 있다는 희망이 이 책에 담겨져 있다. 오진율 감소, 치료율 향상 등 기존 의료시스템에 혁신을 불러오는 동시에 의사와 환자 간 유대관계와 신뢰 회복에 집중할 수 있도록 시간적 여유를 부여해 더욱 인간적인 의료 환경이 구현되리라는 저자의 따뜻한 전망이 인상적이다. 더불어 의료 과정이란 의료진과 환자의 상호작용이며, 의료현장에서는 의료진의 지식과 경험, 판단력, 통찰력, 그리고 신속하고 정확한 행동이 반드시 필요하다는 사실에는 변함이 없다.

강영옥, 의학의 미래, Thomas Schulz(원저), 웅진지식하우스, 2020.

건강보험심사평가원 보도자료, 2021.9.28.

김영호, 미래의료 4.0, 전파과학사, 2020.

박지훈, 김기영, 조혜영, 의료 인공지능 동향과 발전 방향, KEIT 이슈리뷰, 2024년 3월호, 한국산업기술평가원, 2024.

이상열 역, 딥 메디슨(Deep Medicine), Eric Topol(원저), 소우주, 2020.

## 장내 미생물과 미래의 건강

강용호

## 인체 미생물의 중요성

우리 주변에는 너무 작아서 눈에 보이지 않는 수많은 작은 미생물들이 존재하고 있다. 육안으로 구별하기 어려운 바이러스, 박테리아, 곰팡이, 원생동물은 크기가 다양하다. 가장 사이즈가 작은 바이러스는 직경이 20~300nm이며 전자현미경으로만 관찰할 수 있다. 박테리아의 크기는 0.2~10$\mu$m여서 물체를 1,000~1,500배 확대하는 고배율 광학현미경을 사용하면 눈으로 볼 수 있다. 효모(yeast)를 포함하는 곰팡이(mold)의 크기는 3~40$\mu$m이고, 원생동물의 크기는 10~50$\mu$m여서, 이들은 물체를 400~1,000배 확대하는 표준 광학현미경을 사용하면 관찰할 수 있다.

공기와 물과 음식에는 많은 미생물들이 분포하고 있기 때문에 우리들의 호흡이나 음식물을 통하여 인체 내로 들어오는 미생물들도 많다. 체내로 들어온 미생물들은 입, 식도, 위, 소장, 대장을 통과하여 결국 체외로 배출되어 자연환경에서 순환된다. 미생물들이 일단 인체에 들어오면 매우 작은 크기임에도 불구하고 생명체 고유의 기능을 작동하며 새롭게 변화된 환경에 적응하며 살아가려고 최대한 노력한다. 그러한 미생물들의 성장이나 대사산물이 인체에 질병을 유발할 때는 우리 몸속의 면역 세포들이 힘을 합하여 제거하지만, 건강 증진에 도움을 주는 유익한 미생물들은 제거하지 않고 공생 관계를 유지한다.

신생아는 면역 체계가 미성숙하기 때문에 미생물에 의한 감염에 더 취약하다. 이 시기에 엄마의 모유는 신생아의 건강을 보호하는 데 중요한 역할을 한다. 엄마의 모유에는 아기의 영양에 필요한 단백질, 지방, 비타민, 미네랄과 함께 올리고당이라는 다당류가 포함되어 있다.

모유에 포함된 올리고당은 아기가 소화할 수 없는 물질이지만, 비피도 박테리움과 같은 유익한 장내 박테리아의 먹이로 작용해 유산균의 성장을 촉진한다. 유산균의 성장은 유해균이 장에 정착하는 것을 방지하여 아직 면역 체계가 완전히 발달하지 않은 신생아의 건강을 보호한다. 그러므로 엄마의 모유에는 아기의 성장에 꼭 필요한 영양소 외에도 공생하는 미생물의 성장을 돕는 영양소도 함께 포함되어 있는 것이다.

이렇게 영양소를 이용한 식이 요법은 신생아의 건강관리는 물론 성인의 건강관리를 위한 방법에도 효과적이다. 과학적인 연구에 의하면 식이 요법을 통해 유익한 장내 미생물의 성장을 촉진하는 전략이 면역노화가 진행되는 노인의 건강을 증진하는 데 매우 효과적이라는 증거가 점차 늘어나고 있다.

마이크로바이옴(Microbiome)이라는 단어는 박테리아, 바이러스, 곰팡이, 원생동물과 같이 우리 몸 안팎에 살고 있는 작은 미생물들의 집합체를 의미한다.

대부분 박테리아로 구성된 인체의 마이크로바이옴은 인체의 다양한 생리적 과정에 관여하며 우리들의 건강에 큰 영향을 미친다.

장내의 공생 박테리아는 우리가 섭취한 음식에서 필요한 영양소를 추출하여 에너지원으로 공급하고, 인체에 필요한 다양한 비타민과 생리 활성 물질을 합성하며, 우리들의 면역 체계의 발달과 조절작용에도 기여한다. 그러므로 평소에 무심코 반복하는 식생활습관은 장내의 공생 박테리아의 구성에 직접적인 영향을 미치며 개인의 건강에 많은 영향을 준다.

인체에 있는 미생물들은 대부분 식품을 통해 몸 안으로 들어오기 때문에 어떤 종류의 식품을 선호할 때 체내에 어떤 종류의 미생물들이 많이 분포하게 되는지, 또 그런 미생물들이 어떻게 인체에 유해하거나 유익한 영향을 주는지 알아보자.

## 미생물의 자연생태계

인간의 눈에 보이지 않을 정도로 작은 단세포 생명체가 이 세상에 무수히 존재한다는 사실을 처음 발견한 사람은 네델란드의 안토니 반 레이우엔훅(Antoni van Leeuwenhoek, 1632~1723)이었다. 그는 1676년에 스스로 만든 볼록렌즈로 곰팡이와 같은 미생물의 실체를 눈으로 볼 수 있었다. 레이우엔훅은 정규 교육을 받은 적이 없었기에 이런 미생물의 발견을 자기만 모르고 있는 줄 알았다. 그는 의사인 친구에게 자신이 본 것을 물어보았는데 그 친구도 처음 보는 것이었기에 레이우엔훅이 발견한 내용을 라틴어로 작성하여 유럽학회에 발표하였다. 그러자 영국왕립학회에서는 레이우엔훅의 작은 미생물의 발견에 깊은 관심을 보이며 연구비를 지원하여 인간의 눈에 보이지 않는 작은 미생물의 세계가 점차 세상 사람들에게 알려지게 되었다.

그로부터 약 200년이 지난 후, 눈에 보이지 않는 작은 미생물이 인체에 큰 피해를 줄 수도 있다는 사실을 처음으로 인식한 사람은 독일인 의사 하인리히 헤르만 코흐(Heinrich Hermann Robert Koch, 1843~1910)였다. 그는 아내가 생일선물로 사준 현미경으로 미생물들을 관찰하다가, 특정한 박테리아가 인체에서 결핵과 같은 질병을 유발하고, 또 그것이 공기를 통해서 다른 사람들에게 전염도 될 수 있다는 놀라운 사실을 발견하게 되었다.

그 이후부터 병원성 박테리아가 인체에서 특정한 질병을 유발할 수 있다는 사실이 널리 알려지자, 영국의 과학자 알렉산더 플레밍(Alexander Fleming, 1881~1955)은 병원성 박테리아를 죽일 수 있는 물질을 약용식물의 추출물에서 찾으려고 노력하였다. 어느 날 그는 여름휴가를 다녀온 후 오염된 배지에서 자라고 있는 푸른곰팡이(Penicillium notatum) 주변에는 박테리아들이 증식하지 못하는 신기한 현상을 목격하게 되었다. 그것은 플레밍이 오랫동안 연구하면서 늘 보고 싶어하던 그런 장면이었다. 인간을 죽이는 무기는 인간이 가장 잘 만들듯이, 미생물인 박테리아를 죽이는 무기는 역시 미생물인 곰팡이가 가장 잘 만들고 있었던 것이다.

그 당시의 과학적 수준으로는 푸른곰팡이가 만드는 이 대사산물의 정체를 밝혀 내기가 어려웠다. 그러나 제2차 세계대전이 진행되면서 많은 군인들이 상처가 난 부위에 있던 박테리아의 감염으로 사망하자, 이 문제를 해결하기 위하여 영국의 일부 과학자들이 미국으로 건너가서 인류 최초로 곰팡이를 생물배양기에서 대량으로 배양하여 '페니실린'이라는 항생제를 의약품으로 개발하는 데 성공하였다. 페니실린이 '기적의 약'으로 알려지면서 다양한 종류의 박테리아들을 죽일 수 있는 새로운 항생제들이 많이 개발되었다.

그러나 항생제의 무분별한 오남용으로 인하여 자연계에서 항생제에도 죽지 않는 내성 박테리아가 등장하자, 현재는 항생제의 오남용을 막기 위하여 의사의 승인하에 사용하도록 법적으로 규제하고 있다. 미생물에 대한 이런 역사는 눈에 보이지 않는 작은 미생물의 세계에서도 식물이나 동물의 생태계와 비슷하게 각자의 생존을 위하여 이웃하는 미생물을 죽이기도 하고, 서로 협력하기도 하는, 미생물의 자연 생태계가 존재하고 있음을 잘 보여주고 있다.

미생물의 존재는 1670년대부터 인간 세상에 알려졌지만, 자연환경에서 서로 경쟁하거나 공생하며 살아가는 미생물들을 인공적으로 배양하기가 쉽지 않아서 미생물에 대한 연구는 매우 제한적으로 진행되었다. 현재까지 알려진 미생물의 종류는 하늘과 땅과 지하와 바다에 분포하는 지구 전체 미생물의 종류에 비하면 아마 1%도 안 될 것이다.

박테리아보다 크기가 훨씬 더 작은 바이러스는 18세기 말에 유럽의 담배 산업이 번창할 때 담뱃잎의 질병에 대한 연구를 통해서 알려지게 되었다. 1892년 러시아의 과학자 드미트리 이오시포비치 이바노프스키(Dmitri Iosifovich Ivanovsky)는 병원균으로 감염된 담뱃잎 추출물이 박테리아를 걸러낼 수 있는 필터 과정을 거쳤는데도 불구하고 감염성이 유지되는 것을 보고, 이것은 박테리아가 만들어낸 독성물질 때문이라고 생각하였다. 그러나 6년 뒤인 1898년에 네덜란드의 과학자 마르티누스 베이제린크(Martinus Beijerinck)는 같은 실험을 반복하다가, 박테리아를 걸러낼 수 있는 필터 처리된 용액에 새로운 형태의 감염체가 포함되어 있다는 것을 알게 되었다.

바이러스는 박테리아보다 크기가 10~100배 정도 작기 때문에 고배율 광학현미경으로는 바이러스의 실체를 확인할 수 없었다. 그로부터 약 40년이 지난 1932년에 독일의 과학자 헬무트 루스카(Helmut G. P. Ruska)는 새롭게 개발된 전자현미경을 사용하여 담뱃잎에서 추출한 바이러스의 모습을 촬영하는 데 성공하여 바이러스의 실체가 처음으로 세상에 알려지게 되었다.

바이러스에는 살아있는 유기체의 유전물질인 리보핵산(RNA)이나 디옥시리보핵산(DNA)의 일부분만 갖고 있기 때문에 증식하려면 반드시 다른 숙주 세포를 이용해야 한다. 따라서 바이러스는 '미생물'로 분류되는 것이 아니라 생물과 무생물의 경계에 존재하는 '개체'로 분류된다. 바이러스 개체는 박테리아와 같은 생명체는 아니지만 숙주의 생명정보 체계를 자신의 증식에 유리하도록 조절할 수 있는 특별한 기능을 갖고 있다.

바이러스의 기원은 알지 못하지만, 바이러스의 종류는 미생물, 식물, 동물 등 지구상의 모든 생물을 감염시킬 수 있을 정도로 그 종류가 매우 다양하고 많다. 자연생태계에서는 한 종이 다수를 차지하게 되면 그 종과 연관된 바이러스의 수도 함께 늘어나서 그 종의 증식이 억제된다. 반대로, 환경 조건이 좋지 않아서 숙주의 수가 감소하면 일부 바이러스는 숙주의 유전물질에 들어가서 환경 조건이 개선될 때까지 휴면 상태를 유지할 수 있다. 이러한 특성을 고려할 때 바이러스는 지구에 속한 자연 생태계가 종의 다양성을 유지하도록 도움을 주는 '조절자' 역할을 하고 있다고 볼 수 있다.

## 인체 미생물의 정보

미생물 세포는 식물세포나 동물세포보다 훨씬 구조가 간단하고 또 세포가 분열하는 주기(life-cycle)가 매우 짧다는 장점이 있어서 미생물을 이용하여 생명체의 '유전물질'이 무엇인지를 밝혀내려는 연구들이 진행되었다. 처음에는 생명체의 유전정보를 저장하기 위해서는 매우 복잡한 물질로 이루어져 있어야 한다고 생각하여 20개의 아미노산으로 이루어진 단백질에 먼저 관심이 집중되었다. 그러나 곧 유전물질은 단백질이 아니라 네 종류의 핵산(A, T, C, G)으로 구성된 DNA라는 것이 알려지게 되었다.

미국의 제임스 듀이 왓슨(James Dewey Watson)과 영국의 프란시스 크릭(Francis Crick)이 1953년 유전물질인 DNA 이중나선 구조를 발표하고 난 이후부터 DNA에 대한 연구는 매우 급속도로 발전하게 되었다. 약 20년이 지난 1973년에는 미국의 허버트 보이어(Herbert W. Boyer)와 스탠리 코헨(Stanley N. Cohen)에 의해서 인간이 원하는 부위의 DNA를 자르고 붙일 수 있는 유전자 재조합 기술이 개발되었고, 4년 뒤인 1977년에는 영국의 프레더릭 생어(Frederick Sanger)가 실험실 규모에서 방사능 동위원소($^{32}$P & $^{35}$S)를 사용하여 DNA 염기서열을 분석할 수 있는 새로운 기술을 개발하였다.

그로부터 11년이 지난 1988년에는 미국에서 한번 실험으로 200~500개의 염기서열만을 분석할 수 있는 Sanger 염기서열 분석법을 이용하여 약 33억 개의 염기서열을 갖고 있는 인간의 염색체 염기서열 전체를 분석하겠다는 '무모한 도전'을 시도하면서 인체게놈연구(Human Genome Project)가 시작되었다.

제임스 듀이 왓슨(James Dewey Watson)은 국립인간게놈연구센터의 초대 소장으로 일했으며, 인간게놈프로젝트는 2003년 4월에 완료되었다. 새로운 도전은 새로운 기술을 창조하였다. 인간게놈 연구가 진행되는 동안 미국의 민간기업들에 의해서 '차세대 시퀀싱(Next-Generation Sequencing)'이라는 DNA 염기서열의 고속분석 방법이 개발되었다. 그 결과 한 사람의 23쌍 염색체 DNA를 전부 해독하는 데 'Sanger 염기서열' 분석방법을 사용하면 약 13년이라는 시간과 미화 30억 달러가 필요한 데 비하여, '차세대 시퀀싱(NGS)' 기술을 사용하면 약 일주일이라는 시간과 미화 1천 달러 정도면 가능하게 되었다. 개인이 원한다면 누구나 자신의 전체 염색체 DNA 염기서열을 파악할 수 있는 시대가 도래한 것이다.

인간게놈연구를 진행하면서 얻은 경험을 확장하여, 미국에서는 2007년부터 인체의 피부, 입, 코, 대장, 질 등 인체의 여러 부위에서 발견되는 미생물 군집의 특성을 파악하는 것을 목표로 하는 인체미생물군집(Human Microbiome Project) 연구를 시작하였다. 2014년에 발표한 인체미생물군집의 1차 연구결과에 의하면, 인체의 세포수는 약 30조 개이고, 인체 세포수와 미생물 세포수의 비율은, 개인의 나이와 신체 구성에 따라 차이가 있긴 하지만, 대략 1:1 정도이다. 인체미생물군집 연구결과로 얻은 새로운 많은 정보는 인체에 분포하는 미생물군집이 인간의 건강이나 질병에 미치는 역할을 이해하는 데 큰 도움을 주었다.

과거에는 인체 속에 있는 미생물의 분리와 배양이 힘들어서 제대로 된 연구를 수행할 수 없었지만, 오늘날은 인체 미생물의 DNA를 분리하여 '차세대 시퀀싱' 기술을 이용하면 인체 속의 미생물 분포나 밀도를 비교적 상세하게 파악할 수 있다. 건강한 사람과 특정한 질병을 갖고 있는 사람의 인체 미생물의 분포가 어떻게 달라져 있는가를 비교해 보면, 인체 속의 미생물들이 건강이나 노화에 어떤 영향을 주고 있으며 또 어떤 상관관계가 있는지를 신속하게 파악할 수 있게 되었다.

과학자들이 연구한 결과에 의하면, 그동안 인간에게 나타났던 각종 대사질환, 면역질환, 호흡기 질환, 심혈관 질환, 신경퇴행성 질환, 노인성 질환 등이 모두 인체에 있는 미생물 군집의 변화와 깊은 연관이 있다는 것을 이해하게 되었다.

최근에는 100세 이상 노인들의 장내 미생물 군집을 조사하면서 장내 미생물 군집이 면역노화의 진행과 노년기의 기대수명에 큰 영향을 준다는 사실을 알게 되었다. 이러한 정보는 일상적인 식생활습관을 통해 형성되는 인체 미생물들이 미래의 건강에 매우 중요한 역할을 하고 있음을 시사한다.

"역사는 아는 것만큼 느낀다."라는 말이 있듯이, 미생물도 아는 것만큼 느낄 수 있다. 인체 미생물의 특성에 대하여 많이 알면 알수록 건강 증진을 위한 더 효과적인 방법을 개발할 수 있을 것이다.

## 입안에 있는 박테리아

입안의 박테리아 수는 대장에 있는 박테리아 수의 1% 미만이나, 박테리아 종류는 약 700개 이상이다. 치태 1g에 수십억 개의 박테리아가 포함되어 있는데 성인은 침과 함께 하루에 약 1,500억 개의 구강 미생물이 몸 안으로 들어간다.

입안에 있는 미생물이 식도를 통하여 장으로 들어오면 신체 전반에 염증이나 다양한 질병을 유발하는데 관여할 수 있다. 충치로 이가 빠진 사람은 위암에 걸릴 위험이 정상인보다 2배 높으며 식도암에 걸릴 위험도 1.5배 높다고 한다. 충치에서 자주 발견되는 미생물들은 다양한 종류의 암 발생과도 연관이 있다.

치아의 조직은 뇌신경과 연결되어 있으므로 치아가 손상되면 뇌 기능에 영향을 줄 수 있다. 따라서 정기적으로 칫솔, 치실, 구강 청결제를 사용하여 치아, 잇몸, 입안을 깨끗하게 유지하는 것이 중요하다. 치실은 칫솔이 닿지 않는 치아 사이의 음식물 찌꺼기를 제거하는 데 필수적이다. 이러한 음식물 찌꺼기가 완전히 제거되지 않으면 박테리아가 증식하여 잇몸 염증과 치은염, 치주염과 같은 질병을 일으킬 수 있다. 만성적인 잇몸 질환이나 치주 질환은 치매, 알츠하이머병과 같은 신경퇴행성 질환의 발병과 연관될 수 있다.

최적의 치아 건강을 위해서는 정기적으로 양치질을 한 후 치실을 사용하고, 구강 청결제를 사용하는 것이 좋다. 구강 청결제는 입안의 박테리아 수를 줄이는 데 도움이 된다. 일반적으로 식사 후에 양치질과 치실을 사용한 후 구강 청결제를 사용하는데, 일부의 구강 미생물은 인체 건강에 긍정적인 영향을 줄 수 있으므로 구강 청결제는 30초 이하로 사용하는 것이 좋다.

입안에 분포하는 대표적인 박테리아는 푸소박테리움(Fusobacterium), 나이세리아(Neisseria), 프레보텔라(Prevotella), 타너렐라(Tannerella), 트레포네마(Treponema), 베일로넬라(Veillonella) 등이 있다. 입안의 미생물들이 치아나 잇몸 등 지지체에 붙어서 끈적끈적한 다당류와 단백질 등으로 이루어진 고분자 물질을 분비하여 생물막(biofilm)을 형성한 것을 치태(dental plaque)라고 부른다.

생물막이 형성되는 초기에는 산소가 있는 환경을 선호하는 호기성인 스트렙토코커스(Streptococcus), 방선균(Actinomyces) 등이 관여하나, 균체가 많아져서 생물막 내에 산소가 부족해지면 산소가 없는 환경을 선호하는 혐기성인 푸소박테리움(Fusobacterium), 트레포네마(Treponema) 등의 균주가 증식하게 된다.

많은 구강 미생물들이 포함되어 있는 생물막이 치아 표면의 무기질과 만나면 단단한 치석으로 변한다. 치석을 방치하면 잇몸이 부어오르고 출혈이 종종 발생하는 치은염이 되고, 치은염 상태가 지속되면 치아 주변의 조직이 손상을 입어서 치아가 흔들리는 치주염으로 발전한다.

치주염에서 자주 발견되는 박테리아 균주는 푸소박테리움 뉴클레아텀(Fusobacterium nucleatum), 포르피로모나스 진지발리스(Porphyromonas gingivalis), 프레보텔라 인터미디어(Prevotella intermedia), 타너렐라 포시시아(*Tannerella forsythia*), 트레포네마 덴티콜라(*Treponema denticola*) 등이 알려져 있다. 특히 푸소박테리움 뉴클레아텀은 암 세포벽에 강하게 부착하여 산화질소(NO) 같은 영양분을 제공하면서 암세포와 공생 관계를 유지하기 때문에 식도암, 위암, 대장암, 췌장암 등의 종양 진행을 촉진할 수 있다.

입안에 있는 미생물들은 인체에 유익한 역할을 하기도 한다. 녹색 잎채소와 뿌리채소에 많이 포함되어 있는 질산염($NO_3$)은 구강에 있는 혐기성 박테리아가 가지고 있는 질산염 환원효소에 의하여 아질산염($NO_2$)으로 변환된다. 질산염을 아질산염으로 환원시킬 수 있는 구강 미생물은 코이네박테리움(*Coynebacterium*), 나이세리아(*Neisseria*), 베일로넬라(*Veillonella*) 등이 있다.

미생물의 효소에 의하여 전환된 아질산염은 위 속에서 위산과 반응하여 산화질소(NO)로 전환된다. 산화질소는 인체의 혈관을 이완시켜 혈액의 순환을 원활하게 하고, 혈압조절, 면역작용, 성장호르몬 분비, 발기부전 개선, 항산화 작용 등 다양한 생리 활성에 도움을 준다. 혈액에서 산화질소 농도가 부족하면 혈액이 덩어리져서 혈관이 막히거나 종양세포의 발생률이 높아지고, 산화질소 농도가 높으면 종양세포의 증식이 억제될 수 있다.

## 식도에 있는 박테리아

박테리아들은 세포벽의 구조에 따라 두 그룹으로 분류한다. 그람염색을 할 때 보라색으로 염색되는 그람양성균의 세포벽은 약 80~90%가 펩티도글리칸 층이며 외막이 없다. 그러나 그람염색을 할 때 붉은색으로 염색되는 그람음성균의 세포벽은 10~20%가 펩티도글리칸 층이며 외막에 리포다당류(LPS: Lipopolysaccharide)를 갖고 있다.

그람음성균의 리포다당류가 혈액으로 방출되면 인체의 면역세포들은 그것을 세균의 침입으로 인식하여 면역방어를 위하여 '사이토카인(Cytokine)'을 분비하기 때문에 리포다당류는 내독소(endotoxin) 역할을 한다.

정상인의 식도에는 스트렙토코커스(*Streptococcus*), 유박테리움(*Eubacterium*), 제멜라(*Gemella*)와 같은 그람양성균이 많으나, 식도염과 같이 식도 부위에 염증이 있을 경우에는 푸소박테리움(*Fusobacterium*), 프레보텔라(*Prevotella*), 베일로넬라(*Veillonella*)와 같은 그람음성균이 증가한다. 이는 염증 상태에서 발생하는 면역반응, 산소농도 변화, pH 변화 등 여러 요인이 복합적으로 작용하여 그람음성균의 증식을 촉진하기 때문이다.

그람음성균의 세포벽에 있는 리포다당류가 혈액에 노출되면 면역세포들이 분비하는 염증성 사이토카인으로 인해 식도염 증상이 악화될 수 있다. 역류성 식도염이 있는 환자가 고지방 음식을 자주 섭취하면 담즙산 구성의 변화로 인해 위와 연결된 식도 끝부분의 점막 조직이 위 조직으로 변하는 바렛 식도(Barrett's esophagus)가 생성될 수 있다.

역류성 식도염이 지속되면 입안에서 치주 질환을 일으키는 포르피로모나스 진지발리스(*Porphyromonas gingivalis*), 스트렙토코커스 안기노서스(*Streptococcus anginosus*), 타너렐라 포시시아(*Tannerella forsythia*) 같은 세균들이 식도로 들어와서 염증을 악화시키고, 이는 식도암 발생 위험을 높일 수 있다.

역류성 식도염 치료를 위해 위산 억제제를 자주 복용하면 위산분비 감소로 인해 위 속을 통과한 많은 구강 미생물들이 장으로 들어가서 과민성 장 증후군을 비롯한 다양한 질병 발생의 원인이 되기도 한다.

# 위에 있는 박테리아

평상시에 위를 보호하기 위해서는 음식물을 입안에서 오랫동안 씹어서 침과 잘 섞이도록 하고, 천천히 식사하여 음식물이 위산과 충분히 혼합되도록 하고, 식사 중에 국물이나 음료수를 너무 많이 마셔서 위산의 농도가 희석되지 않도록 하는 식습관이 필요하다.

음식물이 위 안으로 들어오면 위는 pH 1.5~3.5의 강한 산성을 띄는 위액을 분비하여 음식물이 분해되기 쉽도록 도우며 음식물에 포함된 많은 미생물들을 죽이는 살균작용도 병행한다. 강한 위산으로 인하여 위 속에는 미생물이 없을 것 같으나 위 속에도 1ml당 100~1,000개의 박테리아들이 위점막 부위에 존재하고 있다.

위 점막에서 쉽게 증식하는 미생물로는 헬리코박터 파이로리(*Helicobacter pylori*) 균이 있다. 헬리코박터균은 요소(urea)를 분해하여 암모니아를 생성하며 위산을 중화할 수 있는 능력이 있다. 위 안에서 헬리코박터균이 증식하면 다른 미생물들이 그곳으로 몰려와 생물막을 형성하며 헬리코박터균과 공생 관계를 맺게 된다.

그러면 위 안에서 증식하는 미생물들을 공격하기 위해 많은 면역 세포들이 몰려와서 다량의 염증성 사이토카인을 분비하는데, 이는 주변의 위 점막 세포들을 손상시켜 위염이나 위궤양 등을 유발할 수 있다. 헬리코박터균은 감염된 사람의 타액이나 음식을 나눠 먹는 등의 구강-구강 및 대변-구강 경로로 다른 사람에게 전파될 수 있어 특별한 주의가 필요하다.

헬리코박터균에 의해 촉진된 염증성 환경은 위 점막 세포의 염색체에 비정상적인 메틸화를 유도하여 유전자의 기능을 변화시키는 후성유전학적(epigenetics) 변화를 일으킬 수 있다. 이러한 후성유전학적 변화는 항생제

복용으로 헬리코박터균이 모두 사멸된 후에도 지속되어 나중에 위암 발생의 원인이 되기도 한다.

　햄이나 소시지 같은 가공육에 들어 있는 질산염은 위산이 있는 환경에서 클로스트리디움(*Clostridium*), 네이세리아(*Neisseria*), 베일로넬라(*Veillonella*) 같은 박테리아의 효소에 의해 아질산염으로 전환될 수 있으며, 아질산염은 아민류와 반응하여 발암 물질인 니트로소아민 화합물로 전환될 수 있어 질산염이 포함된 가공육 섭취 시에는 주의가 필요하다.

## 소장에 있는 박테리아

　인체에 분포하는 미생물의 수를 비교해 보면 1ml당 입안에서 $10^8$~$1,0^{10}$개, 위 속과 소장의 십이지장에서 약 $10^2$~$10^3$개, 소장의 중간 부위인 공장에서 약 $10^3$~$10^4$개, 소장의 끝부분인 회장에서 약 10억($10^7$~$10^9$) 개, 대장의 결장 부위에 약 1조($10^{10}$~$10^{14}$) 개 정도 분포하고 있다.

　소장과 대장에는 대부분 박테리아가 차지하고 있고 장내 미생물의 전체 무게는 성인의 경우 약 1kg 정도이다. 소장은 장벽에 1mm 정도의 융털이나 있어서 영양분 흡수를 위한 최대의 표면적을 가지고 있다. 성인의 소장 길이는 약 6~8m 정도로 가늘고 길며 대장의 길이는 약 1.5m 정도로 짧고 굵다.

　뇌에는 약 1,000억 개의 뉴런이 있는데 장 신경계(enteric nervous system)에도 약 4~6억 개의 뉴런이 있다. 뇌는 미주 신경(vagus nerve)을 통해 다양한 기관과 생리적 기능 조절을 위한 정보를 교환한다. 뇌 신경세포와 연결된 미주 신경은 장 신경계를 포함하여 귀, 입, 식도, 심장, 폐, 위, 간, 췌장, 신장, 비장, 담낭 등과 연결이 되어 있다(〈그림 11-1〉 참고).

귀, 입, 목에 연결된 미주 신경은 일상 활동에서 말하기, 삼키기 등에 중요한 역할을 하고, 식도(esophagus)에 연결된 미주 신경은 음식물을 위로 이동시키는 역할을 돕는다. 심장(heart)에 연결된 미주 신경은 심장 박동수를 조절하는 데 도움을 주고, 폐(lung)에 연결된 미주 신경은 호흡과 관련된 근육을 제어하고 기관지 수축과 확장을 조절한다. 위(stomach)에 연결된 미주 신경은 위산과 소화 효소의 생성을 촉진하여 소화를 돕고, 장(intestine)에 연결된 미주 신경은 연동운동을 강화하고 장의 영양분 흡수를 촉진한다.

간(liver)에 연결된 미주 신경은 포도당의 저장 및 방출을 비롯한 간 기능에 관여하고, 췌장(pancreas)과 연결된 미주 신경은 인슐린과 소화 효소의 방출을 자극한다. 신장(kidney)과 비장(spleen)에 연결된 미주 신경은 각각 전해질 균형과 면역 기능을 조절하는 것에 도움을 준다. 담낭(gallbladder)에 연결된 미주 신경은 지방을 소화하는 데 필요한 담즙을 방출하는 것에 도움을 준다. 그러므로 미주 신경계는 뇌 신경계와 함께 신체의 항상성 유지를 위하여 매우 중요한 역할을 한다.

● 그림 11-1 뇌-입-식도-폐-심장-위-간-장을 연결하는 미주 신경

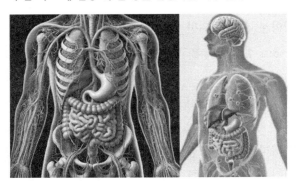

뇌 신경계와 장에 연결된 미주 신경계는 호르몬, 신경전달물질, 장내 미생물들의 대사산물 등을 통해 실시간으로 중요한 정보를 교환하고 있다. 예를 들면 뇌가 정신적인 스트레스를 받을 때 분비되는 '코티솔' 호르몬은 장으로 전달되어 장의 연동운동과 장내 미생물 군집의 구성에 영향을 준다. 반대로 행복 호르몬으로 알려진 '세로토닌'은 장에서 약 90%가 생성되어 뇌로 전달되어 식사 후 만족감을 준다. 이러한 장과 뇌의 연결망을 장-뇌 축(Gut-Brain Axis)이라고 한다. 소장과 대장에는 면역 세포의 약 70%가 분포하고 있기 때문에 인체의 면역 반응도 장-뇌 축을 통하여 조절된다.

장에 있는 미생물은 소화, 면역조절, 비타민 생성 등 다양한 기능을 수행한다. 인간은 약 2만 3천 개의 단백질 유전자를 갖고 있지만, 장내 미생물 군집은 약 300만 개가 넘는 단백질 유전자를 갖고 있다. 그러므로 인체의 효소가 분해할 수 없는 음식물도 바실리(Bacilli), 클로스트리디아(Clostridia), 프로테오박테리아(Proteobacteria) 같은 장내 미생물들은 분해할 수 있다. 음식물에 포함된 탄수화물, 단백질, 지방 등과 같은 영양소는 각각 아밀라제(Amylase), 프로테아제(Protease), 리파아제(Lipase) 등에 의해 분자량이 작은 당, 아미노산, 지방산 등으로 분해된다.

소장의 점막은 영양분 흡수를 위하여 단일 점액층으로 되어있기 때문에 음식물 성분에서 분해된 분자량이 작은 분자들은 장 점막을 통과하여 혈액으로 들어가서 다른 세포들의 에너지원으로 이용된다. 인체에 필요한 단백질, 지방, 탄수화물, 미네랄, 비타민 등은 소장을 통과하면서 대부분 장에서 흡수된다. 소장에서 흡수된 영양소는 혈액을 통해 간으로 전달되는데, 간은 이런 영양소들을 가공하여 저장하거나 필요한 곳으로 보낸다. 음식물과 함께 유입된 유해한 성분도 간에 흡수될 수 있는데, 간은 이러한 독소나 몸에 해로운 물질을 제거하는 역할을 하며 약물 대사에 중요한 역할을 한다.

장내 미생물이 생산하는 짧은 사슬 지방산은 혈류를 통해 간에 전달되어 간의 대사 과정을 돕고, 간에서 생성된 담즙은 담도를 통해 장으로 배출되어 지방 소화를 돕는다. 장내 미생물들이 만드는 염증 신호가 간에 전달되면 간에 있는 면역 세포들이 반응을 한다. 이러한 장과 간 사이의 정보 연결망을 장-간 축(Gut-Liver Axis)이라고 한다. 장-간 축의 균형이 깨어지면 간의 대사조절, 해독기능, 면역조절 등이 나빠지면서 건강에 다양한 문제가 발생할 수 있다.

장의 기능은 신경전달물질 및 호르몬 신호를 통해 폐의 기능과도 상호작용을 한다. 폐에 있는 적은 양의 미생물들의 증식은 혈류를 통해 전달되는 장내 미생물의 대사산물에 영향을 받는다. 장과 폐 사이의 정보 연결망은 장-폐 축(Gut-Lung Axis)이라고 한다. 장-폐 축의 균형이 깨어지면 폐의 염증으로 인하여 천식과 같은 호흡기 질환이 악화될 수 있다.

건강한 장내 미생물 균형은 피부 건강에도 중요한 역할을 한다. 피부는 비타민 C, E, 아연, 오메가-3 지방산 등 다양한 영양소에 의해 영향을 받는데, 장에서 이러한 영양소 흡수가 잘 이루어지지 않으면 피부 건강이 나빠진다. 혈류를 통해 피부세포에 전달된 장내 미생물의 독소는 여드름, 건선, 습진 등의 피부 염증을 유발하거나 악화시킬 수 있다. 정신적인 스트레스도 피부의 염증 반응을 증가시키고 피지 분비를 촉진하여 여드름을 유발하는데 일조할 수 있다. 이러한 장과 피부의 정보 연결망을 장-피부 축(Gut-Skin Axis)이라고 한다. 장-피부 축을 통하여 장과 피부는 서로 긴밀하게 연결되기 때문에 장내 미생물의 불균형은 피부 질환의 원인이 될 수 있다. 장내 미생물 생태계의 균형은 피부 건강을 위해서도 매우 중요하다.

소장에는 산소가 소량이긴 하지만 대장보다는 많이 존재하며, pH도 6.0~7.4 정도로 중성이고, 다양한 영양물질도 많아서 미생물들이 증식하기에 좋은 환경이다. 소장에 있는 미생물의 세포 수가 많아지면 인체에 중요한 영양원을 결국 미생물들에게 빼앗기는 셈이 된다. 그러므로 소장은 연동

운동과 분절운동을 통해서 미생물의 과증식이 일어나지 못하도록 신속하게 음식물을 대장으로 이동시킨다. 소장에 들어온 음식물은 약 6시간이 지나면 산소가 없는 혐기성 환경인 대장 속으로 들어간다. 대장에는 세포 증식을 위해서 산소가 없는 환경을 더 선호하는 혐기성 박테리아들이 다수를 차지하고 있다.

소장의 연동운동이 정상적인 속도보다 느려지게 되면 소장 내에 음식물의 체류 시간이 길어지면서 소장 내에서 박테리아의 과증식이 발생하게 된다. 정신적인 스트레스가 심하면 뇌의 시상하부가 분비하는 '코티솔' 호르몬 영향으로 인하여 소장의 움직임이 느려진다. 여성들은 정신적인 스트레스가 없더라도 월경주기 및 기타 생식 호르몬의 변화로 인하여 소장의 움직임이 느려질 수 있다. 또한 음식물을 과식하면 미생물의 발효 과정에서 생성되는 가스가 많이 발생하여 소장의 움직임이 불규칙해지면서 정상적인 소장의 연동운동이 방해를 받을 수 있다.

소장의 운동성이 느려지면 장내 음식물의 체류 시간이 길어지면서 변비가 발생하게 된다. 변비 증세가 심하면 소장에서 생성된 가스가 대장 쪽으로 배출되지 못하고 위쪽으로 올라가면서 트림이나 역류성 식도염을 유발할 수 있다.

소장 내에서 미생물이 과증식하여 1ml당 10만 개 이상이 되면 '소장 내 세균의 과증식(SIBO: Small Intestinal Bacterial Overgrowth)'이라고 한다. 입안에 있는 구강 미생물이 소장에 들어와 과증식하거나, 변비로 인해서 대장에 있는 박테리아가 소장으로 들어와서 과증식할 수도 있다.

이외에도 노화가 진행되면서 운동 부족, 위산분비 저하, 담즙분비 저하, 면역 기능 저하 등의 원인으로도 SIBO 증상이 발생할 수 있다. 소장 내 세균의 과증식 현상이 발생하면 장 점막을 통과하여 박테리아가 혈액 안으로 들어오는 장 누수(leaky gut) 현상이 발생하게 된다.

소장과 대장은 몸 안에 있지만, 입에서 항문까지 이어지는 긴 터널 같은 공간 안에 들어있는 미생물들은 피부에 존재하는 미생물들과 같이 몸 외부에 있는 것과 같다. 장내의 미생물들은 손상된 장벽을 통과하여 혈관 안으로 들어올 수 있다. 소장과 대장은 인체에서 미생물들이 가장 많이 몰려 있는 곳이라서 이들의 침입을 저지하기 위하여 면역 세포들도 장벽 안쪽에 가장 많이 분포하고 있다.

피부에 상처가 생기면 몸의 면역 체계가 즉시 활성화되어 세균 침입을 막는다. 혈소판이 그 부위로 돌진해 혈전을 형성하고, 호중구나 대식세포 같은 면역 세포가 도착해 세균을 공격한다. T 세포는 미생물 침입 신호를 받아, 염증성 사이토카인(IFN-$\gamma$, IL-2, IL-6, TNF-$\alpha$)을 방출하여 다른 면역 세포들을 활성화하며 박테리아를 제거한다. 염증성 사이토카인은 주변의 건강한 인체 세포도 손상시킬 수 있어서 조절 T 세포(Treg)는 항염증성 사이토카인(TGF-$\beta$, IL-10)을 방출하여 과도한 면역 반응을 예방한다.

장에 있는 박테리아가 손상된 장 점막을 통과하여 혈류로 들어오면 이와 같은 면역 체계가 작동하면서 장벽에 붉은색의 염증이 발생한다. 장벽에 발생한 만성적인 저등급 염증은 면역 체계와 미주 신경 및 장과 관련된 다양한 축(장-뇌, 장-간, 장-폐, 장-피부)을 통해 모든 신체에 부정적인 신호를 계속 보내기 때문에 인체의 면역력이 저하될 수 있다. 그러므로 장벽의 만성적인 저등급 염증을 적절한 조치 없이 오랫동안 방치할 경우, 인체의 전반적인 면역 기능이 약화 되어 시간이 지나면서 관절염, 천식, 건선, 당뇨병, 지방간 질환, 췌장염, 우울증, 섬유근육통, 다발성 경화증, 파킨슨병, 알츠하이머병, 치매 등 광범위한 질병으로 이어질 수 있다.

SIBO 증상을 예방하려면 백미, 밀가루 등 소장에서 분해되기 쉬운 정제된 탄수화물 대신 현미, 오트밀(귀리), 고구마, 퀴노아 등 소장의 박테리아들이 분해하기 어려운 복합 탄수화물과 식이섬유가 포함된 식품을 자주 섭취하는 것이 좋다.

　보리, 표고버섯, 해초 등에서 발견되는 '베타글루칸(Beta-Glucan)', 치커리, 양파, 마늘, 약간 덜 익은 바나나에서 발견되는 '이눌린(Inulin)', 야채, 버섯, 해초, 사과, 복숭아, 딸기, 블루베리 등에서 발견되는 '팩틴(Pectin)'은 장 건강에 영향을 미치는 중요한 섬유질이다. 식물의 세포벽에는 셀룰로오스, 헤미셀룰로오스, 리그닌과 같은 비소화성 섬유질이 포함되어 있어 장 내용물의 점도를 높이고 소장의 연동운동을 촉진한다. 섬유질을 자주 섭취하면 건강한 장을 유지하는 데 도움이 된다.

## 대장에 있는 박테리아

　대장에는 소량의 산소가 있을 때 기능할 수 있는 조건성 혐기성 미생물이 존재하지만, 일반적으로 산소가 거의 없는 환경이어서 절대 혐기성 미생물들이 다수를 차지하며 건강 증진에 중요한 역할을 한다.

　소장을 통과한 동물성 식품 성분이 대장에 도달하면, 일부 혐기성 미생물이 이를 분해하여 아미노산을 만들면서 암모니아, 황화수소, 인돌, 스카톨 등의 대사산물이 생성된다. 암모니아는 장 점막의 pH를 변화시켜 장 점막 세포의 손상을 유발하며 장내 미생물이 혈류로 침투할 가능성을 높인다. 황화수소는 장 상피 세포의 DNA를 손상시킬 수 있어서 대장암의 위험을 증가시키며, 대장염, 크론병과 같은 염증성 장 질환을 유발할 수도 있다. 강한 악취를 가진 인돌과 스카톨은 대장 상피 세포에 독성이 있고 유해균의 성장을 촉진할 수 있다.

　그러나 복합 탄수화물이나 식이섬유와 같이 난분해성 식물성 성분이 소장을 지나서 대장에 도달하면, 다수의 혐기성 미생물이 이것을 분해하여 탄소가 두 개(C2)인 아세테이트(acetate), 세 개인(C3)인 프로피오네이트(propionate), 네 개(C4)인 부티레이트(butyrate) 같은 단쇄지방산(SCFA: Small Chain Fatty Acid)을 생성한다: 이들의 밀도는 몰 비율로 아세테이트(C2), 프로피오네이트(C3), 부티레이트(C4)가 약 3:1:1 정도이다.

아세테이트(C2)는 인체의 신진대사와 식욕조절에 중요한 역할을 하고, 프로피오네이트(C3)는 간에서 포도당 생성을 조절하는 데 관여하여 혈당 수치를 조절하는 데 도움을 준다. 부티레이트(C4)는 대장 상피세포의 주요 에너지원으로 사용되며 장벽 보호에 필수적인 뮤신(mucin) 생산을 촉진한다. 이와 같은 단쇄지방산(SCFA)은 장내 환경을 산성으로 만들어 유익한 다른 미생물들의 성장을 촉진하여 장 건강을 유지하는 데 도움이 된다.

동물성 식품과 섬유질이 적은 식단은 대장 내 유익한 혐기성 미생물의 다양성과 개체 수를 감소시킬 수 있다. 동물성 식품을 주로 섭취하고 식물성 식품을 적게 섭취하면 대장의 혐기성 미생물은 결국 음식이 부족해지고 영양 결핍 상태가 된다. 그러면 이들 혐기성 미생물은 식이섬유인 셀룰로오스와 유사한 구조를 갖고 있는 장 점막층의 뮤신을 분해하여 필요한 에너지를 얻는다.

뮤신이 분해되면 장 점막층이 얇아지고 장 세포벽을 통과하여 혈관에 침투하는 장내 미생물의 수가 증가한다. 종종 '장 누수'라고 불리는 이런 상태는 미생물들이 혈관으로 들어오기 때문에 면역 반응을 촉발한다. 많은 미생물의 침입을 차단하기 위해 대기 중인 면역 세포가 활성화되어 많은 염증성 사이토카인을 분비한다. 이렇게 많이 분비된 사이토카인은 혈류를 통해 몸 전체를 순환하며 만성 저등급 염증을 유발한다. 신체 곳곳에 발생하는 만성 저등급 염증은 전반적인 면역력을 저하시켜 인체의 면역노화 과정을 촉진한다.

대장에는 기능적으로 단단한 내부층과 느슨한 외부층으로 나눌 수 있는 연속적인 점액층으로 구성되어 있다. 내부 점액층은 상대적으로 무균 상태이며 상피 세포를 보호하는 소수의 박테리아가 포함되어 있다. 내부 점액층에 상주하고 있는 혐기성 박테리아인 아커만시아 뮤시니필라(*Akkermansia muciniphila*)는 면역 반응을 개선하고 점액층의 온전함을 유지하는 데 도움을 주는 유익한 미생물로 알려져 있다. 백세 이상의 장수 노인들은 종종 아커만시아(Akkermansia) 및 크리스텐세넬라(Christensenellaceae)과 계통의 유익한 혐기성 미생물을 포함하여 다양한 장내 미생물을 보유하고 있다. 장내 미생물군집의 다양성이 높을수록 감염과 염증에 더 잘 저항할 수 있다.

외부 점액층에는 많은 혐기성 미생물들이 분포하고 있다. 대장 내 혐기성 미생물의 97% 이상을 차지하고 있는 박테리아 문(phylum)은 피르미쿠테스(Firmicutes, 60~65%), 박테로이데테스(Bacteroidetes, 20~25%), 프로테오박테리아(Proteobacteria, 5~10%), 액티노박테리아(Actinobacteria, 3%) 순으로 분포하고 있다.

대장의 혐기성 미생물 중에서 그람양성균인 피르미쿠테스(일명 Bacillota)와 그람음성균인 박테로이데테스(일명 Bacteroidota)가 약 87%로 다수를 차지하고 있다. 피르미쿠테스 문에 속한 미생물은 락토바실러스(*Lactobacillus*), 패칼리박테리움 프라우스니치이(*Faecalibacterium prausnitzii*), 유박테리움 렉테일(*Eubacterium rectale*) 등이 있고, 박테로이데테스 문에 속한 미생물은 박테로이데스(*Bacteroides*), 프레보텔라(*Prevotella*), 파라박테로이데스(*Parabacteroides*) 등이 있다.

대장 내 혐기성 세균이 건강에 미치는 영향은 동물실험을 통해 알게 되었다. 고영양 식단과 저영양 식단을 섭취한 비만 쥐와 마른 쥐의 장내 미생물을 비교한 결과, 비만 쥐는 마른 쥐에 비해 피르미쿠테스의 비율이 증가하고 박테로이데테스의 비율은 감소한 것으로 나타났다. 그 이후 마른 쥐의 장내 미생물을 분리하여 비만 쥐에게 주입하고 키웠더니, 비만 쥐의 체중이 감소하면서 마른 쥐의 분포와 비슷하게 피르미쿠테스의 비율이 낮고 박테로이데테스의 비율은 높게 나타났다.

인간을 대상으로 한 임상실험에서도 동물실험 결과와 유사한 패턴이 관찰되었다. 비만 환자에게 1년간 저탄수화물, 저지방 식단을 제공한 결과 상당한 체중 감소가 나타났다. 동시에 이들 환자의 장내 미생물군에서는 박테로이데테스에 비해 페르미쿠테스의 비율이 현저히 감소하였다. 이러한 실험 결과는 피르미쿠테스 문의 박테리아가 비만과 관련이 있음을 시사한다.

대장의 혐기성 미생물은 체중만 아니라 인간의 수명에도 영향을 미친다. 노인 인구를 조사한 보고서에 따르면 80~99세의 장수 노인들은 60~79세의 젊은 노인들에 비해 피르미쿠테스의 비율은 낮고 박테로이데테스의 비율은 더 높은 것으로 나타났다. 이는 박테로이데테스 문의 박테리아가 면역 기능을 증진시켜 수명 연장에 기여할 수 있음을 시사한다.

대장에 분포하는 혐기성 미생물들이 인체의 건강 증진에 미치는 유익한 역할을 정리해 보면 다음과 같다.

- 단쇄지방산(SCFA)을 생산하여 장 장벽을 강화함으로 만성 저급 염증의 발생을 억제한다.
- 소장에서 분해되기 어려운 복합 탄수화물, 식이섬유, 식이 폴리페놀을 이용하여 주요 대사산물을 생산한다.
- 장-간 축(Gut-Liver Axis)을 통해 간의 지방 축적을 방지하여 간 건강을 보호한다.
- 장-폐 축(Gut-Lung Axis)을 통해 호흡기 질환을 예방한다.
- 장-피부 축(Gut-Skin Axis)을 통해 피부 질환 예방에 도움을 준다.
- 식품에서 추출되는 필수 비타민과 철분과 칼슘, 마그네슘, 아연 등의 미네랄 흡수를 도와준다.

- 면역 세포들에게 유해한 세균과 무해한 세균을 구별하도록 훈련 시켜서 자가면역질환을 예방하고 면역 기능을 강화한다.
- 혈액 응고와 에너지 생성에 중요한 비타민 K와 비타민 B12와 같은 영양소를 합성한다.
- 비만과 관련된 염증 반응을 감소시켜 비만으로 인한 합병증을 예방한다.
- 콜레스테롤을 분해하거나 흡수를 방해하며 혈중 지질 수치를 낮추어 심혈관 건강을 보호한다.
- 장내 독성 대사물질이나 발암 물질을 분해하여 암 발생 위험을 낮춘다.
- 수면 패턴을 조절하는 신체 내부의 일주기 리듬에 영향을 미쳐 수면의 질과 지속 시간을 향상시킨다.
- 세로토닌(Serotonin), 도파민(Dopamine), 감마아미노부티르산(Gamma-Amino Butyric Acid) 같은 신경전달물질을 생산하여 장-뇌 축(Gut-Brain Axis)을 통해 뇌의 인지 기능과 기억력 향상에 도움을 주고 우울증과 같은 정신 질환의 발생을 예방한다.
- 항산화 물질을 생성하여 체내의 산화 스트레스를 줄여서 노화 속도를 느리게 하는 것에 도움을 준다.

평소에 건강한 식생활습관을 유지하여 인체에 유익한 혐기성 미생물들의 생태계를 잘 보호하면 이러한 다양한 과정들이 최적화되어 전반적인 신체 및 정신 건강을 증진시킬 수 있다.

# 미래의 건강을 위한 식생활 습관

우리가 '건강하다'라는 것은 단지 질병이나 허약함이 없음을 뜻하는 것이 아니라 '정신적, 신체적, 사회적'인 상태가 조화롭게 통합되어 '뇌와 신체와 영혼이 하나인 자아(self)'가 온전하게 작동하도록 균형을 이루고 있음을 의미한다.

신체의 면역 기능 저하는 일반적으로 40대 중반부터 시작한다. 면역 기능 저하에는 유전적 요인, 생활 방식, 만성 질환, 환경적 요인 등 여러 요인의 영향을 받지만 60세 이상의 노인들은 감염에 더 취약하고, 자가면역질환 및 암세포 발생 위험이 증가한다. 노화가 진행됨에 따라 면역 기능의 조절 장애가 나타나는데 이를 '면역노화(immunosenescense)'라고 한다.

면역노화의 원인은 나이가 들면서 새로운 T 세포 생산을 담당하는 흉선(thymus)의 활동성이 떨어져서 적응면역에 중요한 새로운 T 세포의 생산량이 감소하고, 새로운 항원에 반응하는 효과가 떨어지는 노화된 T 세포가 많이 축적되면서 전체적인 면역 기능이 저하된다. 그리고 유전자를 번역해서 단백질을 만드는 과정에 영향을 미치는 후생유전학적인 변화가 T 세포를 포함한 면역 세포의 기능에 영향을 미치고, 활성산소종(ROS: Reactive Oxygen Species)의 증가로 인해 세포의 에너지 생산에 필수적인 미토콘드리아의 기능이 감소하면서 면역 세포의 기능이 저하된다.

활성산소종은 짝을 이루지 않은 원자가 전자로 인해 반응성이 높고 불안정하여 이웃하는 거대분자들의 전자를 강하게 빼앗는 경향이 있다. 인체 세포는 활성산소종의 유해한 영향을 예방하기 위해 슈퍼옥사이드 디스뮤타제(Superoxide Dismutase) 효소를 이용하여 활성산소종을 화학 반응성이 약한 다른 분자로 신속하게 전환시킨다.

일상생활에서 과식, 수면 부족, 과도한 스트레스 및 노화 등으로 인해 과도하게 생성되는 활성산소종은 신체의 항산화 방어력을 압도하여 면역 노화의 진행 과정을 촉진 시킨다. 그러므로 면역노화 속도를 늦추기 위해서는 활성산소종의 과도한 생성을 억제하는 건강한 식생활습관을 갖는 것이 필요하다.

하루의 에너지 요구량을 충족하며 전반적인 건강을 유지하려면 이상적으로 탄수화물(55~60%), 단백질(7~20%), 지방(15~30%)의 비율로 섭취할 수 있도록 다양한 식품을 골고루 섭취하는 것이 필요하다. 건강 증진을 위해서는 동물성 중심의 서구식 식단을 멀리하고 식물성 중심의 지중해식 식단을 선택하는 것이 필수적이다. 동물성 중심의 서구식 식단은 포화지방, 가공식품, 붉은 고기가 많이 포함되어 있어 소장 내 세균 과증식(SIBO)과 많은 활성산소종(ROS)이 발생할 수 있기 때문이다. 이러한 요인은 모두 만성 저등급 염증을 유발하여 심혈관 질환, 대사 장애, 염증성 질환 등 다양한 건강 문제를 일으킬 수 있다.

그러나 식물성 중심의 지중해식 식단은 통곡물, 과일, 채소, 견과류, 씨앗, 올리브 오일 등에 식이섬유와 식이 폴리페놀 성분이 많이 포함되어 있어 산화 스트레스와 신체의 염증을 줄이는 데 도움이 된다. 식물성 식품이 주는 항산화 및 항염증 효과는 심장 질환, 특정 암, 신경퇴행성 질환의 위험 감소를 포함하여 많은 건강상의 이로운 점을 제공한다.

식물성 중심의 식습관 외에도 건강을 증진하기 위해서는 걷기, 달리기, 수영, 자전거 타기 등과 같은 유산소 운동을 통해 심혈관 건강을 개선하고, 충분한 근력 운동으로 근육량을 늘리는 것이 필요하다. 나이가 들어 근육량이 감소하면 뇌에 36~43개의 아미노산이 잘못 접힌 아밀로이드-베타(Amyloid-Beta) 단백질이 축적되면서 알츠하이머나 치매의 발병 비율이 높아진다. 그러나 유산소 운동과 근력 운동을 결합하면 뇌로 가는 혈류를 증가시키고, 새로운 뇌세포의 성장을 촉진하며 뉴런 간의 연결성을 강화하여, 기억력, 언어 능력, 집중력 및 감정 조절 능력과 같은 뇌의 인지능력을 증진시킬 수 있다. 그러나 운동을 통해 강한 체력을 갖고 있다고 하더라도, 뇌 기능에 영향을 주는 정신적인 스트레스가 심하면 신체의 '투쟁 또는 도피' 반응을 담당하는 자율신경계의 일부인 교감신경계를 자극해서 심박수 증가, 혈압 상승, 근육 긴장 등의 효과가 나타난다. 정신적인 스트레스로 인하여 교감신경계가 활성화되면, '휴식과 소화'의 조절을 돕는 부교감신경계의 구성 요소인 미주 신경의 기능이 감소하여 소화 불량과 면역력 약화로 이어진다.

우리가 자의적으로 심박수 증가를 억제할 수는 없지만, 심호흡을 통해 심장박동 속도를 늦추는 것은 가능하다. 천천히 깊게 호흡하면 산소를 공급하기 위해 심장이 빨리 뛰지 않아도 되기 때문에 미주 신경이 심장에 속도를 늦추라는 신호를 보낸다. 단 1분이라도 심호흡을 하면 몸 전체에 진정 신호를 보내 불안감을 완화하고 심박수와 혈압을 조절하여 심혈관 건강에 도움을 줄 수 있다.

일반적인 심호흡 방법은 편안한 자세로 앉거나 누워서 4초 동안 천천히 숨을 깊게 들여 마시며 배꼽 바로 위 부분을 팽창시키고, 4초 동안 숨을 멈추었다가, 6초 동안 입으로 '휘~' 하는 소리를 내면서 천천히 숨을 내쉰다. 입으로 소리를 내면서 숨을 내쉬면 후두에 연결된 미주 신경을 자극하여 긴장을 좀더 효과적으로 완화시킬 수 있다. 하루 중 잠시라도 시간을 내어 5~10분 정도 심호흡을 하는 것을 반복하면, 정신적인 스트레스를 완화하여 신체 건강을 유지하는 데 도움이 될 수 있다. 참고로 조선 시대의 퇴계 이황 선생도 입으로 '취~', '휘~', '허~', '스~', '호~', '히~'라는 소리를 내면서 심호흡하는 장생술의 비법을 사용하였다.

나이가 많아질수록 면역 체계의 자연스러운 노화로 인해 뇌의 인지능력 및 기억력이 감소한다. 노인이 되어 뇌나 몸의 기능에 문제가 발생하면 점차 사회적으로 고립이 되어 외로움, 우울증, 슬픔, 미움, 분노, 후회 등 부정적인 감정에 시달리면서 건강에 좋지 않은 영향을 받게 된다. 나이가 들면서 다가오는 사회적인 고립을 피하려면 젊은 시절부터 열린 마음으로 다른 사람들과 함께 감정을 공유하며 즐겁게 대화하는 생활습관을 길러야 한다.

근육을 강화하려면 다양한 방법으로 근육을 자주 사용해야 하듯이, 뇌의 인지능력을 강화하려면 다른 사람들과 함께 대화하며 보고, 듣고, 말하고, 생각하고, 느끼는 다양한 뇌의 기능을 자주 사용해야 한다. 이런 과정을 자연스럽게 진행하기 위해서는 사회봉사, 취미동호회, 문화행사, 종교행사, 팀 스포츠, 단체모임 등과 같은 다양한 커뮤니티에 성실하게 참여하여 사회 공동체 의식과 소속감을 느끼는 것이 필요하다. 사회공동체 활동에 참여할 때는 자신보다 남의 생각을 더 존중하는 겸손한 마음, 자신의 이익보다 남의 이익을 먼저 생각하는 친절하고 사랑하는 마음을 갖도록 노력하는 자세가 필요하다. 이러한 온유한 접근 방식은 커뮤니티 내 상호작용을 풍부하게 하여 구성원들이 심리적인 안정감과 행복감을 오랫동안 누릴 수 있게 도와준다.

결론으로 요약을 하면, 식물성 기반의 지중해식 식단은 신체 활동을 지원하고, 균형 잡힌 장내 미생물 군집을 생성하며, 면역 노화의 속도를 감속한다. 그리고 충분한 유산소 운동과 근력 강화 운동은 뇌의 인지능력을 증진시켜서 주변 사람들과의 우호적인 관계 형성을 촉진한다. 이러한 건강한 식생활습관 유지를 위한 성실한 노력은, 건강 증진의 세 가지 핵심 요소인 뇌(mind), 신체(body), 영혼(soul)의 기능을 원활하게 통합하여 미래의 건강에 대한 자신감과 믿음을 갖도록 도와줄 것이다.

김규원 옮김, 마이크로바이옴, 건강과 노화의 비밀: 미생물과의 공생 네트워크, 브렛 핀레이, 제시카 핀레이 원저, 파라사이언스, 2023.

김희진, 느리게 나이 드는 기억력의 비밀, 앵글북스, 2024.

박현숙 옮김, 장내세균의 역습, 에다 아카시 원저, 비타북스, 2020.

Baechle, J. J., N. Chen, P. Makhijani, S. Winer, D. Furman, and D. A. Winer, "Chronic Inflammation and the Hallmarks of Aging", *Molecular Metabolism*, 74:101755, 2023.

Dias-Carvalho, A., S. I. Sa, F. Carvalho, E. Fernandes, and V. M. Costa, "Inflammation as Common Link to Progressive Neurological Diseases", *Archives of Toxicology*, 98(1):95-119, 2024.

Dunbar, C. L., H. M. Aukema, P. D. Calder, D. L. Gibson, S. E. Henrickson, S. Khan, G. Mailhot, S. Panahi, F. K. Tabung, M. Tom, J. E. M. Upton, D. A. Winer, and C. J. Field, "Nutrition and Immunity: Perspectives on Key Issues and Next Steps", *Applied Physiology, Nutrition, and Metabolism*, 48(7):484-497, 2023.

Malik, J. A., M. A. Zafar, T. Lamba, S. Nanda, M. A. Khan, and J. N. Agrewala, "The Impact of Aging-induced Gut Microbiome Dysbiosis on Dendritic Cells and Lung Diseases", *Gut Microbes*, 15(2):2290643, 2023.

Niero, M, G. Bartoli, P. De Colle, M. Scarcella, and M. Zanetti, "Impact of Dietary Fiber on Inflammation and Insulin Resistance in Older

Patients: A Narrative Review", *Nutrients*, 15(10):2365, 2023.

Ostolaza Ibanez, A., J. Corroza Lavineta, and T. Ayuso Blanco, "Immunosenescence: the Role of Age in Multiple Sclerosis", *Neurologia (Engl Ed)*, 38(4):284-290, 2023.

Salazar, J., P. Duran, M. P. Diaz, M. Chacin, R. Santeliz, E. Mengual, E. Gutierrez, X. Leon, A. Diaz, M. Bernal, D. Escalona, L. A. P. Hernandez, and V. Bermudez, "Exploring the Relationship between the Gut Microbiota and Ageing: A Possible Age Modulator", *International Journal of Environmental Research and Public Health*, 20(10):5845, 2023.

# ——나가는 글:
# 인공지능(AI) 시대를 맞이하며

## 인간의 일상생활 속으로 들어오고 있는 인공지능(AI)_

　오늘날 시대적 화두(話頭)는 인공지능(AI: Artificial Intelligence)이다. 언론매체에서는 물론이고 주식시장에서도 인공지능(AI)이 화두다. 인공지능(AI)이 인류문명의 새로운 전환점을 여는 가장 강력한 기술로 떠오르게 된 것이다. 이제 인공지능(AI)은 과학기술의 발전과 혁신을 상징하는 대명사가 되었다. 인공지능(AI)은 인간의 학습·추론·지각 능력을 인공적으로 구현하려는 컴퓨터 과학 분야 중 하나로, 기계가 일일이 코드로 명시하지 않은 동작을 데이터로부터 학습하여 실행할 수 있도록 하는 알고리즘을 개발하는 연구 분야다. 인공지능 시대는 이미 시작되었으며, 이런 흐름은 바꿀 수도 없고 막을 수도 없다. 인간은 산업혁명에서 육체의 한계를 극복했고, 이제는 인공지능으로 두뇌의 한계를 뛰어넘을 것이라고 야단이다. 인공지능은 사람의 지적 활동을 컴퓨터를 통해 구현하는 것이다. 컴퓨터가 사람처럼 정보를 수집하여 분석하고 학습하며, 생각과 경험을 통해 주어지는 상황을 판단하고 문제를 해결하는 것을 목표로 한다. 따라서 인공지능은 인간이 수행해야 할 일을 사람보다 훨씬 빠르면서 정확하고 냉정하게 상황을 판단하고 처리할 수 있다. 더 효율적이고 똑똑한 인공지능의 개발에 많은 인재가 힘을 쏟고 있어 가까운 미래에 세계는 인공지능에 더욱 의존하는 사회로 나아가게 될 것임은 분명하다.

　인공지능은 크게 일반 인공지능(AGI: Artificial General Intelligence),

전용 인공지능(Narrow AI), 생성형 인공지능의 세 가지로 구분된다. 일반 인공지능(AGI)은 여러 분야에 복합적으로 사람과 유사한 수준의 지능을 가진 AI를 의미한다. 이는 인간의 지능을 완전히 복제하거나 능가하려는 목표를 가지고 있다. 전용 인공지능(Narrow AI)은 특정 작업(예: 음성 인식, 이미지 인식, 통역시스템)에 초점을 맞춘 AI를 말한다. 이는 목표로 하는 분야에서 사람과 유사하거나 그 이상의 성능을 발휘할 수 있지만, 그 이외의 일반적인 작업에는 적용할 수 없다. 생성형 인공지능은 전용 인공지능(Narrow AI)의 한 예로, 이용자의 요청에 응답하여 이야기, 이미지, 동영상, 음악 등 다양한 콘텐츠나 아이디어와 같은 결과를 생성해 내는 인공지능이다. 요즘 화제가 되고 있는 ChatGPT가 대표적인 예이다.

인공지능(AI)이 활용되는 분야는 매우 다양하다. 예를 들면 광학문자 인식, 이미지 인식, 패턴 인식, 얼굴 인식, 객체 감지 및 이미지와 비디오를 처리하여 유의미한 정보를 추출하는 컴퓨터 비전 기술이 있다. 자동차 산업에서는 자율 주행 기술을, 의료 분야에서는 질병 진단·예측·치료 기술을, 금융 산업에서는 주식거래 패턴 인식과 위험 관리기법을, 그리고 물류 산업에서는 최적화된 물류 경로를 찾거나 개발하는 데 활용되고 있다. 이처럼 인공지능(AI)은 모든 산업에 걸쳐 생산성을 획기적으로 높이는 새로운 계기를 제공할 것이다. 증기기관과 전기의 발명이 18~19세기 산업혁명에 지대한 영향을 미친 것과 비슷하게 산업생산성을 획기적으로 높이는 새로운 동력으로 작용할 것이다.

인공지능(AI)은 오늘날 인류가 직면한 많은 난제(難題)를 해결하는 데에도에 큰 힘이 될 것이다. 온실가스로 인한 기후위기를 극복하기 위한 대기오염 모니터링 및 예측에도 인공지능(AI)이 활용될 수 있고, 각종 재해(災害)의 예방과 대응을 비롯한 안전관리에도 활용될 수 있다. 그리고 스마트 그리드(smart grid) 기술을 통해 전기의 소비를 줄이는데도 인공지능(AI)이 큰 역할을 할 것이다. 최근 관심을 끌고 있는 지능형 전력망은 전기의 생산·운반·소비 과정에 인공지능(AI)을 활용한 정보통신기술을 접목하여 공급자와 소비자가 상호작용함으로써 전기 생산과 소비의 효율성을 높일 수 있다. 꼭 필요한 만큼 전기를 생산하거나 생산량에 맞춰 전기를 사용할 수 있다면 지구온난화와 기후 위기 극복에도 큰 도움이 될 것이다. 이 모든 것은 인간의 삶을 편리하게 하고, 인류의 번영을 이끄는 데 이바지할 것이다.

## 인공지능(AI)과 ChatGPT_

인공지능(AI)은 강한 AI와 약한 AI로 분류되기도 한다. 강한 AI는 작동 방식이 의사결정과 문제 해결, 학습 등에 있어 사람의 생각이나 행동과 유사하다. 이 분야의 연구는 주로 미리 정의된 규칙의 모음을 이용해서 지능을 흉내 내는 프로그램 개발에 집중하고 있다. 반면 논리에 의해 만들어지는 합리적인 생각이나 행동에 가까울수록 약한 AI로 분류되는데, 사진에서 물체를 찾거나 소리를 듣고 상황을 파악하는 것과 같이 기존에 인간은 쉽게 해결할 수 있으나 컴퓨터로 처리하기에는 어려웠던 각종 문제를 컴퓨터로 수행하게 만드는 데 중점을 두고 있다.

이제 강한 AI를 중심으로 AI가 가져올 우리의 미래 모습들을 생각해 보자. 2016년에 있었던 알파고와 이세돌 9단의 바둑 대결은 우리에게 충격과 미래에 대한 고민을 동시에 안겨준 사건이었다. 2016년 이후 우리는 제4차 산업혁명이 세상을 주도해 나갈 것이라고 말하면서도 그 방향이 어디로 나아갈지 아무도 확신할 수 없었다. 블록체인, 비트코인, 메타버스 등 다양한 분야의 발전이 있었으나, 이제는 인공지능(AI) 시대를 ChatGPT 이전과 이후로 나눌 수 있다는 주장에 힘이 실리고 있다. 구글(Google)에서 개발된 인공지능(AI) 모델 '트랜스포머'에서 시작된 GPT(Generative Pre-trained Transformer) 기술은 구글(Google)이 전혀 예상치 못한 수준으로 GPT의 응용은 급속도로 발전하고 있다. 최근 멀티모달 기능을 갖춘 GPT-4가 공개되었다. 멀티모달 기능이란 텍스트만 입력자료, 즉 학습자료로 사용하는 것이 아니라, 이미지도 입력자료로 활용할 수 있는 기능으로, GPT에게 그림을 보여주며 풍선과 연결된 실을 끊으면 어떻게 될 것인가를 물으면 풍선이 하늘로 날아갈 것이라고 대답할 수 있게 된 것이다.

OpenAI가 내놓은 최신 인공지능 언어 모델 ChatGPT-4o는 다양한 기능을 추가하여 사람처럼 대화할 수 있게 만들어졌다. ChatGPT-4o의 'o'는 '모든 것'을 의미하는 'Omni'의 약자로, 텍스트·오디오·이미지를 동시에 입력받고 출력할 수 있는 것을 의미한다. ChatGPT-4o는 똑똑해진 자연어 처리 능력으로 문맥을 잘 이해하고 정확한 답변을 줄 수 있다. 그리고 다양한 언어 지원으로 인해 여러 언어로 대화할 수 있고, 여러 사람이 동시에 질문해도 빠르고 정확한 답변을 줄 수 있다. 여기에다 대화 상대의 감정을 인식하고 상황에 맞는 적절한 감정 표현도 할 수 있고, 농담을 할 줄도 안다.

## 인공지능(AI) 기술의 미래_

최근 발표된 GPT-4의 입출력 영어 단어의 수는 2만 5천여 개에 달하며, 이는 우리가 GPT에게 하는 질문이나 질문에 대한 답변 또한 유사한 분량이 될 수 있다는 것을 의미한다. 이는 머지않아 GPT에게 밤새 작업해야 할 일을 구체적으로 지시하고 우리는 퇴근할 수도 있을 뿐만 아니라, 더 나아가 퇴근 전 반드시 인공지능(AI)에게 밤새 해야 할 일을 지시해야 다음 날 아침에는 그 결과를 이용한 업무가 연속되는 세상이 올 것임을 암시한다. 따라서 개인의 지식과 분석 능력보다 GPT를 얼마나 잘 활용하는가 하는 것이 개인의 능력을 가늠하는 척도가 될 것임을 알 수 있다.

GPT가 가져올 3가지 혁명은 컴퓨터 인터페이스 혁명(컴퓨터와 인간의 대화), 빠른 생성 혁명(콘텐츠를 빨리 생성할 수 있는 능력), 일반 인공지능 (AGI) 혁명(인간의 지시 없이 스스로 학습)이다. GPT-4는 다량의 토큰(단어)이 주어지면 다음 단어를 연상해 내며, 스스로 연상한 새 단어를 또 다른 입력 자료로 활용하여 다음 단어를 연상해 나간다. 이런 이유로 우리가 초기자료를 잘못 제공했을 경우 GPT는 전혀 다른 결과물(그럴듯한 엉뚱한 대답)을 내놓게 된다. 따라서 우리가 원하는 결과를 얻기 위해서는 GPT-4에게 어떤 질문을 할 것인가 하는 것을 생각하는 것이 필요하고, 아울러 결과물의 진위를 파악할 수 있는 판단 능력이 중요하다.

인간의 신경망에는 신경세포를 이어주는 100조 개의 시냅스(신경세포 접합부)가 존재한다. GPT-3의 경우 시냅스에 해당하는 매개변수는 1,750억 개에 달하고 있으며, 지금까지 인공지능(AI) 기술은 이 매개변수 개수를 매년 10배씩 늘이고 있어 곧 인간과 같은 100조 개의 시냅스를 가진 GPT가 탄생할 것으로 예상된다. 이런 정도의 능력을 가진 프로그램을 컴퓨터에 설치하는 것은 현재의 기술로 그리 어려운 문제는 아니다. 따라서 머지않아 개인의 컴퓨터에 이러한 인공지능(AI)을 설치할 수 있는 시대가 올 것이다. 다시 말해 개인에 특성화된 인공지능(AI)이 탑재된 컴퓨터를 모든 사람이 소유하는 시대가 올 것이다(YTN 사이언스, 2023.1.).

인공지능(AI)의 진화는 대화(Chat-GPT)에 머무르지 않고 거래와 상품화가 동반된 시대, 즉 인공지능(AI)에 사업모델을 끼워 넣는 플러그인 시대로 이끌 것으로 전망된다. 나아가 인간이 인공지능(AI)에게 목표를 정해주면 인공지능(AI)이 스스로 목표를 달성하기 위해 작동하는 Auto GPT 시대가 도래할 것이다.

인공지능(AI)은 인간과 달리 지치거나 피로도 쌓이지 않는다. 그러나 인공지능(AI)은 정확하고 많은 입력자료의 제공과 질문 방법에 따라 결과물을 제공하기 때문에 인간이 인공지능(AI)에게 제공하는 자료의 질과 인공지능

(AI)이 만들어내는 결과물에 대한 인간의 판단과 선택 여부가 무엇보다 중요하다. 따라서 인공지능(AI)에 대한 우리의 자세가 무엇보다 중요하다. 인공지능(AI)을 통해 어떻게 이익과 편리함을 추구할 것이냐를 고민하기보다 어떻게 가치를 추구할 것인가를 고민하는 것이 필요하다.

## 인공지능(AI), 인류의 건강증진에도 기여_

인공지능(AI)이 인간 생활에 가장 직접적이고 큰 영향을 미칠 수 있는 분야는 생명공학과 의료 분야이다. 먼저 인공지능(AI)이 생명공학의 발전에 어떤 영향을 미칠지 살펴보자. 인공지능(AI)은 유전체 분석 및 유전자 조작에 활용될 수 있다. 인공지능(AI)을 사용하여 대량의 유전체 데이터를 분석하고, 특정 유전자를 식별하는 데 활용할 수 있다. 그리고 유전자의 기능 및 상호작용을 이해하고, 질병의 원인을 찾는 데 도움을 줄 수 있다. 아울러 유전자 편집 기술과 인공지능(AI)을 활용하여 효율적인 유전자 조작을 할 수 있다.

인공지능(AI)은 질병 예측과 진단에도 활용될 수 있다. 의료 이미지 분석을 통해 종양 및 질병의 조기 진단을 도와주는 인공지능(AI) 시스템을 개발할 수 있다. 그리고 유전자 데이터와 환경 데이터를 결합하여 개인의 질병 발병 위험을 예측하는 데에도 활용할 수 있다.

인공지능(AI)은 약물 개발에도 활용될 수 있다. 인공지능(AI)을 사용하여 약물 디자인 및 스크리닝 프로세스를 최적화할 수 있어 신속하고 비용 효율적인 약물 개발이 가능하다. 아울러 약물과 유전자의 상호작용에 대한 인공지능(AI) 모델을 통해 개인 맞춤형 치료법을 개발할 수 있다.

인공지능(AI)은 헬스케어 분야의 발전에도 큰 영향을 미칠 것이다. 인공지능(AI) 기술은 개인이 섭취한 식품의 영양 정보를 분석하여 제공할 수 있다. 예를 들어 인공지능(AI) 기반 앱(App)은 개인이 섭취한 음식을 기록하면 자동으로 칼로리, 비타민, 미네랄 등의 영양 성분을 계산해준다. 그리고 개인의 운동 정보를 바탕으로 개인의 근력, 유연성, 심리적 스트레스 수준을 분석하여 적절한 건강 정보를 제공할 수 있다. 이러한 정보는 개인 맞춤형 식단과 운동 프로그램을 설계하는 데 매우 유용하게 활용될 수 있다.

인공지능(AI)은 웨어러블 기기나 생활기구 등을 통해 수집된 개인의 건강 정보 분석에도 활용될 수 있다. 개인의 건강 정보를 수집하는 방법은 빠르게 발전하고 있다. 이제 스마트시계, 스마트 반지, 스마트안경, 피부에 부착하는 센서, 센서가 내장된 의류 등 다양한 웨어러블 기기나 스마트 침대, 스마트 미러(거울) 등을 통해 심박수, 운동량, 수면 습관, 심전도, 혈압, 혈중산소 농도, 근육 활동 등의 생체 정보 데이터를 실시간으로 수집할 수 있는 시대가 되었다. 인공지능(AI)은 이렇게 수집된 데이터를 분석하여 개인의 건강 상태를 평가하고, 필요한 경우 의사에게 전달하여 신속한 진단과 치료를 가능하게 한다. 이렇게 되면 맞춤형 건강 관리와 질병 예방에 큰 도움을 줄 것이다.

인공지능(AI)은 뇌파 분석을 통한 신경계 질환 진단에도 활용될 수 있다. 인공지능(AI) 기술은 개인의 뇌파 분석을 통해 치매, 우울증 등 신경계 질환을 조기에 진단할 수 있다. 뇌파 데이터는 매우 복잡하지만, 인공지능(AI)은 이를 효과적으로 분석하여 질병의 초기 증상을 감지하고, 적절한 치료법을 제시할 수 있다. 이는 신경계 질환의 조기 발견과 예방에 중요한 역할을 한다.

인공지능(AI)은 빅데이터를 활용한 바이오 마커 개발에도 활용될 수 있다. 인공지능(AI) 기술로 환자들의 빅데이터를 분석하여 질병의 조기 진단 및 예후 예측을 위한 유전자나 단백질 서열 등으로 구성된 바이오 마커를 개발할 수 있다. 이는 암 및 난치성 질환에 대한 개인 맞춤형 진단 및 치료를 가능하게 한다. 예를 들면 암 환자의 유전자 데이터를 분석하여 특정 유전자 변이를 목표로 하는 치료법을 개발할 수 있다.

인공지능(AI)의 딥러닝 기술은 질병과 연관된 다양한 인체 단백질의 3차원 구조를 정확하게 예측할 수 있게 한다. 이는 신약 개발에 중요한 과학적 정보를 제공한다. 또한 인공지능(AI)의 딥러닝 기술을 통해 병원에서의 진단 및 치료 방법도 개선할 수 있다.

## 인공지능(AI), 도시의 미래도 바꾼다_

오늘날 빠르게 발전하고 있는 인공지능(AI)은 도시의 미래에도 다각도의 영향을 미칠 것이다. 인공지능(AI)의 활용을 통해 도시에서 나타날 수 있는 변화는 많지만, 그중에서 직접적인 영향을 미칠 수 있는 부분을 살펴보면 다음과 같다.

먼저 스마트 도시(smart city)를 살펴보자. 최근 제4차 산업혁명의 대표적인 융복합 상품의 하나로 스마트 도시에 대한 논의와 현실 적용이 활발하게 이루어지고 있다. 제4차 산업혁명은 사람·공간·사물들이 하나로 연결되어 소통하고, 인간이 아닌 인공지능(AI)이 인간보다 더 똑똑하게 상황을 판단한다. 그리고 실제 시스템과 가상 시스템이 실시간으로 연동되어 어떠한 상황에서도 최적의 결정이 이루어짐으로써 시민들에게 편리성과 안전성을 제공한다.

스마트 도시에서는 사물인터넷을 이용하여 사람과 사람은 물론이고, 사람과 사물, 사물과 사물 사이에 정보를 주고받고, 그러한 정보를 각종 도시 문제 해결에 활용할 수 있다. 센서와 통신 네트워크를 통해 확보한 방대한 데이터를 기반으로 인공지능(AI)이 스스로 판단하고 결정하여 시스템이 작동하는 시대가 될 것이다.

이제 지능형교통체계(ITS: Intelligent Transportation Systems)를 살펴보자. 지능형교통체계(ITS)는 주어진 교통시설을 운영할 때 효율성을 극대화하기 위한 것으로, 새로운 기술의 개발과 함께 진화를 거듭하고 있다. 지능형교통체계(ITS)는 기존의 교통운영기술에 정보통신 등의 첨단기술을 접목하여 교통시설의 제공자 입장에서는 시설 이용의 효율성을 극대화하고, 이용자 입장에서는 운전자를 포함한 개인의 편익을 극대화함을 목표로 하는 첨단 교통관리 기술이다.

최근 지능형교통체계(ITS)는 차세대 지능형교통체계로 불리는 C-ITS (Cooperative Intelligent Transportation Systems)로 발전하고 있다. C-ITS는 정보통신기술의 발달과 관련 인프라의 확대, 그리고 스마트 자동차의 등장으로 자동차와 주변 사물 간의 통신이 가능해짐에 따라 새로이 등장한 개념이다. 과거에는 차량 운행이 운전자의 시각과 자동차 조작 능력, 그리고 도로 표지판이나 전광판 등에 의존했지만, 최근에는 사물 간의 통신이 이루어지면서 실시간으로 최적화된 교통정보를 주고받는 것이 가능해졌다. 차량에 탑재된 카메라나 위치 센서, 측정 센서 등으로부터 수집된 데이터를 중앙의 데이터 센터로 보내고, 중앙에서 수집된 정보는 다시 도로 주행에 최적화된 정보로 가공되어 주행 중인 차량에 실시간으로 전달된다. 차량과 주변 사물 간 통신을 의미하는 V2X(Vehicle to Everything) 기술을 이용하여 주변 상황을 빠르게 인지하고, 주행 중에 다른 차량으로 직접 정보를 전송할 수도 있다. 그리고 반대로 주변 기지국이나 비지상 네트워크(NTN: Non-Terrestrial Networks)를 통해 교통 상황이나 기타 사고에 대한 정보를 실시간 수신할 수도 있다. 이런 과정을 거치면서 실시간 교통 데이터가 차량과 차량, 그리고 차량과 도로 간에 양방향으로 공유되므로 전통적인 지능형교통체계(ITS)보다 한 차원 높은 서비스를 제공할 수 있다.

C-ITS는 유무선 통신 기술을 기반으로 자동차 하드웨어, 센서, 통신 인프라, 인공지능(AI) 등과 같은 다양한 기술이 융합되어 발전하고 있다. C-ITS는 차량 주행 안전을 지원함으로써 교통안전에 기여하고, 협력형 쌍

방향통신시스템을 기반으로 차량의 자율주행을 지원함으로써 도로교통 소통에도 획기적인 기여가 가능할 것이다. 예컨대 차량의 적응적 주행 제어나 고속도로에서 자율주행차의 군집운행 기능을 지원할 수 있을 것이다.

인공지능(AI)의 활용은 자율주행기술의 발전에도 획기적인 영향을 미칠 것이다. 자율주행차는 '자동차 스스로 주변 환경을 인식하고 위험을 판단해 운전자의 차량 운전을 최소화하며, 출발지에서 목적지까지 주행 경로를 스스로 계획하여 안전하게 주행이 가능한 자동차'이다.

현재 자율주행기술은 운전자가 모든 것을 조작하는 0단계부터 완전한 무인운전이 가능한 5단계까지 6단계로 구분되어 개발되고 있다. 자율주행차의 개발을 위해서는 최근 빠르게 발전하고 있는 인공지능(AI: Artificial Intelligence) 기술이 가장 중요하다. 자율주행차는 주어진 주행환경에서 그때그때 판단과 제어를 차량 스스로가 할 수 있어야 한다. 따라서 차량 스스로 매우 정확한 인지능력과 판단능력을 갖춰야 한다. 빅데이터의 수집과 활용을 통해 차량 스스로 실시간(real time) 판단과 제어를 할 수 있도록 규칙을 찾아내는 것이 인공지능(AI)이 해야 할 역할이다.

인공지능(AI)의 활용이 기대되는 또 다른 분야는 최근 미래 교통수단으로 관심을 끌고 있는 도심항공교통(UAM: Urban Air Mobility)이다. 최근 인공지능(AI), 사물인터넷(IoT), 빅데이터, 드론, 에너지 저장 등 혁신 기술들이 속속 등장하면서 이들 기술의 융합을 통해 도심항공교통(UAM)이라는 새로운 교통수단의 출현이 가시화되고 있다.

UAM은 저고도의 공중을 활용하는 도시의 항공운송 시스템을 뜻한다. 최근 개발되고 있는 UAM 기체들은 원격조종이나 자율비행을 통해 운영될 것이다. 그리고 원격조종이나 자율비행을 가능케 하는 것이 바로 인공지능(AI) 기술이다.

## 인공지능(AI)이 직업과 노동시장에 미칠 영향_

인공지능(AI)으로 인해 우리의 일상이 바뀌면 직업의 세계도 달라질 것이다. 결국 인공지능 시대는 현재의 많은 직업이 사라지고 인류사회는 새로운 노동환경에 처하게 될 것이다. 따라서 정형화된 업무를 주로 하는 직업이 가장 먼저 인공지능(AI)으로 대체될 것이다.

요즘 우리나라에서 많은 사람이 선호하는 의사와 같은 전문 직종도 미래에 살아남을 수 있을지 의문이다. 현재 '닥터 왓슨'이라는 인공지능(AI)은 환자에 대한 자료를 활용하여 의사가 환자의 상태를 판단하는 데 도움을 주는 보조기능을 하고 있지만, 인공지능(AI)이 더 똑똑하게 진화하면 의사가 필요 없는 진료가 가능하게 될 수도 있다.

세계 곳곳에서 인공지능(AI) 변호사와 인간 변호사 간에 갈등도 나타나고 있다. 인공지능(AI) 챗봇 등을 통한 각종 법률서비스가 활성화되자, 인공지능(AI) 변호사의 업무 범위를 두고 논란이 벌어지고 있다. 현재 인공지능(AI) 변호사에 대한 규제나 대응은 국가마다 다소 차이가 있지만, 인공지능(AI) 변호사로 인해 인간 변호사의 활동 영역이 줄어드는 것은 모든 국가에서 나타나고 있는 공통된 현상이다.

인공지능이 노동시장에 미치게 될 영향을 요약해 보면 다음과 같다.

첫째, 인공지능(AI)을 통한 자동화는 생산 현장과 물류 유통 분야와 같이 일상적이고 반복적인 산업현장의 일을 인공지능(AI)으로 움직이는 로봇이 대체할 가능성이 매우 높다.

둘째, 인공지능은 데이터분석가, 머신러닝 엔지니어, 인공지능설계자 등과 같은 분야의 발전과 유지에 영향을 미칠 뿐만 아니라, 관련분야에서 매우 창의적인 직업을 새롭게 만들게 될 것이다.

셋째, 인공지능의 발달이 생산성과 효율성을 높이고 경제성장을 유도하게 됨으로써 특정 분야에 있어서는 노동력의 필요성을 감소시키게 될 가능

**나가는 글:** 인공지능(AI) 시대를 맞이하며

성이 매우 높다.

넷째, 산업현장에서 기존의 기술과 인공지능이 요구하는 고급 기술의 차이로 인해 기존의 노동력은 일자리를 잃게 될 가능성이 크다. 그 결과 노동시장의 양극화 현상이 커질 가능성이 크다. 인공지능은 중간 수준에 속하는 노동력에 가장 큰 타격을 입히게 됨으로써 이들의 노동시장을 무너뜨리게 될 것이다.

다섯째, 인공지능의 발달로 인하여 전통적인 제조업 중심의 산업이 모여 있는 지역은 쇠퇴하게 될 것이며, 첨단기술이 집중된 지역은 더욱 발전함으로써 지역별 양극화가 초래될 가능성이 높다.

여섯째, 인공지능의 활용도가 높은 분야, 예컨대 의료 분야는 진단과 환자를 치료하는 데 인공지능을 활용함으로써 많은 기술혁신이 잇따르게 되고 더욱 발전하게 될 것이다.

요약하면, 인공지능(AI)의 발달은 특정 분야에서는 노동력 감소를 초래하게 되지만, 다른 한편으로는 노동시장에서 새로운 기회를 창출할 수 있을 것이다. 인공지능(AI)이 미칠 영향은 인공지능을 받아들이는 속도, 인공지능을 받아들이는 노동력의 능력과 함께 이와 관련한 정부의 정책적 개입에 따라 결정될 것이다. 따라서 우리는 인공지능이 노동시장에 미칠 영향을 구체적으로 분석하고 대비해야 한다. 왜냐하면 인간은 경제활동을 할 수 있는 연령대에서는 본인의 의지가 있다면 경제활동을 할 수 있어야 하기 때문이다.

## 인공지능(AI), 인류를 이롭게 하는 데 쓰여야_

인공지능(AI)의 역사는 1956년 존 매카시(John McCarthy, 1927~2011)가 '인공지능'이라는 용어를 사용하면서 시작된 이후 여러 가지 이유로 오랫동안 활성화되지 못했다. 이처럼 인공지능(AI)이 활성화되지 못한 중요한 이유 중의 하나는 인공지능 학습을 위한 고성능 컴퓨터 하드웨어와 대량의 시험 데이터 부족 때문이었다. 그러나 1980년대 후반 월드와이드웹(WWW: World Wide Web)의 출현과 이로 인한 빅데이터(big data)의 등장으로 인공지능 시험을 위한 데이터 부족 현상이 완화되면서 인공지능(AI)의 발전은 가속화되기 시작했다. 1990년대에는 컴퓨터 하드웨어의 급속한 발전이 이루어졌고, 2000년대에는 인공신경망 알고리즘을 획기적으로 개선한 딥러닝(deep learning)이 등장하면서 인공지능은 더 이상 희망이 아닌 현실로 다가오게 되었다.

인공지능의 발전과 더불어 제기되고 있는 것이 인공지능의 윤리 문제이다. 가령 인공지능 로봇 개발자에 의해 성차별이나 인종차별과 같은 편향된 알고리즘이 삽입된다면, 인공지능 로봇 역시도 이러한 편향된 생각을 가지게 될 것이다. 이러한 점에서 인공지능의 기술적인 연구뿐만 아니라, 윤리적인 측면에서 인공지능(AI)의 개발과 활용에 대한 올바른 방향 설정이 필요하다.

인공지능(AI)은 인간의 언어나 프로그래밍 언어, 과학·예술 또는 복잡한 지식을 학습할 수 있다. 특히 생성형 인공지능(생성형 AI)의 경우에는 프롬프트(사용자 요청)를 입력하면 대화·이미지·동영상 등을 생성할 수 있다. 이때 인공지능(AI)은 이미지 인식, 자연어 처리(NLP), 번역과 같은 작업에서 기존에 학습한 데이터를 모방하게 된다. 따라서 많은 경우 인간의 창의적 능력과 비슷하거나 이를 능가할 수 있다.

2022년 생성형 AI 가운데 하나인 ChatGPT가 세상에 공개되었다. 실생활에 유용한 고성능 AI가 등장함에 따라 세간의 관심이 GPT로 쏠렸다. 다양한 분야에서 GPT를 이용하였고, GPT는 자신의 답변마저 학습하며 점점 성장했다. 하지만 GPT도 결국에는 생성형 AI이기 때문에 완벽하지는 않다. 생성형 AI의 대표적인 문제로 꼽히는 사회적·윤리적 문제가 남아있

**나가는 글:** 인공지능(AI) 시대를 맞이하며

기 때문이다. 이러한 문제들을 바로잡기 위해서 인공지능(AI) 규제에 대한 목소리가 점점 커지고 있다.

생성형 AI의 윤리적 문제를 볼 수 있는 사례는 많다. 우리나라도 예외가 아니다. 2023년 한 국제학교에서 재학생 7명이 영문 에세이 과제를 작성하면서 ChatGPT를 사용하여 과제를 제출한 사건이 있었다. 이 사건은 국내 교육기관에서 ChatGPT가 사용된 부정행위의 첫 번째 사례이다. 문장이나 단어를 몇 개만 바꿔도 ChatGPT 사용 여부를 판단하기 어려워 많은 학교에서 골머리를 앓고 있다. 2024년에는 구속된 마약사범이 생성형 인공지능(AI) ChatGPT로 탄원서를 위조한 사건이 일어났다. 이 사건은 국내에서 생성형 AI 기술을 악용한 증거 조작이자 위조 범행의 첫 사례이다.

인공지능(AI)이 만들어내는 가짜 뉴스도 큰 문제다. 가짜 뉴스는 어제오늘의 이야기가 아니지만, 특히 최근에는 인공지능의 발달과 함께 더욱 극성을 부리고 있다. 자연어 생성 모델을 통하여 인공지능(AI)은 사람처럼 자연스러운 문장을 생성하여 가짜 기사를 만들 수 있으며, 딥페이크(deep fake) 기술을 이용하여 사람의 얼굴을 합성하거나 비디오에서 사람의 말을 조작하여 조작된 동영상을 만들 수도 있다. 가짜 뉴스 사이트는 인터넷이 도입된 이후 인공지능(AI) 도입 이전에도 존재하였지만, 인공지능(AI) 도입 이후 많은 양의 데이터를 섭렵하여 진짜처럼 보이는 뉴스를 생산하면서 더욱 큰 문제가 되고 있다.

인공지능(AI)의 발전과 확산은 인류를 풍요로 이끄는 만병통치약은 아니다. 인공지능(AI)은 많은 부작용도 함께 수반할 것이다. 인공지능에 의한 '블랙박스' 문제(왜 그런 결정을 내렸는지 이해하기 어려운 AI의 결정 과정), 데이터 프라이버시 문제, AI의 윤리적 이슈, 사고에 대한 책임 문제 등이 새로운 이슈로 등장하고 있다. 인공지능이 의사결정을 하거나 인간과 상호 작용할 때 문제가 발생하면 누가 책임져야 할지 애매할 수 있다. 아울러 인공지능은 인간의 많은 일자리를 뺏어갈 수 있다. 특히 기존의 축적된 데이터를 기반으로 판단하고 작업하는 일이나 매뉴얼에 의해 수행하는 작업은 인공지능이 훨씬 빠르고 정확하게 수행할 가능성이 높다.

한편 인공지능은 대량의 개인정보를 수집하고 분석하기 때문에 악의적인 사용에 취약할 가능성이 있다. 개인의 정보 보안이나 개인정보 보호가 문제가 될 것이다. 개인의 이미지나 음성 정보를 기반으로 만들 수 있는 실시간 가짜 콘텐츠는 범죄에 악용될 수도 있다. 학습하는 데이터에 따라 공정성 결여나 편향성이 포함될 수 있어 인종, 성별, 연령, 성적 취향이 다른 특정 그룹에 불공평할 수 있다. 만약 인공지능이 군사 분야에서 활용되면 인간의 개입 없이 전쟁이나 전투가 이루어질 수 있고, 전투 승리에 집중하는 경우 인도주의 등이 결핍되어 인류를 파멸로 이끌 수도 있다. 여기에다 개인이나 기업의 투자 판단이나 의사결정에 개입하게 되면 사회경제적 양극화를 더욱 악화시킬 수도 있을 것이다.

인공지능(AI)에 대한 의존성이 높아진다면 인간의 창의성이 필요하지 않을 수도 있다. 인공지능(AI)에게 적절한 질문을 던진다면, 잘 정리된 해답을 제시하기 때문이다. 그러나 인공지능이 제시하는 결과에 심각한 문제가 있더라도 문제를 인지하거나 정말 최선의 결과인지를 판단할 수 없는 경우는 또 다른 문제가 될 것이다.

인공지능은 데이터를 학습하고 학습한 결과에 따라 의사결정을 내리므로 정확하고 다양한 데이터에 기반을 둔 학습이 필요하다. 인공지능은 이제 활용이 시작되는 분야로 끊임없이 발전하고 진화할 것이다. 인간이 하던 많은 일들이 인공지능 기반의 다양한 시스템에 맡겨질 것이고, 인간의 노력과 수고를 덜어줄 것이다.

인공지능은 인간에게 이기(利器)가 될 수도 있지만, 흉기가 될 수도 있다. 인공지능이 잘못 사용되거나 무분별하게 사용될 때 인류를 위협하는 흉

**나가는 글:** 인공지능(AI) 시대를 맞이하며

기로 사용될 수도 있기 때문이다. 이뿐만이 아니다. 인공지능은 국가 간 혹은 사회경제적 양극화의 촉매제 역할도 할 수 있다. 따라서 인공지능의 활용에 대한 사회적 규범의 정립과 함께 합리적인 규제방안도 모색되어야 한다.

　세계 각국에서는 인공지능(AI) 규제법이 속속 제정되거나 입법 절차를 밟고 있다. 인공지능(AI) 규제법의 입법은 필수적이다. 그리고 인공지능(AI) 규제의 방향은 인공지능(AI) 활용 분야를 여러 가지 단계의 위험 등급으로 나누어 위험관리시스템을 구축해야 한다. 그리고 일부 분야에서는 인공지능(AI) 기술 활용이 원천적으로 금지되어야 한다. 궁극적으로 인공지능(AI)은 인류를 이롭게 하는 데 쓰여야 한다. 그리고 인공지능(AI)의 혜택으로부터 그 누구도 소외되지 않도록 인공지능(AI)의 미래를 열어가는 것이 오늘의 우리가 해야 할 일이다.

## 참고문헌

YTN 사이언스, [사이언스 포럼] AI가 가져올 우리의 미래, 2023.

# 저자 소개

## 김한곤
- The University of Texas, Austin 사회학박사
- 한국인구학회 회장 역임
- 영남대학교 명예교수(사회학과)
- 연구 및 관심 분야: 저출산, 인구 고령화

## 정병석
- 대만 中國文化大學 철학박사
- 한국주역학회 회장 역임
- 영남대학교 명예교수(철학과)
- 연구 및 관심 분야: 유가철학, 주역

## 권영철
- Kent State University 경영학박사
- 한국국제경영관리학회 회장 역임
- 영남대학교 명예교수(무역학부)
- 연구 및 관심 분야: 지속가능 경영, 국제경영학

## 윤대식
- The Ohio State University 도시 및 지역계획학 박사
- 국토교통부 중앙도시계획위원회 위원, 대도시권광역교통위원회 위원 역임
- 영남대학교 명예교수(도시공학과)
- 연구 및 관심 분야: 교통계획, 교통수요분석, 계량도시분석, 도시경제학

## 손광익
- Utah State University 토목환경공학박사
- 대통령 직속 낙동강유역물관리위원회 정책분과위원장
- 영남대학교 명예교수(건설시스템공학과)
- 연구 및 관심 분야: 수자원 관리, 지구환경 관리

### 신재균

- KAIST 기계공학박사
- 영남대학교 명예교수(기계공학부)
- 연구 및 관심 분야: 기계설계, 복잡계

### 이석규

- University of California, Los Angeles 로봇공학박사
- 영남대학교 명예교수(전기공학과)
- 연구 및 관심 분야: 로봇공학, 공장자동화, 인공지능(AI)

### 김종근

- 일본 電氣通信大學 정보공학박사
- 영남대학교 명예교수(컴퓨터공학과)
- 연구 및 관심 분야: 네트워크 & 분산처리, 컴퓨팅 사고, 기술혁신과 지식재산권

### 조무환

- Rutgers University 생물화학공학박사
- 영남대학교 명예교수(화학공학부)
- 연구 및 관심 분야: 미생물연료전지, 생물환경공학

### 이준하

- 영남대학교 응용물리학박사
- 영남대학교 명예교수(의공학과)
- 연구 및 관심 분야: 의료기기, 생체물리

### 강용호

- Texas Tech University 화학공학박사
- MD Anderson Cancer Center 연구원 역임
- 영남대학교 명예교수(생명공학과)
- 연구 및 관심 분야: 미생물 생명공학, 휴먼 마이크로바이옴

# 변화하는 세상, 미리 가본 미래

| | |
|---|---|
| 초판발행 | 2025년 1월 5일 |
| 지은이 | 김한곤 · 정병석 · 권영철 · 윤대식 · 손광익 · 신재균 |
| | 이석규 · 김종근 · 조무환 · 이준하 · 강용호 |
| 펴낸이 | 안종만 · 안상준 |
| 편 집 | 이혜미 |
| 기획/마케팅 | 장규식 |
| 표지디자인 | BEN STORY |
| 제 작 | 고철민 · 김원표 |
| 펴낸곳 | (주)**박영사** |
| | 서울특별시 금천구 가산디지털2로 53, 210호(가산동, 한라시그마밸리) |
| | 등록 1959.3.11. 제300-1959-1호(倫) |
| 전 화 | 02)733-6771 |
| f a x | 02)736-4818 |
| e-mail | pys@pybook.co.kr |
| homepage | www.pybook.co.kr |
| ISBN | 979-11-303-2133-2  93300 |

정 가     22,000원